Manual Práctico HOSTELERÍA Y RESTAURACIÓN España

(Preguntas y Respuestas).

Manual Práctico
Hostelería y Restauración
España (Preguntas y Respuestas)

ArturoGT

Círculo Rojo
EDITORIAL

Primera edición: mayo de 2025

ISBN: 979-13-7016-176-7

Impresión y encuadernación: Editorial Círculo Rojo

© Del texto: ArturoGT
© Maquetación y diseño: Equipo de Editorial Círculo Rojo

Editorial Círculo Rojo
www.editorialcirculorojo.com
info@editorialcirculorojo.com

Impreso en España — Printed in Spain

El papel utilizado para imprimir este libro es 100% libre de cloro y por tanto, **ecológico**.

PREÁMBULO

El sector de la hostelería es un pilar fundamental de la economía española, donde la interacción diaria entre empleadores, trabajadores, propietarios y clientes da lugar a una multitud de situaciones, algunas previsibles y otras completamente inesperadas. A esto se suma el crecimiento exponencial del turismo y la expansión del mercado de alojamientos turísticos, un ámbito que ha transformado radicalmente la gestión de la hospitalidad en España. Sin embargo, más allá del atractivo asociado al servicio al cliente y la gestión de establecimientos de hostelería, quienes trabajan en el sector saben bien que la realidad es mucho más compleja.

Desde el camarero que debe lidiar con un cliente que se niega a pagar la cuenta hasta el propietario de un restaurante que enfrenta la renuncia repentina de su chef en plena temporada turística, este manual nace con el objetivo de ofrecer soluciones prácticas a situaciones cotidianas, pero fuera de lo común. A través de un formato basado en preguntas y respuestas, se abordan problemáticas reales con un enfoque claro y directo, permitiendo a empleadores y trabajadores encontrar soluciones rápidas y eficaces a conflictos que, si no se gestionan correctamente, pueden traducirse en pérdidas económicas, daños a la reputación del negocio o incluso problemas legales.

Este manual no es un complejo texto jurídico ni un tratado teórico. Es una guía práctica que responde a dudas concretas con soluciones basadas en la normativa vigente en España, el Estatuto de los Trabajadores, la regulación en materia de turismo y restauración, así como en la experiencia directa de profesionales del sector. Cuando es necesario, se incluyen referencias normativas, pero siempre con un lenguaje accesible, pensado para quienes buscan respuestas inmediatas sin perderse en tecnicismos.

En un restaurante, un bar, un hotel o un alojamiento turístico, cada día es una nueva oportunidad y, al mismo tiempo, un nuevo desafío. La correcta gestión de los problemas, desde el cliente que se queja por el volumen de la música hasta el trabajador que falta repetidamente sin justificación, es esencial para el éxito de cualquier negocio en este sector. Saber cómo afrontar cada situación no solo ayuda a prevenir conflictos, sino que también mejora las relaciones entre todas las partes involucradas.

Este manual ha sido diseñado para ser una herramienta práctica y de rápida consulta, con respuestas directas y aplicables. Ya seas propietario, gerente, camarero, recepcionista o responsable de un alojamiento turístico, aquí encontrarás una guía para afrontar de la mejor manera los desafíos de un sector dinámico y en constante evolución.

Bienvenido a un método más sencillo y eficaz para resolver los problemas cotidianos de la hostelería y el turismo en España.

TITULO I
EMPLEADOR

CAPITULO I
HOTELES - FORMA DE PROCEDER

1. ¿QUÉ DEBE HACER EL GERENTE DE UN HOTEL SI UN HUÉSPED INSISTE EN ALOJARSE EN UNA HABITACIÓN QUE YA ESTÁ OCUPADA Y SE NIEGA A ACEPTAR OTRA ALTERNATIVA?

Respuesta: El gerente debe abordar la situación con calma y autoridad, explicando al huésped que la habitación ya está ocupada y que, por razones de privacidad, seguridad y normativa del hotel, no es posible acceder a ella. Debe verificar rápidamente la disponibilidad de habitaciones similares o superiores y ofrecer alternativas atractivas sin generar costos adicionales para el huésped si la situación lo amerita. Es importante mantener una comunicación clara y empática, asegurándose de que el huésped se sienta atendido y comprendido. Si el cliente persiste en su exigencia, se le debe recordar de manera firme pero respetuosa que su solicitud no puede ser concedida y que el hotel se rige por normas internas que garantizan la seguridad de todos los huéspedes. En caso de comportamiento disruptivo o agresivo, se debe activar el protocolo de manejo de conflictos, notificando al personal de seguridad y, si es necesario, contactando a las autoridades para garantizar el orden y la tranquilidad en el establecimiento. Se recomienda registrar el incidente en el sistema interno del hotel, detallando la conversación con el huésped y las soluciones ofrecidas para futuras referencias.

2. ¿CÓMO DEBE ACTUAR EL GERENTE SI UN HUÉSPED SO-LICITA QUE EL PERSONAL DEL HOTEL LE AYUDE A REA-LIZAR UN RITUAL ESOTÉRICO EN SU HABITACIÓN?

Respuesta: El gerente debe manejar la solicitud con diplomacia, dejando claro que el hotel respeta las creencias personales de sus huéspedes, pero que existen normas internas que regulan las actividades que pueden realizarse dentro de las habitaciones y áreas comunes. En primer lugar, debe evaluar si la petición afecta la seguridad, la tranquilidad de otros huéspedes o la integridad de las instalaciones. Si el ritual involucra velas, incienso, objetos inflamables o cualquier elemento que represente un ricsgo, se debe negar la solicitud de manera cortés, explicando que el hotel tiene políticas de seguridad que impiden el uso de fuego abierto o sustancias que puedan generar olores fuertes en espacios cerrados. Si la petición es simbólica y no supone riesgos, se puede ofrecer asistencia dentro de los límites razonables del servicio, como proporcionar un espacio adecuado en caso de ser posible. En cualquier caso, es fundamental documentar la solicitud y la respuesta dada, asegurando que se sigan los protocolos del hotel para evitar futuros inconvenientes. Si el huésped insiste o se muestra molesto, se le debe recordar que el hotel tiene la obligación de garantizar el bienestar general y que su petición debe alinearse con las políticas establecidas.

Sugerencia para Gerente del Hotel

Es recomendable que el hotel cuente con normas internas bien definidas sobre el uso de habitaciones y los servicios que puede ofrecer el personal, asegurando que todo el equipo esté informado sobre los límites de su rol. Además, es útil capacitar al personal en manejo de situaciones inusuales y resolución de conflictos con respeto y diplomacia. En la medida de lo posible, se pueden sugerir alternativas para satisfacer la solicitud del huésped sin comprometer la operatividad del hotel, como recomendarle espacios privados externos o proporcionarle información sobre proveedores especializados en estos servicios fuera del hotel.

---

3. ¿QUÉ MEDIDAS TOMAR SI UN HUÉSPED ASEGURA QUE PERDIÓ UNA JOYA DE ALTO VALOR EN SU HABITACIÓN Y EXIGE REVISAR LAS CÁMARAS DE SEGURIDAD DE LOS PASILLOS?

Respuesta: Ante la reclamación del huésped, el gerente debe actuar con prontitud y profesionalismo, siguiendo los protocolos de seguridad del hotel. Primero, debe tranquilizar al huésped y solicitarle detalles específicos sobre el objeto perdido, el último lugar donde lo vio y el período en el que cree que desapareció. Luego, se debe coordinar con el personal de limpieza y mantenimiento para inspeccionar la habitación y áreas cercanas, asegurando que no haya sido extraviado accidentalmente. Respecto a la solicitud de revisar las cámaras de seguridad, se debe informar al huésped que, por normativa de protección de datos, solo el personal autorizado puede acceder a las grabaciones y que, de ser necesario, pueden ser entregadas a las autoridades si se presenta una denuncia formal. Si el hotel cuenta con un protocolo de objetos perdidos, se debe registrar la incidencia y ofrecer asistencia en la búsqueda. En caso de sospecha de robo, se debe recomendar al huésped que contacte a la policía para realizar la denuncia, cooperando en todo momento con las autoridades.

Sugerencia para Gerente del Hotel

Es clave contar con un protocolo claro para la gestión de objetos perdidos y reclamos por desapariciones de pertenencias. Se recomienda informar a los huéspedes desde su llegada sobre la disponibilidad de cajas de seguridad en las habitaciones o en la recepción para resguardar objetos de valor. Además, el personal debe estar capacitado para manejar este tipo de situaciones con tacto y eficiencia, evitando generar sospechas innecesarias o comprometer la privacidad de otros huéspedes. Tener políticas claras sobre el acceso a grabaciones de seguridad evitará conflictos y garantizará el cumplimiento de las normativas legales.

4. ¿CÓMO MANEJAR LA SITUACIÓN SI UN HUÉSPED SE ENCIERRA EN SU HABITACIÓN Y NO RESPONDE DURANTE DÍAS, GENERANDO PREOCUPACIÓN ENTRE EL PERSONAL?

Respuesta: Si un huésped se ha encerrado en su habitación y no responde durante un período prolongado, el gerente debe actuar con prudencia y siguiendo protocolos de seguridad. Primero, el personal debe verificar registros de entrada y salida, consumo en el minibar o servicio a la habitación, y consultar con la recepción si ha habido algún contacto reciente con el huésped. Si no hay respuesta tras varios intentos de comunicación (llamadas a la habitación, toques en la puerta o mensajes por los canales disponibles), se debe dejar una nota bajo la puerta solicitando que el huésped se comunique con la recepción. Si la falta de respuesta persiste y existe preocupación razonable por su bienestar, el gerente debe coordinar con seguridad y, si es necesario, con las autoridades para realizar una verificación, asegurando siempre la privacidad y el cumplimiento legal. En caso de emergencia médica o indicios de peligro, se debe contactar a los servicios de emergencia antes de ingresar a la habitación.

Sugerencia para Gerente del Hotel

Es fundamental establecer un protocolo para casos de huésped inubicable o encerrado en la habitación. Capacitar al personal sobre los procedimientos adecuados y la normativa de privacidad evitará riesgos legales y garantizará una intervención adecuada. Además, se recomienda incluir una cláusula en el reglamento del hotel que establezca que, ante preocupaciones por la seguridad del huésped o de otros, la administración puede ingresar a la habitación con autorización de las autoridades o en casos de emergencia.

---

5. ¿Qué hacer si un cliente se queja de que la decoración de la habitación le genera incomodidad psicológica y exige una compensación?

Respuesta: Si un huésped manifiesta que la decoración de su habitación le genera incomodidad psicológica y exige una compensación, el gerente debe actuar con tacto y profesionalismo. Primero, escuchar atentamente al huésped para entender qué aspecto le genera malestar (colores, iluminación, cuadros, disposición de los muebles, etc.). Luego, evaluar opciones razonables, como cambiarlo a otra habitación con una decoración distinta o realizar ajustes menores, como retirar ciertos elementos decorativos o modificar la iluminación. Si el huésped insiste en recibir una compensación económica, se debe explicar de manera clara y respetuosa que la ambientación es parte del diseño del hotel y no constituye un motivo válido para reembolsos o descuentos, salvo que presente una condición médica justificada. Sin embargo, para evitar una mala experiencia y demostrar compromiso con la satisfacción del cliente, se puede ofrecer una alternativa, como un servicio de cortesía (desayuno gratuito, acceso a spa, upgrade de habitación si es viable) o algún otro beneficio que le genere una experiencia positiva sin afectar los ingresos del hotel.

Sugerencia para Gerente del Hotel

Es recomendable que el hotel incluya fotografías detalladas de las habitaciones en su página web y plataformas de reserva para evitar que los huéspedes tengan expectativas erróneas. También, el personal de recepción debe estar capacitado para detectar posibles señales de inconformidad en los huéspedes desde el check-in y ofrecer soluciones proactivas. Implementar un protocolo flexible de cambio de habitación ante casos subjetivos sin comprometer la operatividad del hotel ayudará a gestionar este tipo de situaciones con mayor eficiencia. Además, contar con opciones de personalización limitada en la decoración (luces ajustables, elementos removibles) puede ser una estrategia útil para atender solicitudes especiales sin incurrir en costos adicionales. Finalmente, si el hotel recibe múltiples quejas sobre un mismo aspecto decorativo, es recomendable evaluar posibles ajustes en el diseño de las habitaciones para mejorar la experiencia general de los huéspedes.

6. **¿CÓMO PROCEDER SI UN HUÉSPED SOLICITA DORMIR EN EL LOBBY PORQUE ASEGURA QUE SU HABITACIÓN TIENE UNA "MALA ENERGÍA"?**

Respuesta: Si un huésped solicita dormir en el lobby argumentando que su habitación tiene una "mala energía", el gerente debe manejar la situación con respeto y diplomacia. Primero, escuchar atentamente su inquietud sin minimizar su percepción. Luego, quiero explicarle que, por normativas de seguridad y confort, no es posible pernoctar en áreas comunes del hotel. Se le puede ofrecer una alternativa razonable, como cambiarlo a otra habitación disponible con características distintas, asegurándole que se hará todo lo posible para que se sienta más cómodo. Si el huésped insiste en su solicitud, se le puede ofrecer una opción complementaria, como aromaterapia, un cambio en la iluminación o algún otro ajuste que le brinde tranquilidad, sin comprometer la operatividad del hotel. Es fundamental mantener una actitud empática y evitar confrontaciones, buscando una solución que respete tanto la experiencia del huésped como las políticas del establecimiento.

7. ¿QUÉ MEDIDAS TOMAR SI UN CLIENTE INTENTA REGISTRAR COMO HUÉSPED A UNA MASCOTA EXÓTICA (SERPIENTE, TARÁNTULA, IGUANA) SIN PREVIO AVISO?

Respuesta: Si un cliente intenta registrar como huésped a una mascota exótica sin previo aviso, el gerente debe actuar con firmeza, pero manteniendo un trato cordial. Primero, revisar la normativa interna del hotel sobre admisión de mascotas y verificar si se permite la estancia de animales exóticos. Si no está permitido, explicarle al cliente con claridad las razones, que pueden incluir normativas sanitarias, seguridad para otros huéspedes y regulaciones locales. Se le debe ofrecer alternativas, como hospedarse en un hotel pet-friendly que acepte este tipo de animales o proporcionarle información sobre servicios de hospedaje para mascotas cercanos. Si la normativa del hotel permite su ingreso bajo ciertas condiciones, se debe garantizar que la mascota no represente un riesgo para otros huéspedes ni afecte la operatividad del establecimiento. Es importante dejar claro que cualquier daño o inconveniente será responsabilidad del cliente y solicitar un acuerdo firmado si se autoriza la estancia.

Sugerencia para Gerente del Hotel

Es fundamental que el hotel tenga una política clara y bien definida sobre la admisión de mascotas, incluyendo restricciones específicas para animales exóticos, y que esta información esté disponible en la web, en las condiciones de reserva y en la recepción. Además, es recomendable capacitar al personal de atención al cliente para manejar este tipo de situaciones con tacto y profesionalismo, evitando malentendidos con los huéspedes. Tener a disposición una lista de hoteles pet-friendly y alojamientos especializados en animales exóticos en la zona puede ser una solución diplomática para quienes insistan en hospedarse con sus mascotas. En caso de que el hotel permita ciertos tipos de animales bajo condiciones específicas, se debe establecer un acuerdo claro con el huésped, incluyendo cláusulas de responsabilidad por daños o molestias a otros clientes. También es conveniente que el hotel cuente con un procedimiento para actuar si otros huéspedes presentan quejas por la presencia de la mascota. Finalmente, documentar estos casos permitirá evaluar si es necesario ajustar las políticas del establecimiento en el futuro y evitar inconvenientes similares.

8. ¿Cómo manejar la queja de un huésped que asegura que el ruido del minibar de la habitación le impidió dormir y exige el reembolso de su estancia?

Respuesta: Si un huésped se queja de que el ruido del minibar le impidió dormir y solicita un reembolso, el gerente debe primero escuchar la queja con atención y empatía, mostrando comprensión por la incomodidad del huésped. Es importante verificar si la queja es válida, revisando la habitación en cuestión y el funcionamiento del minibar. Si el ruido del minibar es real y es posible, se le debe ofrecer una alternativa, como cambiarlo a otra habitación, o al menos garantizar que el minibar no cause más molestias en el futuro. En cuanto a la solicitud de reembolso, el gerente debe ser flexible en la aplicación de las políticas del hotel, ofreciendo una compensación adecuada, que podría incluir un descuento o un upgrade para la próxima estancia, si se considera que el problema afectó la calidad de la experiencia del huésped. Se debe explicar claramente la política de reembolsos y compensaciones del hotel, y si el huésped sigue insistiéndolo, se puede buscar una solución intermedia que satisfaga a ambas partes sin poner en riesgo la reputación del hotel. En todo momento, se debe mantener la calma y tratar de encontrar una solución satisfactoria que preserve la experiencia del huésped.

Sugerencia para Gerente del Hotel

Es recomendable que el personal de recepción esté capacitado para manejar quejas de manera eficiente, brindando respuestas rápidas y soluciones prácticas. Además, el hotel debe contar con procedimientos para verificar rápidamente las quejas sobre aspectos técnicos en las habitaciones, como el ruido del minibar, y tener protocolos de acción para garantizar que las molestias sean subsanadas de inmediato.

Invertir en un mantenimiento regular del minibar y otros equipos en las habitaciones puede prevenir futuras quejas. También, es importante tener en cuenta que el reembolso completo de una estancia no siempre es necesario para resolver una queja. En muchos casos, ofrecer descuentos, upgrades o servicios adicionales puede ser una solución más adecuada, sin afectar gravemente la rentabilidad del hotel. La documentación detallada de la queja y la resolución adoptada permitirá mejorar la gestión de quejas futuras y optimizar el servicio al cliente.

9. ¿QUÉ HACER SI UN HUÉSPED AFIRMA HABER VISTO UNA FIGURA EXTRAÑA EN SU HABITACIÓN Y EXIGE UNA INVESTIGACIÓN DE SEGURIDAD?

Respuesta: Si un huésped afirma haber visto una figura extraña en su habitación y solicita una investigación de seguridad, el gerente debe actuar con seriedad y profesionalismo, sin hacer burla de la situación ni desestimar la percepción del huésped. En primer lugar, se debe escuchar atentamente al huésped para obtener todos los detalles sobre el incidente, asegurándose de que se comprende su inquietud. Luego, se debe ofrecer una solución inmediata, como el cambio de habitación si así lo solicita, para garantizar su tranquilidad. Es fundamental que el gerente coordine con el equipo de seguridad del hotel para revisar las cámaras de vigilancia y otras medidas disponibles, a fin de esclarecer el incidente. Si no se encuentran pruebas de lo ocurrido, se debe comunicar al huésped de manera respetuosa que no se ha hallado ninguna evidencia de una intrusión o situación peligrosa. Sin embargo, se debe garantizar que se tomaron todas las medidas pertinentes y ofrecer alternativas para mejorar su experiencia, como un detalle especial o una compensación si la situación lo amerita. Mantener la calma y la cordialidad en todo momento es crucial, para que el huésped se sienta respaldado y comprendido.

> **Sugerencia para Gerente del Hotel**
> Es recomendable que el hotel cuente con un protocolo claro de manejo de quejas inusuales, como las relacionadas con eventos inexplicables, para asegurar que se tomen medidas rápidas y profesionales. Capacitar al personal para manejar situaciones de este tipo con empatía y seriedad es fundamental para no desestimar las preocupaciones de los huéspedes. Además, establecer sistemas de monitoreo de seguridad eficientes, como cámaras de vigilancia en áreas clave, y realizar auditorías regulares de seguridad puede ayudar a descartar incidentes reales y proporcionar tranquilidad tanto a los huéspedes como al personal. En casos como este, ofrecer una compensación, como un cambio de habitación o un detalle adicional, puede contribuir a mitigar cualquier posible malestar. También es importante documentar cada paso del proceso de resolución para garantizar que todas las quejas se manejen de manera transparente y profesional.

10. ¿CÓMO DEBE ACTUAR EL GERENTE SI UN HUÉSPED CAMBIA CONSTANTEMENTE DE HABITACIÓN ALEGANDO QUE EN TODAS ENCUENTRA FALLOS MÍNIMOS QUE NO AFECTAN EL SERVICIO?

Respuesta: Si un huésped cambia constantemente de habitación alegando que en todas encuentra fallos mínimos que no afectan el servicio, el gerente debe manejar la situación con paciencia y diplomacia, manteniendo siempre una postura profesional. En primer lugar, se debe escuchar al huésped con atención para identificar las quejas específicas y asegurarse de que se entiende su malestar. Luego, se le debe explicar que el hotel hace todo lo posible por ofrecer estancias cómodas, pero que los fallos menores, como una lámpara que parpadea o un sonido bajo en el aire acondicionado, son cuestiones que, aunque se solucionan, no deben interferir con la calidad del servicio. El gerente debe ofrecer una alternativa, como una mejora en el servicio o algún beneficio adicional (por ejemplo, un detalle en la habitación o un descuento en algún servicio), en lugar de seguir cambiando de habitación, ya que esto podría generar una percepción de insatisfacción continua. Además, es importante evitar que el huésped perciba que el hotel no tiene control sobre estos detalles, por lo que el gerente debe asegurarse de que el personal de mantenimiento revise las habitaciones para evitar que esos pequeños fallos ocurran nuevamente. Si el huésped sigue insistiendo en cambiar de habitación, el gerente debe considerar una reunión cara a cara para encontrar una solución más satisfactoria y evitar que el huésped sienta que su inquietud no está siendo tomada en serio.

Sugerencia para Gerente del Hotel

Es recomendable que el hotel tenga un procedimiento claro para manejar este tipo de situaciones repetitivas, que puedan reflejar una insatisfacción continua o incluso una actitud irrazonable del huésped. El gerente debe asegurarse de que el personal esté bien capacitado para evaluar la naturaleza de la queja del huésped y decidir si es legítima o si el problema radica en una expectativa irreal. Cuando se presenten quejas menores de forma reiterada, ofrecer un servicio complementario o una atención personalizada puede ser más eficaz que simplemente cambiar de habitación. También sería útil establecer un sistema de registro detallado de quejas y soluciones proporcionadas para identificar patrones y mejorar la respuesta del hotel en el futuro. Si la situación se convierte en un patrón, el gerente podría ofrecer una compensación adicional, o incluso en casos extremos, sugerir la finalización anticipada de la estancia, siempre manteniendo la profesionalidad y el respeto por la experiencia del huésped.

CAPITULO II
RESORTS - FORMA DE PROCEDER

11. ¿CÓMO DEBE ACTUAR EL GERENTE DE UN RESORT SI UN GRUPO DE HUÉSPEDES EXIGE UNA COMPENSACIÓN PORQUE AFIRMAN QUE LOS SONIDOS DE LA FAUNA LOCAL NO LES DEJAN DORMIR?

Respuesta: Si un grupo de huéspedes en un resort exige una compensación debido a los sonidos de la fauna local que les impiden dormir, el gerente debe abordar la situación con empatía y comprensión, reconociendo que las experiencias en entornos naturales pueden ser muy diferentes para cada persona. En primer lugar, el gerente debe escuchar atentamente las quejas de los huéspedes y, si es necesario, disculparse por la incomodidad que estos sonidos puedan haber causado. Es importante explicarles que el resort está ubicado en un entorno natural, lo cual es parte de la experiencia única que se ofrece, y que los sonidos de la fauna son naturales y forman parte del ambiente. Si los huéspedes insisten en que el ruido es excesivo, se les puede ofrecer una solución razonable, como reubicar a los huéspedes en una habitación más alejada de áreas con mayor actividad de fauna o en zonas donde el sonido sea menos perceptible. Como medida adicional, el resort podría ofrecer una opción complementaria, como la posibilidad de utilizar tapones para los oídos o una máquina de sonido blanco para reducir el impacto de los ruidos. Si la queja persiste, el gerente puede considerar ofrecer una compensación parcial, como un descuento en la estancia o un servicio adicional, para garantizar que los huéspedes se sientan atendidos y valorados.

> ### Sugerencia para Gerente del Resort
> Es fundamental que el gerente del resort esté preparado para manejar quejas relacionadas con el entorno natural de manera adecuada, ya que es común que los huéspedes tengan expectativas diferentes al respecto. Ser transparente desde el momento de la reserva, destacando la naturaleza del entorno y los posibles sonidos de la fauna local, puede ayudar a gestionar las expectativas del huésped de manera proactiva. Además, sería útil proporcionar a los huéspedes una opción de habitaciones o zonas dentro del resort que estén más alejadas de áreas con mayor presencia de fauna, sin comprometer la calidad de la experiencia. El gerente también debe asegurarse de que el personal esté capacitado para manejar quejas de este tipo con sensibilidad y ofrecer soluciones que respeten la naturaleza del resort sin causar fricción. Para prevenir que estas quejas se repitan, el resort podría ofrecer orientación a los huéspedes sobre cómo disfrutar del entorno natural y qué esperar en cuanto a ruidos o sonidos del ambiente.

12. ¿QUÉ HACER SI UN HUÉSPED EXIGE QUE LA PISCINA SE VACÍE PORQUE PERDIÓ UN OBJETO DE VALOR Y QUIERE RECUPERARLO?

Respuesta: Si un huésped exige que la piscina se vacíe para recuperar un objeto de valor que afirma haber perdido, el gerente debe manejar la situación con profesionalismo, empatía y en concordancia con las normativas del hotel o resort. En primer lugar, el gerente debe escuchar atentamente al huésped y disculparse por la pérdida del objeto, reconociendo la frustración que puede causar tal situación. Luego, se le debe informar de manera clara que vaciar la piscina no es una solución viable debido a los procedimientos técnicos y de seguridad involucrados, además de que podría afectar a otros huéspedes que están utilizando la piscina. El gerente puede sugerir que se realice una búsqueda del objeto con un equipo especializado, si es posible, o bien intentar ubicarlo de otra manera, como en el caso de utilizar equipos de buceo o cámaras subacuáticas si están disponibles. También se le puede ofrecer asistencia en la gestión de una reclamación para el seguro del establecimiento si el objeto tiene un valor considerable. En caso de que el huésped continúe insistiendo en vaciar la piscina, el gerente debe mantener la calma, reiterando las políticas del establecimiento y tratando de llegar a una solución alternativa que, aunque no sea exactamente lo que el huésped pide, ayude a mitigar su insatisfacción.

Sugerencia para Gerente del Resort

Es crucial que el gerente esté preparado para manejar solicitudes poco comunes con tacto y flexibilidad, sin comprometer la operación del resort o los derechos de otros huéspedes. En estos casos, debe ser fundamental ofrecer alternativas prácticas que demuestren el interés del resort por resolver el problema, como la búsqueda del objeto mediante métodos no invasivos o la utilización de seguros para compensar posibles pérdidas. Además, es importante que el gerente explique las políticas del resort de manera clara y comprensible para evitar malentendidos. El personal de recepción también debe ser entrenado para manejar este tipo de situaciones y poder ofrecer soluciones rápidas y efectivas, siempre con el objetivo de preservar la experiencia del huésped sin interrumpir el servicio general del resort. Una comunicación abierta y un enfoque proactivo ante estos imprevistos contribuirán a mantener la buena relación con los huéspedes y a asegurar su satisfacción, incluso en situaciones complicadas.

13. ¿CÓMO PROCEDER SI UN HUÉSPED ASEGURA QUE VIO A UN FAMOSO EN EL RESORT Y DEMANDA CONOCERLO, GENERANDO MOLESTIAS ENTRE OTROS CLIENTES?

Respuesta: Si un huésped asegura haber visto a un famoso en el resort y demanda conocerlo, generando molestias entre otros clientes, el gerente debe manejar la situación con discreción y profesionalismo. En primer lugar, es importante escuchar al huésped con respeto y validar su experiencia sin hacer comentarios que puedan alimentar expectativas poco realistas. El gerente debe aclarar que, por razones de privacidad y seguridad, el personal no puede confirmar ni facilitar encuentros con otras personas que estén alojadas en el resort, independientemente de su estatus. En caso de que el huésped insista, el gerente puede ofrecer una solución alternativa, como facilitar información sobre actividades exclusivas dentro del resort, para redirigir su atención y mejorar su experiencia sin generar conflicto. Además, se debe gestionar con discreción la situación para evitar que otras personas en el resort se vean involucradas o alteradas. Si el huésped continúa con la demanda de conocer al famoso, el gerente debe mantener la calma, reiterando la política de privacidad del resort y la necesidad de respetar la tranquilidad de otros huéspedes.

> **Sugerencia para Gerente del Resort**
> Es fundamental que el gerente del resort se anticipe a este tipo de situaciones, asegurando que el personal esté capacitado para manejar solicitudes de este tipo con empatía y discreción. Contar con un protocolo de privacidad para manejar la presencia de celebridades o personas de alto perfil puede ayudar a prevenir malentendidos o expectativas poco realistas. El gerente debe ser firme pero educado al comunicar las políticas de privacidad, pero también debe tener la flexibilidad para ofrecer soluciones que mejoren la experiencia del huésped, como redirigir su atención a otros servicios del resort. Además, se recomienda que el resort tenga un sistema claro para manejar quejas o molestias de otros huéspedes causados por este tipo de situaciones, asegurando que todas las partes se sientan respetadas y cómodas durante su estancia.

14. ¿QUÉ MEDIDAS TOMAR SI UN GRUPO DE CLIENTES DE- CIDE HACER UNA FIESTA EN LA PLAYA DEL RESORT Y SE NIEGAN A RESPETAR LOS HORARIOS DE DESCANSO?

Respuesta: Si un grupo de clientes decide hacer una fiesta en la playa del resort y se niegan a respetar los horarios de descanso, el gerente debe actuar de inmediato para garantizar el bienestar de to- dos los huéspedes y cumplir con las normativas del resort. El primer paso es acercarse al grupo de manera cordial pero firme, explicando la importancia de respetar los horarios establecidos para mantener la tranquilidad y el descanso de los demás. El gerente debe comunicar las políticas del resort sobre el ruido y las actividades, asegurándose de que los huéspedes comprendan las consecuencias de no cumplir con ellas. Si el grupo continúa con la fiesta, el gerente puede ofrecer una solución alternativa, como permitirles continuar en una zona aislada donde el ruido no interfiera con otros clientes. Si la situación no mejora, se pueden aplicar sanciones según las políticas del resort, incluyendo la solicitud de que los huéspedes abandonen el área o incluso el establecimiento. En todo momento, es esencial mantener un tono profesional y no permitir que la situación se intensifique.

Sugerencia para Gerente del Resort

Es recomendable que el gerente y el personal del resort tengan muy claros los protocolos para situaciones como esta, con una política definida sobre actividades ruidosas y el uso de áreas comunes. Además, se debe ofrecer un espacio adecuado para este tipo de eventos, de modo que los huéspedes que deseen realizar fiestas puedan hacerlo sin afectar la tranquilidad de los demás. Instruir al personal sobre cómo gestionar las solicitudes y conflictos relacionados con el ruido de manera asertiva y respetuosa es clave para evitar confrontaciones. Si el resort permite fiestas, se podría crear un sistema de reservas para estos eventos, asegurando que los clientes respeten las normas de convivencia y no interfieran con el descanso de otros huéspedes.

---

15. ¿CÓMO ACTUAR SI UN HUÉSPED AFIRMA QUE UNA PALMERA DEL RESORT LE GENERA "MALAS VIBRACIONES" Y EXIGE QUE SEA REMOVIDA?

Respuesta: Si un huésped afirma que una palmera del resort le genera "malas vibraciones" y exige que sea removida, el gerente debe abordar la situación con empatía y respeto, entendiendo que la percepción de cada cliente es válida, aunque no siempre se pueda satisfacer. Primero, es importante escuchar al huésped de manera atenta, asegurándose de comprender los motivos detrás de su solicitud, sin ridiculizar ni minimizar su experiencia. Luego, el gerente debe explicar educadamente que, debido a las normativas y políticas del resort, no es posible remover elementos del paisaje o de la infraestructura sin una justificación razonable que lo permita, ya que estas decisiones afectan la estética y el entorno general del lugar. Sin embargo, se le puede ofrecer una solución alternativa, como moverlo a una habitación o área diferente que no esté tan cerca de la palmera. Además, el gerente podría proponer opciones como aromaterapia o cambios en la decoración de la habitación para que el huésped se sienta más cómodo y tranquilo. La clave está en manejar la solicitud de manera profesional, manteniendo el equilibrio entre la satisfacción del cliente y las políticas del resort.

Sugerencia para Gerente del Resort

Es fundamental que el gerente del resort tenga una política de atención a situaciones inusuales que incluya opciones para resolver de manera diplomática y razonable inquietudes como esta, que, aunque extrañas, pueden ser importantes para algunos huéspedes. Proponer soluciones alternativas siempre es una buena estrategia, como cambiar la habitación o espacio del cliente. Además, capacitar al personal en manejo de quejas peculiares con un enfoque respetuoso y profesional puede ayudar a reducir la tensión y garantizar que el huésped se sienta escuchado sin alterar las normativas del resort. Crear un protocolo claro para gestionar estos casos contribuirá a la imagen positiva del resort y a la satisfacción general de los clientes.

16. ¿Qué hacer si un cliente insiste en alimentar a los animales silvestres del resort a pesar de que está prohibido?

Respuesta: Si un cliente insiste en alimentar a los animales silvestres del resort a pesar de que está prohibido, el gerente debe actuar de manera firme pero respetuosa, recordando las normativas del resort y explicando los riesgos tanto para los animales como para los huéspedes. El primer paso es acercarse al cliente con una actitud amable y empática, explicando que alimentar a los animales silvestres puede alterar su comportamiento natural, generar dependencia y crear peligros tanto para ellos como para los huéspedes. El gerente debe señalar que esta normativa está en su lugar para garantizar la seguridad y el bienestar de todos. Si el cliente persiste, el gerente debe reiterar las consecuencias potenciales, incluyendo la posibilidad de que el resort tome medidas disciplinarias, si es necesario. El objetivo es asegurar que el cliente comprenda la importancia de seguir las reglas para mantener un entorno seguro y armonioso para todos.

Sugerencia para Gerente del Resort

Es recomendable que el resort tenga señalización clara y visible en las áreas donde habitan los animales silvestres, recordando a los huéspedes que está prohibido alimentarlos. Además, el personal debe estar capacitado para comunicar las normativas de manera educada pero firme, usando siempre un tono cordial que favorezca la cooperación. Si el problema persiste, se pueden establecer protocolos más formales, como advertencias escritas o incluso sanciones si las conductas inapropiadas continúan. Además, el gerente podría considerar ofrecer actividades educativas sobre la fauna local para sensibilizar a los huéspedes sobre los riesgos de alimentar a los animales y fomentar el respeto por la naturaleza del resort.

17. ¿Cómo manejar la queja de un huésped que se niega a usar protector solar y luego reclama al resort por quemaduras solares graves?

Respuesta: Si un huésped se niega a usar protector solar y luego reclama al resort por quemaduras solares graves, el gerente debe abordar la situación con empatía, pero también con claridad en cuanto a las responsabilidades de ambas partes. Es importante escuchar al huésped y mostrar comprensión por su incomodidad. Sin embargo, el gerente debe explicarle que el resort no puede hacerse responsable de las decisiones personales de los huéspedes, como no aplicar protector solar, especialmente cuando se encuentran en áreas al aire libre con exposición directa al sol. El gerente debe recordar al huésped que el resort ofrece productos de protección solar y que se recomienda su uso para evitar este tipo de situaciones. Se debe ofrecer asistencia médica inmediata, como la aplicación de aloe vera o la derivación a un profesional si es necesario y, además, recomendarle que consulte a un médico para un tratamiento adecuado. Si el huésped insiste en su queja, el gerente puede ofrecerle algún tipo de compensación simbólica, como un descuento en su próxima visita o un servicio adicional, pero dejando claro que el resort no asume la responsabilidad por la falta de precauciones personales.

Sugerencia para Gerente del Resort

Es fundamental que el resort implemente políticas claras y visibles sobre la importancia de la protección solar en sus instalaciones, especialmente en áreas al aire libre. Asegurarse de que el personal esté bien capacitado para informar a los huéspedes sobre la necesidad de usar protector solar, y que los productos estén fácilmente disponibles para su compra o distribución gratuita.

El gerente debe establecer un protocolo para este tipo de situaciones, que incluya información escrita en la habitación o en las zonas comunes sobre los riesgos de la exposición solar sin protección, además de incluir recomendaciones de seguridad en los paquetes de bienvenida. Esta comunicación proactiva puede prevenir quejas y crear conciencia entre los huéspedes, evitando futuras disputas sobre responsabilidades.

18. ¿QUÉ HACER SI UN HUÉSPED ASEGURA HABER VISTO UN OVNI SOBRE EL RESORT Y GENERA PÁNICO ENTRE OTROS CLIENTES?

Respuesta: Si un huésped asegura haber visto un OVNI sobre el resort y genera pánico entre otros clientes, el gerente debe manejar la situación con calma, profesionalismo y discreción. Lo primero es tranquilizar al huésped que hizo la denuncia, escuchando su relato sin descalificarlo, y asegurarse de que no esté alterando a otros huéspedes. De ser necesario, el gerente puede ofrecer un espacio privado para hablar con el huésped y aclarar la situación. Para evitar el pánico entre los demás huéspedes, el gerente debe informar al personal de seguridad para mantener el control de la situación y reforzar la vigilancia en las áreas comunes. Si la queja persiste y afecta la experiencia de otros huéspedes, el gerente puede considerar ofrecer algún tipo de compensación, como un pequeño descuento o un servicio adicional, sin admitir responsabilidad por el incidente. Sin embargo, es importante evitar alimentar el mito o los rumores de un avistamiento, manteniendo siempre la postura de que el resort está comprometido con la seguridad y el bienestar de sus huéspedes.

19. ¿Cómo reaccionar si un huésped exige que el resort le garantice días sin lluvia, ya que eligió el destino por su "clima soleado"?

Respuesta: Si un huésped exige que el resort le garantice días
sin lluvia, ya que eligió el destino por su "clima soleado", el gerente debe manejar la situación con empatía y profesionalismo, explicando que el resort no puede controlar las condiciones climá-
ticas. Es importante reconocer la preocupación del huésped sin
descalificar su solicitud, pero dejando claro que las condiciones
del clima son impredecibles y forman parte de la naturaleza del
destino. El gerente debe ofrecer alternativas que ayuden a mejorar
la experiencia del huésped, como actividades bajo techo, acceso a
servicios como spas o restaurantes, o incluso, si es posible, ofrecer
descuentos en futuras estancias. En todo momento, es esencial

mantener una actitud tranquila, evitar generar falsas expectativas y, si la situación lo requiere, disculparse por cualquier inconveniente sin comprometer las políticas del resort.

> **Sugerencia para Gerente del Resort**
> El gerente debe tener preparada una comunicación clara y amigable para situaciones como estas, recordando que no se puede garantizar el clima, pero sí una experiencia memorable sin importar las condiciones. Una forma efectiva de gestionar este tipo de quejas es ofrecer al huésped opciones dentro del resort que no dependan del clima, como actividades en el spa, servicios de bienestar o visitas a atracciones cercanas cubiertas, lo que demuestra el compromiso del resort por satisfacer a los huéspedes en cualquier circunstancia. Además, tener información clara sobre las condiciones climáticas promedio del destino en las plataformas de reserva y en la comunicación previa a la llegada puede ayudar a evitar malentendidos.

20. ¿QUÉ MEDIDAS TOMAR SI UN HUÉSPED EXIGE QUE LE SIRVAN ALIMENTOS EXÓTICOS QUE NO ESTÁN EN EL MENÚ DEL RESORT, AMENAZANDO CON UNA MALA RESEÑA?

Respuesta: Si un huésped exige alimentos exóticos que no están en el menú del resort y amenaza con dejar una mala reseña, el gerente debe abordar la situación con cortesía y profesionalismo. Primero, escuchar al huésped y validar su solicitud para que se sienta comprendido. Luego, se debe explicar que el resort sigue un menú específico basado en los ingredientes disponibles y las normativas de calidad, pero se pueden ofrecer alternativas que se ajusten lo mejor posible a sus preferencias. Si la demanda es razonable y se cuenta con los ingredientes necesarios, se podría preparar una opción especial fuera del menú, pero siempre respetando los protocolos del resort. Si el huésped persiste en su amenaza de mala reseña, el gerente debe recordar que la experiencia del cliente es lo más importante y que su satisfacción es clave, pero sin comprometer los estándares del resort. Es fundamental mantener un tono calmado y cordial, enfocándose en resolver el problema de la mejor manera posible, sin ceder a amenazas.

Sugerencia para Gerente del Resort

Para evitar situaciones de este tipo, se recomienda que el gerente y el equipo de cocina tengan flexibilidad para adaptarse a solicitudes especiales cuando sea posible, pero sin alterar la calidad y los estándares del resort. También es útil ofrecer opciones personalizadas del menú que puedan satisfacer a los huéspedes con necesidades particulares. Además, establecer una política clara de gestión de quejas y expectativas sobre lo que se puede o no ofrecer puede ayudar a minimizar malentendidos. El gerente debe enfatizar el compromiso del resort por brindar una experiencia excepcional, gestionando las expectativas del cliente de manera proactiva y asegurando que cualquier solicitud especial se maneje de forma equilibrada y justa.

CAPITULO III
Viviendas Vacacionales -
Forma de Proceder

21. ¿Qué puede hacer el propietario de una vivienda vacacional si los inquilinos llaman asegurando que la casa está "embrujada" y piden reembolso por miedo a quedarse?

Respuesta: Si los inquilinos de una vivienda vacacional aseguran que la casa está "embrujada" y piden un reembolso por miedo a quedarse, el propietario debe abordar la situación con calma y profesionalismo. Primero, es importante escuchar con atención las preocupaciones de los inquilinos sin desestimarlas, asegurándose de mostrar empatía y comprensión. Luego, el propietario debe ofrecerles una explicación lógica y objetiva sobre la vivienda, descartando cualquier tipo de superstición y destacando las características del inmueble que garantizan su seguridad. Si es posible, se puede ofrecer una alternativa, como un cambio de alojamiento en la misma propiedad si hay disponibilidad, o incluso una solución económica que permita al inquilino sentirse más cómodo. Si los inquilinos persisten en su solicitud de reembolso, el propietario debe revisar los términos del contrato para verificar si se contempla este tipo de situación, y si no, intentar llegar a un acuerdo razonable para evitar conflictos, siempre actuando dentro de lo legal y la normativa vigente en relación con arrendamientos de vivienda vacacional.

> **Sugerencia para Propietario de Vivienda Vacacional**
> Es recomendable que el propietario de la vivienda vacacional sea proactivo en la gestión de posibles reclamaciones relacionadas con supersticiones o creencias no objetivas. Asegurarse de que la propiedad esté bien mantenida y limpia, y comunicar estas condiciones a los inquilinos desde el inicio, puede ayudar a prevenir malentendidos. Además, contar con un contrato claro y detallado que especifique las condiciones de cancelación y reembolso, así como ofrecer a los huéspedes una línea de comunicación directa para resolver cualquier inconveniente de manera oportuna, puede minimizar la posibilidad de quejas. En casos como este, es crucial mantener una actitud respetuosa y calmada, tratando de llegar a una solución satisfactoria sin comprometer los derechos del propietario o las normas del contrato.

22. ¿CÓMO ACTUAR SI UN HUÉSPED ASEGURA QUE LA CASA TIENE "MALAS ENERGÍAS" Y SOLICITA QUE EL PROPIETARIO REALICE UNA LIMPIEZA ESPIRITUAL?

Respuesta: Si un huésped asegura que la casa tiene "malas energías" y solicita que el propietario realice una limpieza espiritual, el propietario debe manejar la situación con tacto y respeto. En primer lugar, es importante escuchar atentamente las preocupaciones del huésped, mostrando empatía sin hacer juicios. Sin embargo, el propietario debe aclarar que las prácticas espirituales o esotéricas no son parte de los servicios ofrecidos, y que no es posible realizar una limpieza espiritual en la vivienda. A continuación, el propietario puede ofrecer soluciones alternativas que ayuden a que el huésped se sienta más cómodo, como cambiarlo a otra vivienda o habitación dentro de la misma propiedad, si hay disponibilidad. En caso de que el huésped continúe insistiendo, el propietario debe revisar las condiciones del contrato de arrendamiento y, si es necesario, explicar las políticas sobre reembolsos o cancelaciones, de acuerdo con lo estipulado. Lo más importante es manejar la situación con calma, asegurando que las expectativas del huésped sean razonables y dentro de los límites legales.

Sugerencia para Propietario de Vivienda Vacacional
Es recomendable que el propietario de la vivienda vacacional comunique de forma clara y detallada las políticas de la propiedad antes de la llegada del huésped, especificando los servicios disponibles y dejando en claro que prácticas espirituales no son parte de las ofertas. En situaciones como esta, la empatía es clave, por lo que el propietario debe mantenerse atento y ofrecer soluciones prácticas, como cambiar de lugar u ofrece actividades que favorezcan el bienestar del huésped. Si las quejas persisten, se recomienda documentar el incidente y consultar las políticas de cancelación y reembolsos del contrato para asegurar que las acciones se ajusten a las normativas legales, garantizando que ambas partes lleguen a una resolución respetuosa.

23. ¿Qué medidas tomar si un inquilino exige que el propietario desaloje a un vecino porque le molesta su forma de hablar o su vestimenta?

Respuesta: Si un inquilino exige que el propietario desaloje a un vecino debido a que le molesta su forma de hablar o su vestimenta, el propietario debe abordar la situación con sensatez y una firme comprensión de los derechos de todos los inquilinos. En primer lugar, es importante escuchar la queja del inquilino sin prejuicios y tratar de comprender la naturaleza del problema. Sin embargo, el propietario debe dejar claro que, en principio, no es legal desalojar a alguien solo por su forma de hablar o vestirse, ya que estos son aspectos personales que no constituyen una violación de las normas de convivencia o de los derechos fundamentales. El propietario debe revisar el contrato de arrendamiento y las normativas del complejo o propiedad para asegurarse de que no haya cláusulas que permitan actuar de manera diferente en situaciones excepcionales. En este caso, el propietario puede mediar entre los dos inquilinos, buscando una solución pacífica y respetuosa, como proponerles una conversación o establecer límites claros para la convivencia sin infringir los derechos de nadie. Si la situación persiste y se agrava, se debe asesorar legalmente para conocer las posibles acciones a seguir conforme a la ley.

Sugerencia para Propietario de Vivienda Vacacional

Es crucial que el propietario se comunique de forma clara con todos los inquilinos desde el inicio sobre las normas de convivencia y los derechos fundamentales de cada persona, incluyendo el respeto por las diferencias individuales. En caso de situaciones como esta, el propietario debe actuar como mediador, buscando siempre una solución pacífica y justa para todas las partes involucradas. Además, se recomienda tener un protocolo de resolución de conflictos, ofreciendo alternativas como la mediación o incluso el cambio de vivienda dentro de la misma propiedad si la situación lo requiere. En última instancia, el propietario debe evitar tomar decisiones precipitadas que puedan infringir los derechos del inquilino o causar malestar innecesario, asegurándose de que todas las acciones sean legales y basadas en el respeto mutuo entre las partes.

24. ¿CÓMO MANEJAR LA SITUACIÓN SI LOS INQUILINOS EXIGEN LA DEVOLUCIÓN DEL DINERO PORQUE NO LES GUSTÓ LA VISTA DESDE LA VIVIENDA?

Respuesta: Si los inquilinos exigen la devolución del dinero porque no les gustó la vista desde la vivienda, el propietario debe manejar la situación con profesionalismo y claridad en cuanto a las expectativas que se generan al momento de hacer la reserva. Es fundamental revisar la descripción de la vivienda en el contrato o en la plataforma de alquiler, para asegurarse de que la información proporcionada sobre la vista y las características de la propiedad sea precisa y honesta. Si en la oferta se especificaba claramente que la vista no era un factor destacado, el propietario puede explicar de manera respetuosa que las preferencias estéticas de los inquilinos no son motivo suficiente para una devolución, a menos que haya un incumplimiento de las condiciones acordadas. Sin embargo, si la vista es un factor esencial que no fue debidamente especificado en el contrato o la publicidad, el propietario podría considerar una solución equitativa, como un descuento parcial o una compensación en futuras estancias, siempre y cuando no se trate de una queja infundada. El propietario debe asegurarse de documentar toda la comunicación para evitar malentendidos y posibles conflictos legales.

Sugerencia para Propietario de Vivienda Vacacional
Es fundamental que el propietario se asegure de que la descripción de la vivienda en la plataforma de alquiler sea precisa y esté completamente alineada con las características reales de la propiedad, incluida la vista desde la vivienda. En este tipo de situaciones, la prevención es clave: ofrecer detalles claros sobre la ubicación y las vistas, y establecer expectativas realistas desde el principio. Si los inquilinos insisten en un reembolso, el propietario debe ser firme pero flexible, ofreciendo una solución práctica que no implique necesariamente una devolución completa del dinero. Una solución intermedia, como un reembolso parcial o una compensación en un futuro alquiler, puede ser un buen punto de negociación. Además, es recomendable incluir en el contrato de arrendamiento una cláusula que indique que las preferencias personales, como las vistas, no son motivo para exigir reembolsos, a fin de evitar futuros conflictos.

25. ¿Qué hacer si los huéspedes intentan modificar la decoración de la vivienda sin autorización del propietario?

Respuesta: Si los huéspedes intentan modificar la decoración de la vivienda sin autorización del propietario, el propietario debe actuar con claridad y firmeza, explicando que cualquier cambio en la decoración o estructura de la vivienda está prohibido sin su consentimiento previo. En primer lugar, debe revisar el contrato de alquiler o las condiciones de la vivienda, donde debe estar especificado que los inquilinos no pueden alterar las instalaciones o la decoración sin el permiso del propietario. Es recomendable que el propietario hable con los huéspedes de manera calmada, indicando que cualquier modificación puede afectar el valor de la propiedad o dañar elementos que están protegidos por el contrato de arrendamiento. El propietario puede ofrecer una alternativa, como sugerir cambios temporales o decoraciones personales que no impliquen modificaciones permanentes. Si los huéspedes insisten en cambiar la decoración, el propietario debe recordarles las consecuencias legales de no respetar las condiciones del contrato y puede optar por aplicar una penalización según lo acordado en el contrato o incluso considerar una terminación anticipada del arrendamiento si la situación se complica.

Sugerencia para Propietario de Vivienda Vacacional

Es crucial que el propietario de la vivienda vacacional sea claro en las condiciones del arrendamiento y en la prohibición de modificar la decoración sin autorización. Esta información debe incluirse explícitamente en el contrato y en las comunicaciones previas al alquiler. Si los huéspedes intentan realizar cambios, el propietario debe abordar la situación de inmediato y con firmeza, explicando las razones detrás de esta política, enfocándose en la protección de la propiedad y la preservación del ambiente que se les ha proporcionado. Además, para evitar conflictos, es recomendable proporcionar a los huéspedes opciones que les permitan personalizar temporalmente su espacio (como cambios en la distribución de muebles sin alteraciones permanentes), y establecer un protocolo claro sobre lo que se permite y lo que no. Implementar una cláusula en el contrato que contemple penalizaciones por alteraciones no autorizadas también puede ser una medida preventiva efectiva.

---

26. ¿Cómo proceder si un inquilino llama exigiendo que se cambien los muebles de la vivienda porque no le parecen "cómodos"?

Respuesta: Si un inquilino llama exigiendo que se cambien los muebles de la vivienda porque no le parecen "cómodos", el propietario debe manejar la situación de manera profesional y respetuosa, pero manteniendo los límites de su responsabilidad. Primero, debe recordar al inquilino que el contrato de arrendamiento establece las condiciones del alquiler tal como están, incluyendo los muebles y su estado. El propietario puede preguntar específicamente qué aspectos de los muebles les resultan incómodos y escuchar sus quejas de manera activa, para ver si hay alguna opción viable, como la posibilidad de reemplazar un mueble que esté en mal estado o que sea verdaderamente incómodo, pero no es obligación cambiar todo el mobiliario si no se considera necesario. Si la solicitud no está justificada o no está relacionada con un defecto del mobiliario, el propietario debe aclarar que no tiene la obligación de cumplir con ese requerimiento. En cualquier caso, se recomienda que todas las decisiones se tomen de manera que no afecten el bienestar general de los inquilinos, pero también dentro de los límites legales y contractuales.

Sugerencia para Propietario de Vivienda Vacacional
Es recomendable que el propietario de la vivienda vacacional tenga claro desde el principio que los muebles y el mobiliario de la casa son parte de las condiciones establecidas en el contrato de arrendamiento, y que no están sujetos a cambios a menos que haya una razón válida, como el mal estado o deterioro evidente de los mismos. Para prevenir este tipo de situaciones, el propietario debe asegurarse de que los muebles sean funcionales y adecuados para el tipo de huéspedes que espera, lo cual también debe ser reflejado en la descripción

de la propiedad en las plataformas de alquiler. Si el inquilino insiste en el cambio de los muebles, el propietario puede explicar amablemente que no es posible realizar modificaciones durante el periodo de alquiler y sugerir alternativas viables, como el uso de cojines o cubre muebles para mejorar la comodidad. Además, el propietario puede incluir en el contrato una cláusula que indique que las modificaciones al mobiliario no están permitidas durante el alquiler, y en caso de que los huéspedes decidan solicitar cambios por razones no justificadas, puede aplicarse una penalización o, si es necesario, rescindir el contrato de manera anticipada.

27. ¿Qué hacer si los inquilinos aseguran que vieron una sombra sospechosa en la vivienda y exigen seguridad extra?

Respuesta: Si los inquilinos aseguran que vieron una sombra sospechosa en la vivienda y exigen seguridad extra, el propietario debe tomar la situación con seriedad, aunque también con pragmatismo. Primero, es fundamental escuchar a los inquilinos y asegurarse de que se sientan atendidos, pero también es importante mantener la calma y no alarmarse innecesariamente. El propietario debe revisar la vivienda para asegurarse de que no haya fallos en la iluminación, cerraduras o cualquier otro elemento que pueda haber causado la percepción de peligro. En caso de que no se identifiquen problemas, el propietario puede ofrecerles soluciones temporales, como instalar iluminación adicional o revisar las cámaras de seguridad (si las tiene), para darles mayor tranquilidad. Si los inquilinos siguen insistiéndose en la necesidad de seguridad extra, el propietario puede recomendarles contactar con la policía si consideran que hay una amenaza real. Es clave que el propietario se mantenga profesional y ofrezca soluciones razonables, sin dar lugar a falsas expectativas. Además, debe recordar que, en situaciones donde no hay una amenaza real, no está obligado legalmente a proporcionar medidas de seguridad excepcionales.

Sugerencia para Propietario de Vivienda Vacacional
Es recomendable que el propietario tenga instalada una buena iluminación en las áreas comunes y exteriores de la vivienda, y que verifique regularmente la seguridad de las cerraduras, ventanas y accesos. De esta manera, puede prevenir situaciones donde los inquilinos puedan sentirse inseguros debido a la falta de visibilidad o accesos poco seguros. Además, el propietario debe contar con cámaras de seguridad visibles (en las áreas externas) o un sistema de seguridad para que los inquilinos sientan que están siendo atendidos en cuanto a su bienestar. Si se presentan situaciones como la mencionada, es importante que el propietario actúe con rapidez, ofreciendo soluciones que no alteren el estado de la propiedad y asegurando que los inquilinos comprendan que, dentro de lo razonable, el bienestar y seguridad de todos los huéspedes es prioritario. Sin embargo, siempre debe mantener límites claros en cuanto a lo que está dispuesto a ofrecer, y si la queja persiste sin justificación, debe comunicar de manera firme pero amable que no está obligado a cumplir con solicitudes que no son razonables o que exceden lo acordado en el contrato de arrendamiento.

28. ¿Cómo manejar la situación si los huéspedes aseguran que encontraron una nota extraña en la vivienda y quieren irse de inmediato?

Respuesta: Si los huéspedes aseguran haber encontrado una nota extraña en la vivienda y quieren irse de inmediato, el propietario debe actuar rápidamente y con empatía para manejar la situación con calma. En primer lugar, se debe escuchar a los huéspedes para entender la naturaleza de la nota y por qué esta les causa incomodidad o miedo. Es importante que el propietario se ofrezca a revisar la nota con ellos y realizar una investigación sobre su origen. Además, se debe explicar que la seguridad de los huéspedes es la prioridad, y ofrecerles opciones como un cambio de vivienda, medidas de seguridad adicionales como refuerzo de cerraduras, o incluso reembolso parcial en caso de que decidan abandonar la propiedad. Si los huéspedes persisten en irse, el propietario debe asegurarse de no crear un conflicto y seguir las cláusulas del contrato para determinar las condiciones de cancelación y reembolso, si corresponde. El propietario también debe registrar todo lo ocurrido por escrito y, si es necesario, informar a las autoridades para evaluar si hay algún riesgo real o amenaza. La clave es mantener la calma, ser flexible, pero también asegurarse de que las acciones del propietario sean justas y respaldadas por el contrato de arrendamiento.

Sugerencia para Propietario de Vivienda Vacacional
Es recomendable que el propietario mantenga una comunicación constante con los huéspedes durante su estancia, ofreciendo información sobre medidas de seguridad y accesos en caso de emergencia. Asegúrese de que la vivienda esté siempre en condiciones óptimas,

revisando minuciosamente cualquier posible material o mensaje que los huéspedes encuentren en la propiedad. Tener un protocolo de manejo de situaciones inusuales, como la que describe esta pregunta, puede proporcionar una respuesta más rápida y eficaz. Es útil también tener un seguro que cubra este tipo de incidencias, lo que podría facilitar el proceso en caso de que los huéspedes decidan abandonar la vivienda por un temor real o percibido. Además, es fundamental que el contrato de arrendamiento sea claro en cuanto a la política de cancelaciones y reembolsos, para evitar malentendidos.

29. ¿QUÉ HACER SI LOS HUÉSPEDES SE NIEGAN A SALIR DE LA VIVIENDA TRAS LA FINALIZACIÓN DEL CONTRATO, ALEGANDO QUE "AÚN NO HAN DISFRUTADO LO SUFICIENTE"?

Respuesta: Si los huéspedes se niegan a salir de la vivienda tras la finalización del contrato, alegando que *"aún no han disfrutado lo suficiente"*, el propietario debe abordar la situación con firmeza y diplomacia. Lo primero es recordarles educadamente que el contrato de arrendamiento ha expirado y que deben respetar los términos acordados. Es importante mostrar comprensión por su insatisfacción, pero recalcar que el cumplimiento de las fechas y condiciones establecidas es esencial para la buena gestión del alquiler. Si la situación persiste, el propietario debe informarles de las posibles consecuencias legales de no abandonar la vivienda a tiempo, como el inicio de procedimientos de desalojo, y señalar las cláusulas del contrato que permiten la acción en caso de incumplimiento. Se puede ofrecer una extensión temporal del contrato si se considera viable, pero a cambio de una tarifa adicional. En cualquier caso, es fundamental mantener la calma y evitar la confrontación, y en última instancia, si los huéspedes siguen negándose a salir, el propietario puede considerar acudir a las autoridades competentes para hacer cumplir el contrato, asegurándose de que todas las acciones sean conforme a la ley.

Sugerencia para Propietario de Vivienda Vacacional

Es esencial que el propietario tenga un contrato claro y detallado que especifique las fechas de inicio y finalización de la estancia, además de las consecuencias por no cumplir con las fechas de salida. Para evitar situaciones como esta, puede ser útil realizar recordatorios previos a la fecha de salida, destacando las cláusulas del contrato que regulan la duración del alquiler. Tener un protocolo preparado en caso de que se presenten situaciones conflictivas, como la que describe esta pregunta, permitirá actuar con rapidez y de manera legal. Si se enfrenta a huéspedes que no desean salir, el propietario debe tratar de resolver el conflicto de forma pacífica pero firme, asegurando que se respete el acuerdo. En casos extremos, el propietario debe estar dispuesto a acudir a las autoridades para garantizar el cumplimiento del contrato, pero siempre asegurándose de que el proceso se haga conforme a la normativa local.

---

30. ¿CÓMO ACTUAR SI UN HUÉSPED EXIGE QUE SE LE REEMBOLSE PARTE DEL DINERO PORQUE *"NO SINTIÓ LA EXPERIENCIA VACACIONAL QUE ESPERABA"*?

Respuesta: Si un huésped exige que se le reembolse parte del dinero porque "no sintió la experiencia vacacional que esperaba", el propietario debe escuchar atentamente sus razones para entender qué aspectos de la vivienda o la experiencia no cumplieron con sus expectativas. Es importante tratar de identificar si existen problemas reales con la propiedad, como deficiencias en los servicios o instalaciones, y ofrecer soluciones inmediatas si es necesario, como una mejora en las condiciones o el cambio de alojamiento si la situación lo justifica. Sin embargo, si las expectativas del huésped son subjetivas y no están relacionadas con un incumplimiento por parte del propietario, se debe explicar educadamente que, en base a las condiciones pactadas, no es posible ofrecer un reembolso. Se le puede ofrecer un descuento o un bono para una futura estadía si se considera apropiado, pero siempre de acuerdo con las políticas del contrato de alquiler. Es esencial que las respuestas sean empáticas y que se mantenga un enfoque conciliador, buscando resolver la situación sin comprometer los términos acordados.

Sugerencia para Propietario de Vivienda Vacacional

Es recomendable tener condiciones claras y detalladas en el contrato de alquiler que especifiquen lo que está incluido y las expectativas de ambas partes para evitar malentendidos. Además, proporcionar un recorrido o una lista de las características de la vivienda, junto con la explicación de lo que se puede esperar en el área, puede ayudar a establecer expectativas realistas desde el inicio. Si un huésped expresa insatisfacción, es vital escuchar su queja de manera abierta, pero también educarles sobre las condiciones y lo que se acordó en el contrato. Un enfoque proactivo al solicitar retroalimentación durante su estancia puede ayudar a evitar que lleguen a una situación en la que busquen reembolsos. La comunicación clara y la flexibilidad en la medida de lo posible contribuirán a resolver situaciones complejas y a mantener una buena relación con los inquilinos.

CAPITULO IV
RESTAURANTES - FORMA DE PROCEDER

31. ¿CÓMO DEBE ACTUAR EL GERENTE SI UN CLIENTE ASE-
GURA HABER ENCONTRADO UN OBJETO EXTRAÑO EN
SU COMIDA, PERO SE NIEGA A MOSTRARLO Y EXIGE UNA
COMPENSACIÓN INMEDIATA?

Respuesta: Si un cliente asegura haber encontrado un objeto
extraño en su comida, pero se niega a mostrarlo y exige una compensación inmediata, el gerente debe manejar la situación con
diplomacia y profesionalismo para evitar escaladas innecesarias.
En primer lugar, el gerente debe escuchar atentamente la queja
del cliente, mostrando empatía y comprensión, y pedirle que le
proporcione más detalles sobre el objeto extraño. Si el cliente se
niega a mostrarlo, el gerente debe ofrecer de manera calmada y
profesional una solución alternativa, como reemplazar la comida
u ofrecer un descuento en la factura, sin comprometerse a una
compensación económica sin verificar primero el problema. Es
importante que el gerente documente el incidente y, si es necesario, pida una inspección interna de la comida en cuestión para
identificar cualquier posible error en el proceso de preparación.
Además, es crucial evitar confrontaciones y mantener la actitud
positiva, buscando siempre una solución que deje al cliente satisfecho sin comprometer la integridad del establecimiento.

32. ¿QUÉ HACER SI UN GRUPO DE CLIENTES INSISTE EN TRAER SU PROPIA COMIDA Y BEBIDA AL RESTAURANTE Y SE NIEGA A CONSUMIR DEL MENÚ?

Respuesta: Si un grupo de clientes insiste en traer su propia comida y bebida al restaurante y se niega a consumir del menú, el personal debe manejar la situación con cortesía y firmeza, asegurándose de mantener el control del ambiente sin generar conflictos. El primer paso es recordar educadamente al grupo las políticas del restaurante en cuanto a alimentos y bebidas externas, explicando que, por razones de calidad y seguridad alimentaria, no se permite que los clientes traigan sus propios productos. Si el grupo sigue insistiendo, el personal debe ofrecer alternativas, como sugerir platos del menú que se ajusten a sus gustos o necesidades. En caso de que el grupo se mantenga inflexible, el gerente debe intervenir de manera profesional, explicando que el restaurante no puede permitir el consumo de comida o bebida ajena a los fines de mantener un ambiente seguro y en conformidad con las normativas del establecimiento. Si la situación persiste, el gerente podría ofrecer la posibilidad de que el grupo busque otro lugar que sea más adecuado a sus preferencias, siempre de manera cordial y respetuosa. Es importante que el gerente y el personal sigan los procedimientos establecidos por el restaurante para manejar estas situaciones, manteniendo la seguridad y la buena reputación del establecimiento.

Sugerencia para Gerente del Restaurante

Si un grupo de clientes insiste en traer su propia comida y bebida y se niega a consumir del menú, es esencial manejar la situación con tacto y firmeza. Primero, asegúrate de que todo el personal esté bien informado sobre las políticas del restaurante en cuanto a alimentos y bebidas externas. Al abordar al grupo, mantén una actitud profesional, educada y tranquila. Explica las razones por las cuales no se permite traer alimentos o bebidas ajenos, haciendo hincapié en las normativas del establecimiento y las posibles implicaciones para la calidad y seguridad alimentaria. Ofrece alternativas del menú que puedan ajustarse a sus necesidades y preferencias. Si la situación sigue siendo tensa, es importante mantener una postura firme pero respetuosa, evitando entrar en confrontación. Si el grupo persiste en su negativa, puedes sugerirles amablemente que busquen otro lugar que se ajuste mejor a sus expectativas. En todo momento, asegúrate de que el ambiente se mantenga respetuoso, y si es necesario, ofrece soluciones adicionales, como un descuento o una mejora en el servicio para suavizar la situación. La clave es preservar la reputación del restaurante sin ceder a presiones fuera de lo establecido.

33. ¿Cómo manejar la situación si un cliente de un restaurante decide hacer una videollamada con altavoz y esto molesta a los demás comensales?

Respuesta: Si un cliente decide hacer una videollamada con altavoz y esto está molestando a otros comensales, el gerente debe actuar de manera rápida pero respetuosa para garantizar que el ambiente del restaurante siga siendo agradable para todos. Lo primero es acercarse al cliente de manera cordial y educada, explicándole que las videollamadas con altavoz pueden resultar incómodas para los demás comensales debido al ruido. El gerente debe pedir al cliente, de forma amable, que utilice auriculares o que baje el volumen de la llamada si desea continuar. En caso de que el cliente se niegue, el gerente debe ser firme pero respetuoso, recordando que el restaurante busca mantener una experiencia agradable para todos sus visitantes. Si la situación no mejora, el gerente puede ofrecer al cliente un lugar más apartado o tranquilo donde pueda hablar sin interrumpir a los demás. En todo momento, debe mantener una actitud profesional y asegurarse de que todos los comensales estén cómodos.

Sugerencia para Gerente del Restaurante

El gerente debe actuar con rapidez y cortesía, entendiendo que el cliente puede no ser consciente del inconveniente que está causando. Es importante abordar la situación de manera que no sea confrontativa, explicando de forma educada que, debido al ambiente del restaurante, se espera que las llamadas no interrumpan la tranquilidad de los demás comensales. Ofrecer soluciones prácticas, como el uso de auriculares o cambiar al cliente a un área menos concurrida del restaurante, puede ayudar a resolver la situación sin que el cliente se sienta incómodo. Mantener una actitud calmada y profesional será crucial para evitar que la situación escale, y garantizar que la experiencia de todos los comensales siga siendo positiva.

34. ¿Qué hacer si un crítico gastronómico llega de incógnito y un mesero lo reconoce, generando una tensión en el servicio?

Respuesta: Si un crítico gastronómico llega de incógnito y un mesero lo reconoce, la clave es mantener la profesionalidad y la discreción. El mesero debe seguir brindando el mismo nivel de servicio que a cualquier otro cliente, sin mostrar señales de haber reconocido al crítico. Es importante evitar que la tensión se traslade al servicio, ya que esto puede afectar la experiencia del cliente, incluida la del crítico. El gerente debe ser informado de la situación, pero sin que el cliente se entere de que se sabe quién es. El objetivo es proporcionar un servicio impecable y genuino, sin que el comportamiento del personal cambie debido al reconocimiento del crítico. Además, si el crítico realiza comentarios o solicitudes especiales, el personal debe seguir las pautas estándar del restaurante, mostrando siempre cortesía y eficiencia. Es fundamental que el equipo mantenga su enfoque en la calidad del servicio, sin caer en la tentación de intentar "impresionar" al crítico de manera forzada, ya que esto podría alterar la objetividad de su evaluación.

Sugerencia para Gerente del Restaurante
El gerente debe asegurarse de que todo el equipo se enfoque en ofrecer el mismo nivel de servicio profesional, independientemente de si se trata de un crítico gastronómico

o de un cliente regular. Para evitar que la tensión afecte el servicio, es recomendable que el personal reciba capacitación sobre cómo manejar este tipo de situaciones sin alterar su comportamiento. Si el mesero reconoce al crítico, debe proceder con normalidad, sin cambiar su actitud ni ofrecer un trato diferenciado. Además, el gerente debe garantizar que el equipo se mantenga calmado y profesional, independientemente de la presencia de un crítico. Esto ayudará a evitar que cualquier tensión se perciba en el ambiente del restaurante y asegurará que la evaluación del crítico sea imparcial.

35. **¿Cómo proceder si un cliente se niega a pagar argumentando que la comida no cumplió con sus expectativas, a pesar de haberla consumido por completo?**

Respuesta: Si un cliente se niega a pagar argumentando que la comida no cumplió con sus expectativas, a pesar de haberla consumido por completo, el gerente debe mantener la calma y abordar la situación con empatía y profesionalismo. En primer lugar, debe escuchar al cliente para entender su queja, ya que a veces las expectativas no se cumplen por razones subjetivas. Es importante no entrar en confrontación, sino ofrecer una solución que resuelva el conflicto. Por ejemplo, el gerente puede ofrecer una compensación en forma de un descuento, un cambio en el plato o un vale para una futura visita. Sin embargo, si el cliente ya ha consumido la comida por completo, es más difícil justificar la no responsabilidad del pago, ya que no existe base para una devolución completa. En cualquier caso, el gerente debe ser firme pero amable, explicando que la política del restaurante establece que una vez que la comida ha sido consumida, no se puede reembolsar. Si el cliente persiste, se le debe ofrecer la oportunidad de dejar sus comentarios para que la situación pueda ser evaluada por la administración.

Sugerencia para Gerente del Restaurante

El gerente debe manejar la situación con calma, tratando de comprender la queja del cliente sin hacer suposiciones precipitadas. En casos como este, es recomendable que el gerente siga el protocolo del establecimiento, el cual debe estar claramente definido en relación con las quejas sobre la calidad de los alimentos. El gerente puede ofrecer alternativas como un descuento en la cuenta o un vale para otra comida, pero siempre debe estar preparado para explicar que, dado que el cliente ya ha consumido el plato, no es posible otorgar un reembolso completo. Además, el gerente debe asegurarse de que el personal esté capacitado para reconocer situaciones similares y actuar de manera coherente con la política del restaurante, evitando conflictos innecesarios. Finalmente, el cliente debe sentirse escuchado y comprendido, ya que esto puede ayudar a mantener una buena relación con él, incluso si no se llega a una solución perfecta.

---

36. ¿QUÉ HACER SI UN CLIENTE RECLAMA QUE SU COMIDA ESTABA EN MAL ESTADO, PERO LA EVIDENCIA APUNTA A QUE FUE MANIPULADA DESPUÉS DE SERVIDA?

Respuesta: Si un cliente reclama que su comida estaba en mal estado, pero la evidencia apunta a que fue manipulada después de servida, el gerente debe manejar la situación de manera profesional y sin acusaciones directas. Lo primero es escuchar al cliente y asegurarse de que se le brinda atención. Se debe investigar cuidadosamente la situación para confirmar si la comida fue realmente manipulada después de haber sido servida. Es importante asegurarse de que no haya habido ningún error o mala interpretación, como una mala conservación del plato o un malentendido en cuanto a la preparación. Si la evidencia apunta a que la comida fue manipulada por el cliente después de servida, el gerente debe explicar la situación de manera diplomática, ofreciendo una alternativa como un nuevo plato o un descuento en la cuenta. El objetivo es resolver el conflicto sin que el cliente se sienta ignorado ni culpado, pero dejando en claro que el restaurante sigue ciertas políticas de calidad y que la comida servida fue en buen estado.

Sugerencia para Gerente del Restaurante

El gerente debe actuar con calma, mostrando empatía hacia el cliente, pero sin ceder ante acusaciones sin fundamento. La transparencia es clave: si la evidencia indica que la comida fue manipulada después de servida, el gerente debe abordarlo de manera sutil pero firme, indicando que los protocolos de calidad del restaurante aseguran la correcta preparación de los alimentos antes de su entrega. Se recomienda ofrecer al cliente una solución, como una nueva preparación del plato o un vale para su próxima visita, sin entrar en un conflicto. Es importante evitar confrontaciones, ya que un trato cordial puede resolver la situación sin dañar la reputación del restaurante. Además, el gerente debe asegurarse de que todo el personal esté capacitado para identificar situaciones similares y manejar quejas con un enfoque de servicio al cliente, evitando que las quejas escalen innecesariamente.

37. ¿CÓMO MANEJAR LA SITUACIÓN SI UN CLIENTE HABITUAL EMPIEZA A HACER COMENTARIOS INAPROPIADOS AL PERSONAL DE SERVICIO, PERO SIGUE DEJANDO BUENAS PROPINAS?

Respuesta: Si un cliente habitual empieza a hacer comentarios inapropiados al personal de servicio, pero sigue dejando buenas propinas, el gerente debe abordar la situación con tacto y profesionalismo. Es fundamental que el gerente no ignore el comportamiento inapropiado solo porque el cliente sea habitual o deje buenas propinas, ya que esto puede generar un ambiente incómodo para el personal y otros comensales. El gerente debe hablar con el cliente de manera privada, de forma calmada y respetuosa, expresando que, aunque valora su lealtad al establecimiento, ciertos comentarios pueden ser inapropiados y no reflejan el comportamiento que se espera en el restaurante. El gerente debe enfocarse en mantener una relación cordial, asegurándose de que el cliente entienda que el respeto mutuo es esencial para una experiencia agradable tanto para el cliente como para el personal. En este tipo de situaciones, es importante ser firme en las políticas de comportamiento respetuoso, sin dañar la relación con el cliente.

Sugerencia para Gerente del Restaurante
El gerente debe ser firme pero respetuoso al abordar este tipo de situaciones, entendiendo que el cliente habitual puede sentir un grado de confianza que le permite hacer comentarios sin considerar su impacto. Sin embargo, es crucial dejar claro que el comportamiento inapropiado no es aceptable en ninguna circunstancia. Se recomienda que el gerente mantenga un tono calmado y educado, y si es necesario, se le ofrezca al cliente una conversación privada

en la que se expresen las expectativas del restaurante sobre el trato respetuoso tanto al personal como a los demás clientes. Además, el gerente puede reforzar las políticas de conducta del establecimiento, recordando que el bienestar del personal es prioritario. Aunque las buenas propinas son apreciadas, no deben ser una justificación para tolerar comportamientos inapropiados. Si el comportamiento persiste, el gerente debe estar dispuesto a tomar medidas adicionales, como establecer límites o incluso pedir al cliente que se retire, siempre con un enfoque profesional.

38. ¿QUÉ HACER SI UN CLIENTE TRAE SU PROPIA VAJILLA Y CUBIERTOS ALEGANDO QUE NO CONFÍA EN LA HIGIENE DEL RESTAURANTE?

Respuesta: Si un cliente llega al restaurante con su propia vajilla y cubiertos alegando que no confía en la higiene del establecimiento, el gerente debe manejar la situación con cortesía y profesionalismo. En primer lugar, se le debe escuchar atentamente para comprender su preocupación y luego explicarle de manera calmada las medidas de higiene y seguridad que el restaurante aplica en la limpieza de la vajilla y los utensilios. Si el restaurante tiene certificaciones de higiene o protocolos sanitarios establecidos, es un buen momento para mencionarlos y generar confianza en el cliente. Sin embargo, si el cliente insiste en usar su propia vajilla, el gerente deberá evaluar si esto incumple las normas del establecimiento o las regulaciones sanitarias locales. En caso de que no haya una prohibición explícita, se puede permitir su uso como una medida excepcional, siempre que no represente un riesgo para la operación del restaurante o los demás clientes.

Sugerencia para Gerente del Restaurante

El gerente debe actuar con paciencia y diplomacia, evitando que la situación se convierta en un conflicto innecesario. Se recomienda abordar el tema con empatía, transmitiendo confianza en los protocolos del restaurante sin hacer sentir al cliente incómodo o avergonzado. Es importante recordar que algunos clientes pueden tener preocupaciones legítimas debido a experiencias previas o razones personales. Si el uso de vajilla y cubiertos propios no está permitido por normativas de salud, se debe explicar esto con amabilidad y ofrecer alternativas, como mostrar cómo se higieniza la vajilla del restaurante o proporcionar cubiertos desechables si están disponibles. Finalmente, el gerente debe asegurarse de que el personal se mantenga atento a la experiencia del cliente para garantizar que, independientemente de su decisión, reciba un servicio de calidad sin afectar la dinámica del restaurante.

39. ¿Cómo actuar si un grupo de clientes realiza apuestas ruidosas en sus mesas, generando molestias en otros comensales?

Respuesta: Si un grupo de clientes comienza a hacer apuestas ruidosas en sus mesas, generando molestias en los demás comensales, el gerente debe intervenir con tacto para evitar conflictos y mantener un ambiente agradable en el restaurante. Primero, un miembro del personal puede acercarse a la mesa con una actitud cordial y recordarles que el establecimiento busca ofrecer un ambiente cómodo para todos los clientes, sugiriendo que reduzcan el volumen de su conversación. Si el comportamiento persiste, el gerente debe abordar la situación personalmente, explicando con firmeza, pero cortesía que el restaurante no permite actividades que puedan perturbar la experiencia de otros comensales. En caso de que los clientes se nieguen a cooperar y la situación se torne más problemática, se puede advertir que, de continuar con esa actitud, se les pedirá que abandonen el lugar.

Sugerencia para Gerente del Restaurante

La clave es manejar la situación sin generar confrontaciones innecesarias y asegurarse de que el personal esté capacitado para actuar con diplomacia en casos como este. Se recomienda utilizar frases amables pero claras, como: *"Apreciamos su visita y su entusiasmo, pero les pedimos que mantengan un tono moderado para garantizar el disfrute de todos nuestros clientes."* También es conveniente monitorear la reacción del grupo para evitar que la situación escale. Si el comportamiento continúa, el gerente puede ofrecer una solución alternativa, como dirigir a los clientes a una zona más apartada (si existe) donde su conversación no moleste a los demás. Finalmente, es importante que el restaurante tenga políticas claras sobre este tipo de situaciones y que el personal sepa cómo aplicarlas de manera efectiva sin comprometer la experiencia de otros comensales.

---

40. ¿QUÉ MEDIDAS TOMAR SI UN CLIENTE SOLICITA HABLAR CON EL CHEF PARA QUE LE PREPARE UN PLATILLO ESPECIAL, PERO EL RESTAURANTE NO OFRECE ESE TIPO DE SERVICIO?

Respuesta: Si un cliente solicita hablar con el chef para pedir un platillo especial que no está en el menú y el restaurante no ofrece ese tipo de servicio, es importante manejar la situación con cortesía y profesionalismo. El personal debe agradecer el interés del cliente en la cocina del establecimiento y explicarle amablemente que el restaurante sigue un menú establecido y que el chef no puede preparar pedidos personalizados. Sin embargo, se puede ofrecer una alternativa, como sugerirle los platillos más similares a su solicitud o recomendarle opciones que puedan adaptarse a sus preferencias dentro de lo disponible. Si el cliente insiste, el gerente debe intervenir para reforzar la política del restaurante sin que la experiencia del cliente se vea afectada.

Sugerencia para Gerente del Restaurante

Mantener un equilibrio entre un servicio excepcional y el cumplimiento de las normas del restaurante es clave en estas situaciones. Se recomienda que el personal esté bien capacitado para responder con tacto a solicitudes especiales sin generar una experiencia negativa para el cliente. Una respuesta efectiva podría ser: *"Nuestro chef ha diseñado un menú cuidadosamente elaborado para garantizar la mejor calidad y sabor en cada plato. Le recomendamos probar [nombre del platillo], que tiene ingredientes similares a lo que busca y estamos seguros de que le encantará."* En caso de clientes frecuentes o de alto perfil, el gerente puede evaluar si existe una opción dentro de la operatividad del restaurante para hacer una pequeña adaptación sin comprometer la estructura del servicio.

CAPITULO V
BARES - FORMA DE PROCEDER

41. ¿CÓMO DEBE ACTUAR EL GERENTE SI UN CLIENTE SE NIEGA A IRSE A LA HORA DEL CIERRE Y ALEGA QUE NO HA TERMINADO SU BEBIDA?

Respuesta: Si un cliente se niega a abandonar el bar a la hora del cierre alegando que aún no ha terminado su bebida, el personal debe manejar la situación con cortesía, pero con firmeza. Es importante recordar al cliente de manera amable que el horario de servicio ha concluido y que, por normativas internas y posiblemente legales, es necesario desalojar el local en el horario establecido. Se le puede ofrecer la opción de terminar su bebida rápidamente o, si la política del bar lo permite, proporcionarle un vaso para llevar en caso de bebidas no alcohólicas. Si el cliente persiste en su negativa, el gerente debe intervenir con un tono profesional y, de ser necesario, advertirle que la permanencia en el establecimiento fuera del horario puede conllevar medidas adicionales, como la intervención de seguridad.

Sugerencia para Gerente del Bar
Es fundamental que el personal tenga instrucciones claras sobre cómo manejar clientes que se resisten a abandonar el local tras el cierre. Se recomienda

---

establecer un protocolo que incluya avisos previos al horario de cierre para que los clientes se preparen con antelación. Un anuncio sutil, como *"Última ronda en 10 minutos" o "El bar cerrará en breve, por favor vayan finalizando sus consumiciones"*, puede ayudar a evitar estas situaciones. Si un cliente se muestra desafiante, el gerente debe intervenir con calma, pero con determinación, explicando que el cierre es una norma innegociable. En caso extremo, se puede recurrir a la seguridad o incluso a la policía si el cliente se torna agresivo o se niega rotundamente a salir.

42. ¿QUÉ HACER SI UN CLIENTE EMPIEZA A REALIZAR TRUCOS DE MAGIA O ESPECTÁCULOS IMPROVISADOS SIN AUTORIZACIÓN DEL BAR?

Respuesta: Si un cliente comienza a realizar trucos de magia o espectáculos improvisados sin autorización en el bar, el personal debe evaluar la situación de inmediato. Si la actuación no causa molestias y los demás clientes la disfrutan, se puede permitir momentáneamente, siempre y cuando no interfiera con el ambiente ni con el servicio. Sin embargo, si la presentación genera aglomeraciones, ruido excesivo o interrumpe la experiencia de otros clientes, es necesario intervenir. El gerente o el personal debe acercarse de manera cordial y agradecerle su entusiasmo, pero explicarle que las actuaciones no autorizadas pueden afectar la dinámica del establecimiento. Se le puede invitar a finalizar el espectáculo o, si el bar tiene eventos programados, sugerirle que consulte sobre oportunidades para participar en una ocasión más apropiada.

Sugerencia para Gerente del Bar

Es importante tener una política clara sobre espectáculos no autorizados y asegurarse de que el equipo la comunique con tacto y profesionalismo. Si un cliente comienza una actuación espontánea, el personal debe intervenir con cortesía, pero con firmeza si esto afecta la experiencia de otros clientes o el funcionamiento del bar. Para evitar situaciones incómodas, el gerente puede considerar la implementación de noches temáticas donde se permita la participación de talentos locales bajo control del establecimiento. En casos donde el cliente insista en continuar con su espectáculo pese a las indicaciones, se le debe advertir que su comportamiento no está permitido y, si es necesario, pedirle que abandone el local.

43. ¿CÓMO MANEJAR LA SITUACIÓN SI UN GRUPO DE CLIENTES COMIENZA A CANTAR O GRITAR SIN RESPETAR EL AMBIENTE DEL ESTABLECIMIENTO?

Respuesta: Si un grupo de clientes empieza a cantar o gritar sin respetar el ambiente del establecimiento, el personal debe actuar con rapidez para evitar que la situación afecte a los demás clientes. Primero, se puede hacer una aproximación amigable, agradeciendo su entusiasmo, pero recordándoles que el bar tiene un ambiente destinado al disfrute de todos. Si el comportamiento persiste y comienza a generar incomodidad en otros asistentes, el gerente o el personal de seguridad deben intervenir con más firmeza, explicando que el establecimiento busca mantener una experiencia agradable para todos. En caso de que los clientes se nieguen a moderar su comportamiento, se les puede solicitar que abandonen el local para evitar disturbios mayores.

> **Sugerencia para Gerente del Bar**
>
> Es fundamental que el personal esté capacitado para manejar estas situaciones con cortesía, pero con autoridad. Tener reglas claras sobre el comportamiento de los clientes y comunicarlas de forma preventiva puede ayudar a evitar estos inconvenientes. Si el bar permite un ambiente festivo, se pueden establecer horarios o áreas específicas donde este tipo de comportamiento sea más aceptable. Además, contar con música a un volumen adecuado y un equipo de seguridad que apoye la gestión de clientes ruidosos permitirá un mejor control. Si el problema es recurrente, podría evaluarse la implementación de normas visibles o recordatorios en el menú o en las pantallas del bar sobre el respeto al ambiente del lugar.

44. ¿Qué hacer si un cliente intenta pagar con una moneda extranjera poco común y exige que la acepten?

Respuesta: Si un cliente intenta pagar con una moneda extranjera poco común y exige que la acepten, el personal debe mantener una postura profesional y educada. Lo primero es informarle que el establecimiento solo acepta ciertos métodos de pago y que la moneda que ofrece no está dentro de los permitidos. Si el cliente insiste, se le puede sugerir alternativas, como pagar con tarjeta de crédito o cambiar su dinero en una casa de cambio cercana. En ningún caso se debe aceptar una moneda desconocida sin verificar su valor y convertibilidad, ya que esto podría generar pérdidas para el bar. Si el cliente se muestra agresivo o crea una escena, el gerente o el personal de seguridad deben intervenir para resolver la situación sin afectar la experiencia de los demás asistentes.

Sugerencia para Gerente del Bar

Es recomendable que el bar tenga una política clara sobre los métodos de pago aceptados y que esta información esté visible en el menú o en un área cercana a la caja registradora. También es útil capacitar al personal para manejar estas situaciones con tacto y firmeza. Si el bar está ubicado en una zona turística, podría evaluar la posibilidad de aceptar algunas monedas extranjeras de uso común, como dólares o libras esterlinas, siempre que exista un procedimiento para su conversión segura. Contar con un lector de tarjetas que acepte pagos internacionales también puede ser una solución práctica para evitar inconvenientes con clientes extranjeros.

45. ¿CÓMO PROCEDER SI UN CLIENTE, EN ESTADO DE EBRIEDAD, AFIRMA QUE HA PERDIDO UN OBJETO DE VALOR DENTRO DEL BAR Y EXIGE REVISAR LAS CÁMARAS DE SEGURIDAD?

Respuesta: Si un cliente en estado de ebriedad asegura haber perdido un objeto de valor dentro del bar y exige revisar las cámaras de seguridad, el personal debe manejar la situación con calma y profesionalismo. En primer lugar, se debe intentar obtener una descripción clara del objeto y del posible lugar donde pudo haberlo extraviado. Luego, se puede proceder con una búsqueda en el área donde el cliente estuvo. Si no se encuentra el objeto, se le debe explicar que la revisión de las cámaras de seguridad es un procedimiento que solo puede autorizar la gerencia y que, por razones de privacidad, no se permite su acceso directo a los clientes. Si el cliente persiste en su demanda de forma agresiva o alterada, se debe contactar a un superior o, si es necesario, a las autoridades para que manejen la situación de manera adecuada.

> **Sugerencia para Gerente del Bar**
>
> Es importante establecer un protocolo interno para la gestión de objetos perdidos, asegurando que el personal sepa cómo responder ante estos casos sin comprometer la privacidad ni la seguridad del establecimiento. También se recomienda colocar carteles visibles que informen a los clientes que el bar no se hace responsable por objetos personales extraviados. Si la situación con el cliente se torna conflictiva, el gerente debe intervenir con un tono conciliador, ofreciendo la posibilidad de revisar el material de seguridad solo si es requerido por las autoridades en caso de una denuncia formal. Mantener un registro de objetos encontrados y entregados puede ayudar a evitar problemas similares en el futuro.

46. ¿QUÉ HACER SI UN CLIENTE INSISTE EN QUE EL BARMAN LE SIRVA UNA BEBIDA CON UNA RECETA ESPECÍFICA QUE NO ESTÁ EN LA CARTA DEL BAR?

Respuesta: Si un cliente solicita una bebida con una receta específica que no está en la carta del bar, el barman debe manejar la situación con cortesía y profesionalismo. Primero, es recomendable verificar si los ingredientes están disponibles y si la preparación es viable dentro de las capacidades del bar. Si es posible preparar la bebida sin afectar el ritmo del servicio, se le puede ofrecer como una opción especial, informándole cualquier costo adicional si aplica. Sin embargo, si la solicitud no puede ser atendida por falta de ingredientes o porque la receta es demasiado compleja, el barman debe explicarlo de manera amable y sugerir alternativas similares dentro del menú. La clave está en brindar una respuesta positiva sin comprometer la operatividad del establecimiento.

47. ¿CÓMO ACTUAR SI UN INFLUENCER O FIGURA PÚBLICA EMPIEZA A GRABAR CONTENIDO DENTRO DEL BAR SIN HABER SOLICITADO PERMISO?

Respuesta: Si un influencer o figura pública comienza a grabar contenido dentro del bar sin haber solicitado permiso, el personal debe actuar con profesionalismo y discreción. En primer lugar, se debe evaluar si la grabación interfiere con la privacidad de otros clientes o con la operatividad del establecimiento. Si el contenido no causa molestias, se puede permitir de manera informal, pero si la grabación incluye a otros clientes sin su consentimiento, invade áreas restringidas o altera la dinámica del lugar, es necesario intervenir. Un miembro del equipo, preferiblemente el gerente, debe acercarse con cortesía y explicarle la política del bar respecto a la grabación de contenido. Se le puede invitar a solicitar permiso previamente o coordinar una colaboración si el establecimiento está interesado en la promoción. La clave es manejar la situación sin confrontaciones y sin generar incomodidad para otros clientes.

> **Sugerencia para Gerente del Bar**
> Es recomendable definir y comunicar una política clara sobre la grabación de contenido en el establecimiento. Si el bar está abierto a la promoción mediante influencers, se puede establecer un procedimiento para solicitar permiso y definir qué áreas pueden ser grabadas. También es prudente colocar avisos visibles sobre la prohibición de grabaciones sin autorización, especialmente en zonas donde la privacidad de los clientes debe ser protegida. Capacitar al personal sobre cómo abordar estas situaciones con tacto garantizará una gestión eficiente y profesional de estos casos.

48. ¿QUÉ MEDIDAS TOMAR SI UN CLIENTE SE QUEJA DE QUE SU BEBIDA HA SIDO ADULTERADA, PERO NO HAY PRUEBAS DE ELLO?

Respuesta: Si un cliente se queja de que su bebida ha sido adulterada, pero no hay pruebas de ello, el personal debe mantener la calma y abordar la situación con seriedad y profesionalismo. Lo primero es escuchar al cliente y entender bien la naturaleza de su queja. Es importante ofrecer disculpas por la incomodidad y hacerle saber que su preocupación se toma en serio. A continuación, el personal debe revisar el proceso de preparación de la bebida, asegurándose de que todo haya sido hecho correctamente, y verificar cualquier posible error en la manipulación. Si el cliente insiste, se puede ofrecer una nueva bebida o incluso una compensación, como un descuento o un pequeño obsequio, como gesto de buena voluntad. Es crucial evitar entrar en confrontaciones y siempre ofrecer una solución que respete tanto al cliente como a la integridad del bar. Además, es recomendable mantener la comunicación clara y transparente, asegurando al cliente que se están tomando medidas para evitar que situaciones similares ocurran en el futuro.

Sugerencia para Gerente del Bar

Para prevenir este tipo de situaciones, es fundamental contar con un sistema claro de control de calidad en la preparación de bebidas, así como protocolos para manejar quejas sobre adulteración. Además, capacitar al personal para que identifique correctamente cualquier señal de insatisfacción del cliente y sepa cómo abordarlas adecuadamente es clave. Implementar un sistema de registro de los ingredientes y su manipulación también puede ayudar a evitar disputas sobre la calidad de las bebidas. Si el cliente sigue insatisfecho, ofrecer una solución satisfactoria y mediar en la situación con calma es crucial para evitar que el problema escale y afectar la reputación del bar.

---

49. ¿CÓMO PROCEDER SI UN CLIENTE LLEGA CON SU PROPIA BOTELLA DE LICOR Y EXIGE QUE EL PERSONAL LE SIRVA EN UN VASO DEL BAR?

Respuesta: Si un cliente llega con su propia botella de licor y exige que el personal le sirva en un vaso del bar, lo primero es mantener la cortesía y profesionalismo. El personal debe explicarle amablemente que la política del bar generalmente prohíbe el consumo de bebidas externas por razones de seguridad y control de calidad. Además, es importante resaltar que los bares suelen tener un surtido de bebidas y licor de calidad que están incluidos en el servicio. Si el cliente insiste, el personal debe ofrecer alternativas dentro del menú disponible, como un cóctel o una bebida con los ingredientes solicitados. Si la situación persiste, el gerente puede intervenir para aclarar las políticas del establecimiento de manera educada, pero firme, siempre evitando confrontaciones y buscando una solución que preserve la experiencia del cliente sin comprometer las normas del bar.

Sugerencia para Gerente del Bar
Como medida preventiva, es recomendable que el gerente tenga políticas claras sobre el consumo de bebidas externas, las cuales deben estar claramente indicadas en el menú o en el acceso al bar. En caso de que este tipo de situaciones se repita, es importante reforzar las políticas con señales visibles y capacitar al personal sobre cómo manejar estas solicitudes de manera respetuosa pero firme. Además, ofrecer al cliente opciones similares en el menú puede ayudar a mejorar la experiencia sin comprometer las normas del establecimiento. En casos excepcionales, si el cliente está dispuesto a consumir la bebida en el bar, el gerente puede evaluar la posibilidad de permitirlo bajo ciertas condiciones, como cobrar una tarifa de "descanso" o permitir solo el consumo en ciertas áreas, pero siempre protegiendo las políticas del negocio.

50. **¿QUÉ HACER SI UN CLIENTE INSISTE EN QUE SU CÓCTEL TIENE MENOS ALCOHOL DEL QUE DEBERÍA Y EXIGE QUE SE LO REFUERCEN SIN COSTO ADICIONAL?**

Respuesta: Si un cliente insiste en que su cóctel tiene menos alcohol del que debería y exige que se lo refuercen sin costo adicional, el personal debe manejar la situación con tacto y profesionalismo. Primero, es importante escuchar la queja del cliente y verificar si el cóctel fue preparado correctamente según la receta estándar del bar. Si el cóctel está dentro de las normas, el bartender debe explicar de manera educada que el contenido de alcohol se mide para cumplir con las políticas del establecimiento y garantizar la calidad y el control de las bebidas. Sin embargo, si el cliente sigue insistiéndolo, se puede ofrecer una solución alternativa, como la opción de preparar un nuevo cóctel con más alcohol, pero destacando que no será gratuito. Es importante mantener la calma y no ceder a presiones, ya que las políticas del bar deben respetarse para evitar precedentes con otros clientes.

Sugerencia para Gerente del Bar

Es fundamental que el gerente tenga procedimientos claros para manejar este tipo de solicitudes. Se puede considerar la implementación de una política de control de calidad en la preparación de bebidas alcohólicas, especificando las cantidades de licor en cada cóctel. En caso de que un cliente se queje sobre la cantidad de alcohol, el gerente debe intervenir de manera amigable pero firme, ofreciendo una solución adecuada. Esto puede incluir la opción de hacer el cóctel de nuevo con una mayor proporción de alcohol, pero con un costo adicional. También, capacitar al personal para que maneje estas situaciones sin crear conflictos y para que siempre sigan las recetas y normas establecidas es esencial para garantizar un servicio de calidad y justo para todos los clientes.

CAPITULO VI
CAFETERÍAS -
FORMA DE PROCEDER DEL GERENTE

51. ¿CÓMO DEBE ACTUAR EL GERENTE SI UN CLIENTE SE SIENTA CON SU LAPTOP DURANTE VARIAS HORAS, OCUPANDO UNA MESA SIN CONSUMIR MÁS QUE UN CAFÉ?

Respuesta: Si un cliente se sienta en una cafetería con su laptop durante varias horas y solo consume un café, es importante manejar la situación con cortesía y equilibrio entre la experiencia del cliente y la rentabilidad del negocio. En un primer momento, se puede permitir que el cliente permanezca un tiempo razonable, especialmente si hay disponibilidad de mesas. Sin embargo, si la afluencia de clientes aumenta y las mesas son necesarias, el personal puede acercarse de manera amable para preguntarle si desea ordenar algo más. Si el cliente no lo hace, se le puede informar educadamente sobre la política del establecimiento respecto al uso prolongado de mesas sin consumo adicional. También se puede sugerir, si existe, un área específica para quienes trabajan con laptops o estudiar, con un consumo mínimo requerido.

52. ¿QUÉ HACER SI UN CLIENTE PIDE UN CAFÉ CON UNA RECETA EXTREMADAMENTE ESPECÍFICA QUE NO ESTÁ EN EL MENÚ Y SE MOLESTA SI NO LO PREPARAN EXACTAMENTE COMO DESEA?

Respuesta: Si un cliente solicita un café con una receta extremadamente específica que no está en el menú y se molesta si no se lo preparan exactamente como desea, el personal debe manejar la situación con cortesía y profesionalismo. Primero, es importante escuchar con atención la solicitud del cliente y evaluar si es posible adaptarla dentro de las capacidades del establecimiento. Si se puede hacer una variación sin afectar la calidad ni el estándar del café, se le debe informar de manera clara y transparente. En caso de que la preparación requerida no sea viable, se debe explicar amablemente las razones y ofrecerle opciones similares dentro del menú, destacando la calidad y especialidad de los productos disponibles. Si el cliente persiste en su molestia, es fundamental mantener una actitud serena y profesional, evitando discusiones innecesarias y enfocándose en encontrar una solución que respete tanto la experiencia del cliente como la operatividad del local.

Sugerencia para Gerente de la Cafetería

Es fundamental establecer un equilibrio entre la personalización del servicio y la eficiencia operativa. Capacitar al personal en atención al cliente y manejo de objeciones ayudará a responder con empatía sin afectar la dinámica del establecimiento. Además, es recomendable definir con claridad las políticas del menú y establecer límites sobre hasta qué punto se pueden aceptar modificaciones en las recetas sin comprometer la calidad del producto. Para evitar conflictos recurrentes, se puede considerar incluir en la carta una sección de bebidas personalizables dentro de ciertos parámetros. También, si la cafetería se enfrenta con frecuencia a este tipo de solicitudes, puede ser útil contar con un protocolo específico para gestionar estas situaciones, asegurando que el equipo actúe con coherencia y profesionalismo sin desvirtuar la identidad del negocio.

53. ¿Cómo manejar la situación si un cliente quiere probar diferentes tipos de café antes de decidirse a comprar uno?

Respuesta: Si un cliente desea probar varios tipos de café antes de decidirse por uno, es importante manejar la situación con cortesía y equilibrio. Primero, se le puede explicar que la cafetería no ofrece degustaciones gratuitas, a menos que esté dentro de una promoción específica. Sin embargo, se le pueden sugerir opciones como un menú de cata (si el establecimiento lo ofrece) o recomendarle un café con un perfil similar al que busca. También es útil brindarle información detallada sobre las características de cada café disponible, como el origen, el nivel de tostado y las notas de sabor. Si el cliente insiste, se puede evaluar la posibilidad de ofrecer pequeñas muestras en función de la disponibilidad y las políticas del negocio, asegurando que esto no afecte la operatividad del local ni genere un precedente difícil de manejar con otros clientes.

Sugerencia para Gerente de la Cafetería

Es recomendable establecer una política clara sobre degustaciones y comunicarla de manera accesible al personal y a los clientes. Una buena opción es implementar un servicio de cata de cafés con un costo razonable, lo que permite a los clientes probar diferentes variedades sin afectar la rentabilidad del negocio. También es importante capacitar al equipo en el conocimiento de los productos para que puedan asesorar a los clientes sin necesidad de ofrecer muestras gratuitas. Si la cafetería se especializa en cafés de especialidad, se puede considerar organizar eventos de cata donde los clientes tengan la oportunidad de probar distintas opciones en un entorno controlado. Esto no solo mejora la experiencia del cliente, sino que también fortalece la identidad del negocio como un lugar de calidad y conocimiento sobre el café.

54. ¿QUÉ HACER SI UN CLIENTE SE QUEJA DE QUE LA MÚSICA AMBIENTAL ES DEMASIADO ALTA O BAJA, PERO OTROS CLIENTES ESTÁN CONFORMES?

Respuesta: Cuando un cliente se queja del volumen de la música ambiental, pero otros clientes no han expresado inconvenientes, es importante abordar la situación con empatía y equilibrio. Se puede agradecer su comentario y explicarle que la música está ajustada para ofrecer una experiencia cómoda a la mayoría de los visitantes. Si es posible, se puede hacer un leve ajuste temporal para evaluar si mejora la experiencia sin afectar a los demás. Otra alternativa es sugerirle un asiento en una zona donde el sonido sea menos predominante. En caso de que el cliente siga inconforme, se le puede explicar con amabilidad que el volumen ha sido establecido según la ambientación y el concepto del lugar.

Sugerencia para Gerente de la Cafetería

Es recomendable definir una política sobre el volumen de la música y asegurarse de que se mantenga dentro de un nivel adecuado para la experiencia general del cliente. Contar con un sistema de sonido con zonas ajustables puede ser una solución para adaptar el ambiente a diferentes áreas del local sin afectar a todos los clientes por igual. Además, el personal debe estar capacitado para manejar este tipo de solicitudes con tacto y evitar discusiones innecesarias. Si las quejas sobre el volumen de la música son recurrentes, podría ser útil realizar encuestas informales a los clientes habituales para encontrar un equilibrio que beneficie a la mayoría y refuerce la identidad del negocio.

55. ¿CÓMO PROCEDER SI UN CLIENTE INSISTE EN QUEDARSE CON UN VASO DESECHABLE DE LA CAFETERÍA COMO "*RECUERDO*"?

Respuesta: Si un cliente insiste en quedarse con un vaso desechable de la cafetería como "recuerdo", el personal debe abordar la situación con amabilidad y firmeza. Se le puede explicar que los vasos están destinados exclusivamente para el consumo de bebidas adquiridas en el establecimiento y que no se entregan como souvenirs. Si el cliente se muestra interesado en conservar algo del local, se le puede sugerir la compra de un vaso reutilizable, si la cafetería cuenta con merchandising disponible. En caso de que no exista esta opción, se puede explicar que los insumos desechables forman parte del inventario controlado y que entregar vasos sin consumo podría afectar la operatividad del negocio. Si el cliente insiste en llevarse el vaso sin justificación, se debe mantener una postura respetuosa, pero clara, enfatizando que la política del establecimiento no permite entregarlo sin una compra adicional.

Sugerencia para Gerente de la Cafetería

Es importante que el personal esté capacitado para manejar estas situaciones con cortesía y profesionalismo, evitando que la negativa genere una experiencia negativa para el cliente. Una buena estrategia es incluir en el menú la venta de productos promocionales como tazas, termos o vasos reutilizables, ofreciendo así una alternativa válida para quienes desean llevarse un recuerdo de la cafetería. Además, es recomendable que el equipo tenga una respuesta estándar ante estas solicitudes, asegurándose de que todos los empleados transmitan el mismo mensaje para evitar confusiones o concesiones innecesarias. Finalmente, si este tipo de solicitudes se vuelve recurrente, se puede evaluar incluir un costo mínimo por la entrega de vasos adicionales, informando a los clientes sobre esta política de manera visible en el área de caja o en el menú digital.

56. ¿QUÉ HACER SI UN CLIENTE PIDE USAR LA COCINA PARA CALENTAR SU PROPIA COMIDA EN UN MICROONDAS DEL ESTABLECIMIENTO?

Respuesta: Si un cliente solicita usar la cocina para calentar su propia comida en el microondas del establecimiento, el personal debe responder con cortesía, pero con firmeza, explicándole que, por normas de seguridad e higiene, solo el personal autorizado puede acceder a la cocina y manipular los equipos. Se le puede indicar que la cafetería no ofrece el servicio de calentamiento de alimentos externos y que el uso de los equipos está destinado exclusivamente para la preparación de productos del menú. Si el cliente insiste, es importante recalcarle que estas políticas buscan garantizar la calidad del servicio y evitar cualquier riesgo sanitario. En caso de que el establecimiento cuente con un microondas de uso público, se le puede indicar que puede utilizarlo bajo su responsabilidad, siempre que sea permitido por las normativas del local.

57. ¿CÓMO ACTUAR SI UN CLIENTE TRAE SU PROPIO EDULCORANTE O LECHE Y EXIGE QUE SE LO AGREGUEN EN LA PREPARACIÓN DEL CAFÉ?

Respuesta: Si un cliente solicita que se le agregue su propio edulcorante o leche en la preparación del café, el personal debe manejar la situación con amabilidad, pero respetando las normas del establecimiento. Se le puede explicar que, por razones de control de calidad e higiene, el café solo se prepara con los ingredientes disponibles en la cafetería. Sin embargo, una opción es ofrecerle preparar la bebida sin endulzante o sin leche para que él mismo agregue sus productos después de servida. Esto evita posibles problemas sanitarios y mantiene el estándar del servicio sin comprometer la experiencia del cliente.

> **Sugerencia para Gerente de la Cafetería**
>
> Es recomendable que la cafetería cuente con una política clara respecto al uso de productos externos en la preparación de bebidas. Se puede capacitar al personal para responder de manera uniforme ante estas solicitudes, asegurando que el cliente se sienta escuchado sin afectar los protocolos del negocio. Si este tipo de petición es frecuente, se puede evaluar la posibilidad de ofrecer una mayor variedad de opciones de leches y edulcorantes en el menú para atender diferentes necesidades. También sería útil colocar un aviso discreto que indique que el establecimiento solo prepara bebidas con los ingredientes disponibles en la barra, evitando confusiones o reclamos innecesarios.

58. ¿QUÉ MEDIDAS TOMAR SI UN CLIENTE DEJA UN LIBRO, PERIÓDICO O REVISTA EN UNA MESA Y SE MOLESTA SI OTRO CLIENTE LO TOMA SIN PERMISO?

Respuesta: Si un cliente deja un libro, periódico o revista en una mesa y otro cliente lo toma sin permiso, el personal debe intervenir de manera discreta y cortés para resolver la situación. Se puede acercar al cliente que tomó el artículo y, amablemente, explicarle que ese objeto pertenece a otro cliente, quien lo había dejado en la mesa. A continuación, se debe ofrecer la opción de devolverlo o, si el objeto está dañado o perdido, ofrecer alternativas como ayudar a conseguir otro ejemplar o reponer el artículo, si fuera posible. Es importante mantener un tono profesional y evitar que la situación escale a un conflicto innecesario.

59. ¿CÓMO PROCEDER SI UN CLIENTE PIDE UNA BEBIDA DESCAFEINADA, PERO LUEGO AFIRMA QUE TIENE CAFEÍNA Y EXIGE UN REEMBOLSO SIN PRUEBAS?

Respuesta: Si un cliente pide una bebida descafeinada y luego afirma que contiene cafeína, el personal debe mantener la calma y proceder con amabilidad para aclarar la situación. Primero, se debe verificar que la bebida preparada realmente sea descafeinada, revisando el proceso de preparación y los ingredientes utilizados. Si no hay evidencia de que la bebida contenga cafeína, se debe explicar al cliente el procedimiento seguido y asegurarse de que se haya cumplido correctamente su solicitud. En caso de que el cliente siga insatisfecho y exija un reembolso, el gerente o encargado debe escuchar la queja de forma respetuosa y, si es posible, ofrecer una solución alternativa, como un cambio de bebida o un descuento, para resolver el malentendido sin crear un conflicto mayor.

Sugerencia para Gerente de la Cafetería

Es importante que el personal de la cafetería esté bien capacitado en la preparación y manejo de bebidas, especialmente en casos como el descafeinado, para evitar malentendidos. Para prevenir situaciones como esta, el gerente puede reforzar la información sobre los productos, asegurándose de que los clientes reciban una explicación clara sobre las diferencias entre café regular y descafeinado al momento de la orden. Si la queja persiste, se debe considerar una política flexible de devoluciones o reembolsos para clientes insatisfechos, siempre buscando mantener la buena voluntad del cliente sin comprometer la calidad del servicio o los procedimientos internos. La atención al cliente debe ser siempre prioritaria, con el objetivo de que la experiencia en la cafetería sea positiva para todos.

---

60. ¿QUÉ HACER SI UN CLIENTE INSISTE EN CAMBIAR DE MESA VARIAS VECES Y TERMINA GENERANDO MOLESTIAS EN EL SERVICIO?

Respuesta: Si un cliente insiste en cambiar de mesa varias veces y esto genera molestias en el servicio, el personal debe manejar la situación con cortesía y paciencia. Primero, debe asegurarse de que el cliente tenga una mesa cómoda y acorde a sus necesidades. Si el cliente solicita cambiar de mesa, el camarero o el encargado debe preguntarle educadamente las razones para hacer el cambio y si es posible atender su solicitud sin afectar a otros clientes o al flujo del servicio. Si las mesas disponibles no pueden cumplir con sus expectativas, el personal debe ofrecer opciones, como un pequeño ajuste en la mesa, una mejor ubicación dentro de lo posible, o incluso sugerir que se respete la mesa original si no hay inconvenientes evidentes. Es importante mantener una actitud profesional y asegurarse de que el cliente se sienta escuchado, sin afectar el servicio a los demás clientes.

Sugerencia para Gerente de la Cafetería

Es esencial que el gerente supervise el comportamiento del cliente y ofrezca soluciones rápidas para evitar que la situación se convierta en un inconveniente mayor. Si un cliente continúa insistiendo en cambios sin justificación, el gerente puede intervenir de manera sutil para poner límites respetuosos pero firmes, indicando que, por motivos de organización y para garantizar el buen servicio a todos los clientes, es preferible que se mantenga en una mesa asignada. Además, el gerente puede explicar que los movimientos constantes de mesas pueden afectar la comodidad de los demás clientes y la eficiencia del servicio. De ser necesario, el gerente puede ofrecer una pequeña cortesía o descuento como gesto de buena voluntad para resolver el malestar del cliente y evitar una mala experiencia que afecte su percepción del establecimiento.

TITULO II
Trabajador

CAPITULO I
HOTELES - FORMA DE PROCEDER

61. ¿CÓMO DEBE ACTUAR UN TRABAJADOR DEL HOTEL SI UN HUÉSPED LE OFRECE UNA GRAN SUMA DE DINERO POR HACER ALGO EN CONTRA DE LAS NORMAS DEL ESTABLECIMIENTO?

Respuesta: Si un trabajador del hotel recibe una oferta de dinero por realizar una acción que va en contra de las normas del establecimiento, debe rechazar inmediatamente la oferta de manera firme y profesional. Es importante que el trabajador explique educadamente que las políticas del hotel no permiten ese tipo de conductas, y que está comprometido con el cumplimiento de las normas de la empresa. El trabajador debe informarle al huésped que su solicitud no puede ser atendida, y en caso de que la situación se ponga tensa o el huésped insista, debe notificar a su superior o al gerente del hotel para que tomen las medidas necesarias. Es fundamental que el trabajador actúe con integridad, respetando los protocolos establecidos por el hotel y evitando cualquier comportamiento que pueda poner en riesgo la reputación del establecimiento o su propio empleo.

62. ¿QUÉ HACER SI UN TRABAJADOR DEL HOTEL RECIBE UNA QUEJA PORQUE UN HUÉSPED DICE QUE SU ACENTO O FORMA DE HABLAR LE RESULTA MOLESTA?

Respuesta: Si un trabajador del hotel recibe una queja porque un huésped menciona que su acento o forma de hablar le resulta molesta, el trabajador debe manejar la situación con calma, profesionalismo y empatía. En primer lugar, debe escuchar al huésped de manera atenta, sin tomar la queja como algo personal, y asegurarse de comprender completamente el problema. El trabajador debe explicar educadamente que la diversidad de acentos y formas de hablar es algo común y que no debe interferir en la experiencia del huésped. Si la queja persiste o se vuelve irrespetuosa, el trabajador debe informar a su supervisor o gerente para que se tomen las acciones necesarias. Es importante que el trabajador mantenga siempre un comportamiento profesional, sin permitir que comentarios negativos afecten su desempeño.

> ## Sugerencia para Trabajador
> Es fundamental que los trabajadores no tomen comentarios de este tipo como algo personal, ya que los prejuicios o la incomodidad de un huésped no reflejan la calidad del servicio ofrecido. El trabajador debe asegurarse de mantener una actitud profesional, sin caer en confrontaciones. Si la situación se vuelve incómoda o el huésped insiste de manera inapropiada, el trabajador debe dirigirse a su supervisor o gerente para que intervengan de manera adecuada. Además, los trabajadores deben recordar que la diversidad cultural y de acentos es algo positivo y enriquecedor, por lo que deben sentirse orgullosos de su identidad. La capacitación continua en habilidades de comunicación y manejo de quejas también es crucial para tratar de manera efectiva este tipo de situaciones.

63. ¿Cómo manejar la situación si un huésped insiste en que un trabajador lo acompañe a su habitación con intenciones sospechosas?

Respuesta: Si un huésped insiste en que un trabajador lo acompañe a su habitación con intenciones sospechosas, el trabajador debe rechazar la solicitud de manera firme pero educada, explicando que, según las políticas del hotel y las normas de seguridad, no está permitido acompañar a los huéspedes a las habitaciones sin una razón válida. El trabajador debe destacar que, para garantizar la seguridad y privacidad·tanto del huésped como del personal, cualquier solicitud similar debe ser comunicada a un supervisor o encargado. Si el huésped insiste, el trabajador debe mantener la calma y, si es posible, alejarse del área o dirigirse a un espacio público dentro del hotel. Si la situación se torna incómoda o peligrosa, el trabajador debe alertar a seguridad o a un superior de inmediato. Es fundamental que el trabajador no se quede solo con el huésped en un lugar apartado o privado. Además, es recomendable que el trabajador documente el incidente, anotando los detalles de la solicitud del huésped para protegerse a sí mismo y al establecimiento en caso de futuros problemas o quejas.

Sugerencia para Trabajador

El trabajador debe estar preparado para manejar situaciones incómodas o sospechosas siguiendo los protocolos establecidos por el hotel, como la no interacción en solitario con el huésped fuera de lo profesional. Es recomendable que se mantenga siempre en espacios comunes del hotel, como el vestíbulo o zonas públicas, especialmente cuando se interactúa con huéspedes que puedan estar actuando de manera inapropiada. En caso de dudas o si el huésped insiste en realizar alguna acción inapropiada, el trabajador debe llamar a un supervisor o al equipo de seguridad, quienes están capacitados para manejar este tipo de situaciones. Además, el trabajador debe documentar todo lo sucedido, incluyendo el comportamiento del huésped y las medidas tomadas, para garantizar su protección legal en caso de que la situación se complique o haya una reclamación posterior. La formación en seguridad personal y en la correcta gestión de estos incidentes es crucial para actuar de forma rápida y eficaz.

64. ¿QUÉ HACER SI UN TRABAJADOR DEL HOTEL ENCUENTRA A UN HUÉSPED DURMIENDO EN UN ÁREA NO PERMITIDA, COMO EL LOBBY O LA SALA DE CONFERENCIAS?

Respuesta: Si un trabajador del hotel encuentra a un huésped durmiendo en un área no permitida, como el lobby o la sala de conferencias, debe abordar la situación de manera respetuosa pero firme. Primero, el trabajador debe acercarse al huésped de manera calmada y preguntarle educadamente si necesita asistencia. Es importante no confrontar al huésped de forma agresiva, sino ofrecer una explicación clara de que esas áreas no están destinadas para dormir debido a las políticas de seguridad y comodidad del hotel. Luego, el trabajador debe sugerir al huésped trasladarse a su habitación o, si no está disponible, ofrecerle una alternativa, como un área común habilitada para descanso. Si el huésped se niega a moverse, el trabajador debe informar a un supervisor o al personal de seguridad para que intervengan y resuelvan la situación de manera adecuada. Es crucial que el trabajador se mantenga tranquilo y profesional, evitando cualquier tipo de confrontación o escalada del conflicto.

Sugerencia para Trabajador

El trabajador debe estar familiarizado con las políticas del hotel respecto al uso de las áreas comunes y asegurarse de explicarlas de manera clara a los huéspedes. Además, es recomendable que los trabajadores estén entrenados para manejar situaciones de este tipo con tacto, ofreciendo alternativas a los huéspedes y evitando confrontaciones directas. Si el huésped se muestra reacio a moverse o crear una situación incómoda, el trabajador debe inmediatamente informar a su supervisor o al personal de seguridad para tomar las medidas necesarias. Es importante también que el trabajador registre el incidente, anotando

---

los detalles del comportamiento del huésped y las acciones tomadas, para mantener una documentación adecuada en caso de que sea necesario hacer un seguimiento o si el huésped presenta una queja posterior.

65. ¿CÓMO ACTUAR SI UN TRABAJADOR DEL HOTEL DESCUBRE QUE UN HUÉSPED ESTÁ REALIZANDO TRANSMISIONES EN VIVO DESDE SU HABITACIÓN SIN AUTORIZACIÓN?

Respuesta: Si un trabajador del hotel descubre que un huésped está realizando transmisiones en vivo desde su habitación sin autorización, debe actuar de manera respetuosa y profesional. Lo primero es acercarse al huésped de forma discreta y educada, pidiéndole que detenga la actividad y explicándole que las transmisiones en vivo no están permitidas sin el consentimiento previo del hotel, por razones de privacidad y seguridad. El trabajador debe aclarar que el hotel tiene normas que protegen tanto la privacidad de los otros huéspedes como la integridad de sus instalaciones. Si el huésped se muestra reacio a cesar la transmisión, el trabajador debe informar inmediatamente al supervisor o a la dirección del hotel, quienes tomarán las medidas necesarias, como solicitar que se elimine el contenido o, si la situación lo requiere, proceder con la aplicación de sanciones. Es fundamental que el trabajador no entre en confrontación directa con el huésped, manteniendo siempre un tono calmado y respetuoso.

Sugerencia para Trabajador
Es esencial que el trabajador conozca y esté al tanto de las políticas del hotel en relación con la privacidad y el uso de dispositivos electrónicos, especialmente en cuanto a la

grabación o transmisión en vivo desde las habitaciones. Si un huésped se encuentra infringiendo estas normativas, el trabajador debe actuar con profesionalismo, informando inmediatamente a un supervisor o responsable del área para tomar decisiones adecuadas. Además, debe manejar la situación con tacto, evitando confrontaciones directas y siendo claro en la explicación de las normativas del hotel. El trabajador también debe asegurarse de registrar el incidente de manera precisa, describiendo lo sucedido, para que el hotel pueda hacer un seguimiento adecuado y, si es necesario, tomar las medidas correctivas.

66. ¿QUÉ MEDIDAS TOMAR SI UN TRABAJADOR ES ACUSADO FALSAMENTE DE HABER ROBADO UN OBJETO DE LA HABITACIÓN DE UN HUÉSPED?

Respuesta: Si un trabajador es acusado falsamente de haber robado un objeto de la habitación de un huésped, lo primero que debe hacer es mantener la calma y no entrar en pánico. El trabajador debe informar inmediatamente a su superior o al gerente del hotel sobre la acusación para que se inicie una investigación interna. Es importante que el trabajador colabore con la investigación proporcionando cualquier información que pueda demostrar su inocencia, como registros de su actividad en el hotel, cámaras de seguridad o testigos que puedan confirmar su versión de los hechos. Además, el trabajador debe estar preparado para expresar que las acusaciones son infundadas y que se está sometiendo a la investigación de acuerdo con los procedimientos legales y las normativas del hotel. El empleador debe asegurarse de llevar a cabo una investigación exhaustiva para verificar la veracidad de la acusación antes de tomar cualquier decisión que afecte al trabajador.

Si la acusación es comprobada como falsa y el trabajador había sido suspendido durante la investigación, el trabajador debe ser reestablecido en su puesto de manera inmediata y, si lo desea, recibir una disculpa formal por parte del huésped o del hotel.

Sugerencia para Trabajador

Es esencial que el trabajador mantenga una postura tranquila y profesional frente a acusaciones infundadas, evitando cualquier tipo de confrontación con el huésped o con los responsables de la acusación. Es importante que se sigan los procedimientos del hotel para manejar estos casos, asegurándose de que todas las acciones queden documentadas y se pueda demostrar la inocencia. Si es posible, se debe solicitar la presencia de un testigo o revisar las grabaciones de seguridad para aclarar la situación. Además, si el trabajador cree que la acusación está siendo manejada de manera inapropiada, puede solicitar que se le proporcione un informe escrito sobre los resultados de la investigación. Si se demuestra que la acusación es falsa, el trabajador tiene derecho a exigir que se tomen las acciones correctivas adecuadas, incluidas las disculpas o compensaciones si fuera necesario.

---

67. ¿CÓMO PROCEDER SI UN HUÉSPED SE NIEGA A RECIBIR SERVICIO DE LIMPIEZA, PERO LUEGO SE QUEJA DE LA FALTA DE HIGIENE EN SU HABITACIÓN?

Respuesta: Si un huésped se niega a recibir el servicio de limpieza, pero luego se queja de la falta de higiene en su habitación, el trabajador o el gerente debe manejar la situación con diplomacia y empatía. Primero, debe escuchar al huésped y disculparse por la inconveniencia causada, aunque el huésped haya rechazado el servicio de limpieza en un principio. Es importante recordar que el huésped tiene derecho a expresar su insatisfacción. A continuación, se debe ofrecer una solución práctica, como limpiar la habitación de inmediato, si el huésped lo permite, o al menos ofrecer toallas y productos de limpieza adicionales para que el huésped pueda utilizar. Si el huésped insiste en la queja de higiene sin haber solicitado la limpieza previamente, se le debe recordar amablemente que, según las políticas del establecimiento, el servicio de limpieza se ofrece regularmente y está disponible para todos los huéspedes, pero en este caso, el rechazo previo al servicio complicó la situación. De ser necesario, el trabajador debe poner el caso en conocimiento del gerente o supervisor para que se tome una acción adicional y evitar que el huésped se sienta insatisfecho.

Sugerencia para Trabajador

Es fundamental que el trabajador mantenga una actitud profesional y empática, sin tomar la queja de manera personal. Debe asegurarse de ofrecer una solución inmediata, como ofrecer productos de limpieza o toallas adicionales, e intentar reestablecer la confianza del huésped en el servicio del hotel. En el futuro, el trabajador puede recomendar que se ofrezca una notificación clara sobre las políticas del servicio de limpieza en la habitación, quizás en forma de recordatorio al huésped, para evitar situaciones similares. En caso de que el huésped siga insatisfecho, el trabajador debe informar a su supervisor o gerente para que se tomen las medidas adecuadas y el problema se maneje de forma eficiente y profesional.

68. ¿QUÉ HACER SI UN TRABAJADOR RECIBE UNA PROPINA INUSUALMENTE ALTA Y EL HUÉSPED LUEGO LE EXIGE UN FAVOR FUERA DE LAS NORMAS DEL HOTEL?

Respuesta: Si un trabajador recibe una propina inusualmente alta y el huésped luego le exige un favor fuera de las normas del hotel, el trabajador debe actuar con cautela y seguir los protocolos del establecimiento. En primer lugar, es importante que el trabajador agradezca la propina de manera cortés, pero debe ser claro y firme al explicar que no puede cumplir con solicitudes que infringen las políticas del hotel. Si la solicitud es inapropiada o va en contra de las reglas del lugar, el trabajador debe informar al huésped que, por razones de seguridad y ética profesional, no está permitido hacer excepciones. Si la petición se siente incómoda o el trabajador se siente presionado, debe dirigirse a su supervisor o gerente inmediatamente para obtener apoyo. El trabajador debe recordar que su integridad profesional y las políticas del hotel son fundamentales y no deben ser comprometidas, independientemente del monto de la propina. En caso de que el huésped insista en una solicitud inapropiada, el trabajador debe mantenerse firme y evitar cualquier interacción que pueda comprometer su comportamiento ético.

Sugerencia para Trabajador

Es importante que el trabajador conozca y respete las políticas del hotel sobre la aceptación de propinas y las solicitudes fuera de las normas. Si alguna solicitud resulta inapropiada o compromete la integridad del trabajador, debe ser reportada inmediatamente al supervisor o gerente. Además, el trabajador debe tener claro que ningún favor fuera de las normas del hotel justifica una propina, y debe estar preparado para rechazar educadamente cualquier solicitud que se desvíe de las políticas establecidas. De ser necesario, los trabajadores deben solicitar formación o recursos sobre cómo manejar este tipo de situaciones para mantenerse firmes, respetuosos y profesionales, evitando conflictos innecesarios con los huéspedes.

69. ¿Cómo actuar si un huésped quiere dejar a su hijo al cuidado del personal del hotel sin previo aviso ni autorización?

Respuesta: Si un huésped quiere dejar a su hijo al cuidado del personal del hotel sin previo aviso ni autorización, el trabajador debe actuar con cautela y en línea con las políticas del establecimiento. Es fundamental que el trabajador explique educadamente al huésped que, por razones de seguridad y bienestar de los menores, el hotel no puede hacerse responsable de la supervisión de niños sin una autorización previa y adecuada. El trabajador debe sugerir alternativas, como contactar con servicios de cuidado infantil externos o recomendarles a los padres que se aseguren de que el niño esté bajo supervisión en todo momento. En caso de que el huésped insista en dejar al niño sin autorización, el trabajador debe informar de inmediato al supervisor o gerente del hotel para que se tomen las acciones correspondientes. La seguridad de los huéspedes y los niños es una prioridad, y el trabajador debe asegurarse de seguir los protocolos establecidos para evitar cualquier incidente o malentendido.

Sugerencia para Trabajador
Es esencial que el trabajador esté familiarizado con las políticas del hotel relacionadas con el cuidado de menores

y la supervisión infantil. Si alguna vez se enfrenta a una situación en la que un huésped quiere dejar a un niño al cuidado del personal sin la debida autorización, el trabajador debe ser firme y educado al rechazar la solicitud, explicando las razones de seguridad. Además, siempre debe informar a su supervisor o gerente para que se puedan tomar las medidas adecuadas. En algunos casos, puede ser útil tener información sobre servicios de niñeras o guarderías cercanas para poder ofrecer alternativas válidas y mantener una experiencia positiva para el huésped, sin comprometer la seguridad del menor.

70. ¿QUÉ MEDIDAS TOMAR SI UN TRABAJADOR DEL HOTEL DESCUBRE QUE UN HUÉSPED HA COLOCADO CÁMARAS OCULTAS EN SU HABITACIÓN?

Respuesta: Si un trabajador del hotel descubre que un huésped ha colocado cámaras ocultas en su habitación, debe actuar de inmediato para proteger la privacidad y seguridad de todos los involucrados. El trabajador debe evitar tocar o manipular las cámaras, ya que esto podría alterar la evidencia. En su lugar, debe informar de inmediato a su supervisor o gerente y, si es necesario, a las autoridades competentes para que se realice una investigación adecuada. El hotel debe garantizar que el huésped afectado sea informado sobre la situación de manera confidencial y que se tomen las medidas correctivas necesarias, como el cambio de habitación y el ofrecimiento de apoyo psicológico si lo considera necesario. La seguridad de los huéspedes es una prioridad, por lo que el hotel debe seguir todos los protocolos legales y éticos para manejar esta situación, asegurándose de que se respete la privacidad de todos los involucrados.

Sugerencia para Trabajador

Es imperativo que el trabajador se adhiera estrictamente a los protocolos de privacidad y seguridad establecidos por el hotel. Al descubrir cualquier dispositivo de grabación no autorizado, el trabajador debe mantener la calma, evitar tocar las cámaras o alterarlas, y reportar el incidente de manera confidencial a la dirección. Además, debe tener claro que el hotel tiene políticas estrictas sobre la privacidad de los huéspedes y debe asegurarse de que se sigan todos los procedimientos legales al respecto. También es recomendable que el trabajador esté preparado para asistir a la dirección en la comunicación con el huésped afectado, ofreciendo alternativas como el cambio de habitación, y, si es necesario, colaborando con las autoridades para asegurar que se resuelva el incidente adecuadamente.

CAPITULO II
RESORTS - FORMA DE PROCEDER

71. ¿CÓMO DEBE ACTUAR UN TRABAJADOR DE UN RESORT SI UN HUÉSPED INSISTE EN LLEVARSE ARTÍCULOS DECORATIVOS DEL ESTABLECIMIENTO COMO "SOUVENIRS"?

Respuesta: Si un trabajador de un resort se encuentra con la situación en la que un huésped insiste en llevarse artículos decorativos del establecimiento como "souvenirs", debe actuar con firmeza y cortesía. El trabajador debe explicarle educadamente al huésped que los artículos decorativos no están a la venta y que son propiedad del resort, por lo que no es permitido retirarlos del lugar. En caso de que el huésped se niegue a devolver el artículo, el trabajador debe informarle que este comportamiento está en contra de las políticas del resort, lo que podría implicar consecuencias legales. Es fundamental que el trabajador evite confrontaciones, pero a la vez defienda las normas del establecimiento. En caso de ser necesario, el trabajador debe contactar al gerente para que intervenga y se tomen las medidas correspondientes para resolver la situación de manera efectiva, siempre asegurando que el huésped reciba un trato respetuoso pero firme.

Sugerencia para Trabajador
El trabajador debe mantenerse siempre profesional y respetuoso al enfrentar situaciones delicadas como esta.

Es importante recordar que, aunque el huésped esté en su derecho de solicitar souvenirs, los artículos decorativos del resort son propiedad exclusiva del establecimiento. Para evitar malentendidos, el trabajador debe ser claro y directo al comunicar que estos artículos no están disponibles para su venta o traslado. Además, es recomendable que el trabajador conozca las políticas del resort respecto a objetos decorativos y otras pertenencias, para poder explicarlas con seguridad. Si la situación se complica o el huésped persiste, el trabajador debe escalar el incidente a la gerencia para manejarlo adecuadamente y asegurar que se respeten las normas del resort sin crear una confrontación innecesaria.

72. ¿QUÉ HACER SI UN TRABAJADOR DEL RESORT ES ACUSADO DE SABOTEAR LA COMIDA O LA BEBIDA DE UN HUÉSPED SIN PRUEBAS?

Respuesta: Si un trabajador del resort es acusado de sabotear la comida o la bebida de un huésped sin pruebas, lo primero que debe hacer es mantener la calma y colaborar plenamente con la investigación interna. El trabajador debe informar de inmediato a su supervisor o gerente sobre la acusación para que se tomen las medidas correspondientes. Es fundamental que el trabajador explique su versión de los hechos y, en caso de tener testigos o evidencia que respalden su inocencia, presentarlas de manera clara y objetiva. El gerente o supervisor debería investigar de manera imparcial, revisando cámaras de seguridad, interpelando a otros empleados y, si es necesario, verificando el proceso de manipulación de alimentos. El trabajador debe estar disponible para cooperar con la investigación y debe evitar tomar la acusación como algo personal, ya que el objetivo es resolver la situación de manera justa para todas las partes involucradas. Si se demuestra la inocencia del trabajador, se deben tomar medidas para aclarar públicamente la situación con el huésped y garantizar que la reputación del trabajador se mantenga intacta.

Sugerencia para Trabajador

El trabajador debe ser proactivo en mantener una actitud profesional y cooperativa durante la investigación. Es crucial que no se sienta atacado personalmente, sino que vea este proceso como una oportunidad para demostrar su integridad. Para evitar situaciones similares en el futuro, es recomendable que el trabajador siga siempre los protocolos establecidos para la manipulación de alimentos y bebidas, garantizando la trazabilidad de todas las acciones relacionadas con el servicio. También es útil que el trabajador documente cualquier interacción o incidente relevante, de manera que, en caso de futuras acusaciones, pueda presentar evidencia de su comportamiento profesional. Si el trabajador es declarado inocente, es importante que el resort le ofrezca una disculpa formal y que el incidente se maneje de manera confidencial para no afectar su reputación dentro del equipo.

---

73. ¿CÓMO MANEJAR LA SITUACIÓN SI UN TRABAJADOR DESCUBRE A UN HUÉSPED UTILIZANDO LAS INSTALACIONES DEL RESORT SIN HABER PAGADO LA TARIFA CORRESPONDIENTE?

Respuesta: Si un trabajador descubre a un huésped utilizando las instalaciones del resort sin haber pagado la tarifa correspondiente, debe actuar con discreción y de manera profesional.

Primero, debe acercarse al huésped de manera respetuosa y preguntar si tiene una reserva o ha abonado la tarifa correspondiente para acceder a las instalaciones. En caso de que el huésped no haya pagado, el trabajador debe informarle educadamente sobre la política del resort y las tarifas necesarias para el uso de las instalaciones. Es importante evitar confrontaciones y mantener siempre una actitud tranquila. El trabajador debe ofrecer la opción de regularizar la situación, proporcionándole al huésped las opciones de pago disponibles o derivándolo al personal de recepción o al gerente para que tomen el control de la situación. Si el huésped se niega a pagar o genera una situación incómoda, el trabajador debe informar de inmediato al supervisor o gerente, quien tomará las decisiones necesarias, incluidas las medidas legales si es necesario. Es esencial que el trabajador no intente resolver el asunto por su cuenta ni comprometa la seguridad del resort.

Sugerencia para Trabajador

El trabajador debe abordar la situación con profesionalismo y mantener una actitud neutral, evitando conflictos. Es recomendable seguir siempre los protocolos establecidos por el resort para manejar a los huéspedes que no han pagado por el uso de las instalaciones. El trabajador debe asegurarse de que las tarifas y políticas del resort estén claramente comunicadas a los huéspedes desde el momento de la llegada para evitar confusiones. En caso de que se presente un incidente de este tipo, es fundamental que el trabajador no entre en discusiones, sino que busque la intervención del gerente o supervisor, quien tiene la autoridad para resolver el problema adecuadamente. Además, el trabajador debe estar al tanto de las políticas de seguridad del resort, ya que, si el huésped se niega a abandonar las instalaciones o se muestra agresivo, el personal de seguridad debe intervenir para garantizar la seguridad de todos.

74. ¿QUÉ HACER SI UN HUÉSPED EXIGE QUE UN TRABAJADOR LO ACOMPAÑE EN UNA EXCURSIÓN PRIVADA FUERA DE LAS INSTALACIONES DEL RESORT?

Respuesta: Si un huésped exige que un trabajador lo acompañe en una excursión privada fuera de las instalaciones del resort, el trabajador debe rechazar la solicitud de manera respetuosa y profesional. Es importante aclarar que los trabajadores del resort tienen responsabilidades y límites establecidos por la política interna del establecimiento, y acompañar a un huésped fuera de las instalaciones podría ir en contra de esas normas. El trabajador debe explicar amablemente que no es posible realizar ese tipo de actividades fuera del ámbito del resort, pero puede ofrecer alternativas que estén dentro de las políticas del resort, como sugerir excursiones organizadas o guías turísticos acreditados. Además, debe comunicarle al huésped que, si desea realizar una excursión, puede hacerlo a través de los canales oficiales del resort, asegurando siempre la seguridad tanto del huésped como del trabajador. Si el huésped insiste, el trabajador debe notificar a un supervisor o gerente para que se maneje la situación adecuadamente, garantizando el cumplimiento de las normativas y evitando cualquier posible malentendido o riesgo para ambas partes.

Sugerencia para Trabajador

Es fundamental que el trabajador mantenga siempre una actitud firme pero cortés, explicando las políticas del resort de manera clara y con respeto hacia el huésped. En casos como este, es importante no ceder ante presiones, ya que las solicitudes fuera de los protocolos del resort pueden comprometer tanto la seguridad como la imagen del establecimiento. El trabajador debe recordar que,

---

aunque es importante brindar un excelente servicio al cliente, también es esencial cuidar su bienestar personal y profesional. Si se siente incómodo o inseguro ante la solicitud del huésped, no dude en derivar la situación a un superior, quien tiene la autoridad para tomar decisiones y garantizar que el huésped reciba el trato adecuado sin comprometer la integridad del personal o las normas del resort.

75. ¿Cómo actuar si un trabajador del resort recibe quejas porque un huésped dice que su vestimenta de trabajo "no es apropiada"?

Respuesta: Si un trabajador del resort recibe quejas porque un huésped considera que su vestimenta de trabajo "no es apropiada", el trabajador debe mantener la calma y manejar la situación con profesionalismo. Primero, debe escuchar la queja del huésped y ofrecer una disculpa si la situación le causó incomodidad. Luego, el trabajador debe revisar si su vestimenta cumple con el código de vestimenta establecido por el resort, que debe estar claramente definido en las políticas internas del establecimiento. Si la vestimenta es adecuada según las normas del resort, el trabajador debe explicarlo amablemente al huésped, destacando que el uniforme o la vestimenta es parte de las políticas de la empresa. Si la vestimenta no cumple con las normas, el trabajador debe notificar a su supervisor o departamento de recursos humanos para que se tomen las medidas necesarias, como proporcionar un reemplazo o corregir cualquier incumplimiento. La situación debe resolverse con tacto y respeto, sin permitir que las quejas del huésped afecten la moral del trabajador.

Sugerencia para Trabajador

Es importante que el trabajador se adhiera siempre al código de vestimenta del resort para evitar malentendidos o quejas de los huéspedes. Si en algún momento recibe comentarios sobre su vestimenta, debe mantener una actitud profesional, tranquila y respetuosa, y ofrecer una respuesta clara que demuestre que está siguiendo las políticas del resort. En caso de que un huésped persista en su queja, el trabajador debe remitir la situación a su supervisor o gerente, quien puede intervenir para aclarar la situación. También es recomendable que el trabajador se asegure de que su uniforme esté siempre limpio y en buen estado, ya que una presentación personal adecuada no solo refleja bien al resort, sino que también ayuda a mantener una buena relación con los huéspedes.

76. **¿Qué medidas tomar si un huésped deja su equipaje en la recepción y desaparece por horas sin previo aviso?**

Respuesta: Si un huésped deja su equipaje en la recepción y desaparece por horas sin previo aviso, el personal de recepción debe proceder con precaución y siguiendo las políticas del resort. En primer lugar, se debe intentar contactar al huésped por teléfono o a través de cualquier otro medio de comunicación disponible para confirmar su paradero y saber si su equipaje debe ser guardado o si tiene la intención de regresar pronto. Si el huésped no responde, el personal debe registrar el equipaje y asegurarse de que esté guardado en un lugar seguro, conforme a las políticas del resort. Es recomendable que el personal mantenga una comunicación constante con la seguridad del resort para garantizar que no haya riesgos relacionados con el equipaje abandonado. Si el huésped no aparece después de un tiempo razonable, el resort puede establecer un protocolo para la gestión de objetos perdidos, notificando al huésped sobre el almacenamiento del equipaje y dando un plazo para su reclamación. Es fundamental actuar con cautela y respetar siempre la privacidad y las normativas de seguridad del establecimiento.

Sugerencia para Trabajador

El trabajador debe mantenerse tranquilo y profesional al manejar situaciones como esta. Asegúrese de seguir las políticas del resort sobre el almacenamiento y manejo de equipaje no reclamado. Mantenga un registro detallado de las acciones realizadas, como la hora en que el equipaje fue dejado en la recepción, los intentos de contacto con el huésped y cualquier comunicación relevante con otros departamentos. Si el huésped no regresa dentro de un tiempo prudente, notifíquese al supervisor o gerente para tomar decisiones adicionales, siempre priorizando la seguridad y el cumplimiento de las normativas internas del resort.

---

77. ¿Cómo proceder si un huésped exige que un trabajador se haga responsable de una pérdida de objetos de valor dentro de la habitación?

Respuesta: Si un huésped exige que un trabajador se haga responsable de la pérdida de objetos de valor dentro de la habitación, el trabajador debe mantener la calma y actuar conforme a los protocolos establecidos por el resort. En primer lugar, el trabajador debe escuchar al huésped con empatía y registrar detalladamente la queja, evitando hacer promesas o asumir responsabilidades por la pérdida. Es importante que el trabajador indique que, según las políticas del establecimiento, los objetos de valor deben ser guardados en las cajas de seguridad proporcionadas por el resort, y no es responsabilidad del personal el manejo de dichos objetos fuera de este servicio. El trabajador debe informar inmediatamente al gerente o supervisor para que se inicie una investigación adecuada, lo que incluiría revisar las cámaras de seguridad (si están disponibles), preguntar al personal de limpieza o mantenimiento sobre el acceso a la habitación y verificar el inventario de objetos de la habitación. Es esencial que todo el proceso se maneje de manera profesional y que el trabajador no asuma ninguna responsabilidad personal.

Sugerencia para Trabajador

Es fundamental que el trabajador se adhiera estrictamente a los procedimientos de manejo de quejas y pérdidas establecidos por el resort. Siempre actúe de forma neutral y profesional, evitando entrar en conflictos innecesarios con el huésped. Es importante informar al gerente de inmediato para que se pueda investigar la situación sin que el trabajador se vea involucrado personalmente en la responsabilidad de la pérdida. Además, los trabajadores deben recordar que las políticas de seguridad del resort incluyen la recomendación de utilizar las cajas de seguridad para objetos de valor y que esto debe ser comunicado a todos los huéspedes al momento del check-in para prevenir situaciones similares.

78. ¿Qué hacer si un trabajador del resort recibe una amenaza por negarse a cumplir una petición fuera de las normas del establecimiento?

Respuesta: Si un trabajador del resort recibe una amenaza por negarse a cumplir una petición fuera de las normas del establecimiento, debe mantener la calma y no ceder a la presión del huésped. Lo primero es no responder de manera confrontativa, sino transmitir con respeto que su actuación está regida por las políticas del resort y que no puede hacer excepciones. En segundo lugar, el trabajador debe informar inmediatamente a su supervisor o gerente sobre la amenaza recibida para que se tomen las medidas adecuadas, como alertar a la seguridad del resort si es necesario. Además, el trabajador debe documentar la amenaza de forma detallada, incluyendo la hora, lugar y naturaleza de esta, para protegerse y facilitar cualquier investigación posterior. Si la amenaza es de índole seria, es importante contactar a las autoridades correspondientes para asegurar la seguridad del trabajador y del resto del personal y huéspedes.

Sugerencia para Trabajador
Es fundamental que el trabajador mantenga siempre una postura profesional y firme, respetando las normas del establecimiento sin comprometer su seguridad. Debe recordar que está protegido por las políticas del resort y que no está obligado a cumplir con peticiones fuera de la normativa, especialmente si estas ponen en riesgo su integridad. En caso de recibir amenazas, es clave seguir el protocolo de seguridad establecido por el resort, informando de inmediato a un superior y documentando todo. Además, el trabajador debe estar familiarizado con las políticas del resort sobre cómo manejar situaciones

conflictivas y amenazas para garantizar que pueda actuar de manera rápida y segura.

79. ¿Cómo manejar la situación si un trabajador encuentra a un huésped durmiendo en una hamaca o en la playa en lugar de su habitación?

Respuesta: Si un trabajador encuentra a un huésped durmiendo en una hamaca o en la playa en lugar de en su habitación, debe manejar la situación con tacto y profesionalismo. El primer paso es acercarse al huésped de manera respetuosa, preguntando si todo está bien y si necesita alguna asistencia. Es importante explicarle, de forma amable, que, por razones de seguridad y políticas internas del resort, no está permitido dormir en áreas comunes como la playa o las hamacas. A continuación, el trabajador debe ofrecer una solución, como acompañarlo de regreso a su habitación o ayudarle a encontrar una opción cómoda y segura para descansar. Si el huésped se muestra renuente o se niega a regresar a su habitación, el trabajador debe escalar la situación al supervisor o al personal de seguridad, para que se tomen las medidas adecuadas. En todo momento, el trabajador debe mantener la calma y la cordialidad, escuchando cualquier objeción del huésped y buscando una solución que respete tanto las normas del resort como las necesidades del cliente. Además, debe registrar la incidencia para futuros seguimientos y posibles acciones preventivas.

Sugerencia para Trabajador
Es esencial que el trabajador siempre mantenga una actitud profesional y empática en este tipo de situaciones, entendiendo que cada huésped puede tener distintas

razones para comportarse de manera inusual. En todo momento, debe ser claro y firme en cuanto a las políticas del resort, pero con un enfoque amigable y respetuoso. Además, es recomendable que el trabajador esté preparado para manejar la incomodidad del huésped sin crear conflictos innecesarios. Ofrecer alternativas razonables y ser flexible dentro de lo que permiten las normas es clave. Si la situación no se resuelve de manera satisfactoria, no dudar en involucrar a un supervisor o al equipo de seguridad, quienes tienen la experiencia y la autoridad para tomar decisiones definitivas. Finalmente, es fundamental que el trabajador documente adecuadamente el incidente para asegurar que el resort tenga un registro de cualquier situación excepcional que pueda surgir.

80. ¿Qué hacer si un trabajador recibe constantes insinuaciones por parte de un huésped, generando incomodidad en el ambiente laboral?

Respuesta: Si un trabajador recibe constantes insinuaciones por parte de un huésped, lo primero que debe hacer es mantener la calma y tratar de no dejarse influir por el comportamiento inapropiado. Es fundamental que el trabajador se sienta en control de la situación y no permita que las insinuaciones afecten su desempeño laboral. El siguiente paso es establecer límites claros con el huésped, indicando de manera educada pero firme que ese tipo de comentarios o comportamientos no son apropiados en el entorno profesional. Si el huésped continúa con sus actitudes, el trabajador debe reportar inmediatamente la situación al supervisor o al departamento de recursos humanos del resort para que se tomen las medidas pertinentes. Es importante que el trabajador se asegure de documentar los incidentes de manera detallada, ya sea en un informe escrito o mediante comunicaciones electrónicas, para que haya un registro claro de lo sucedido. En casos más graves, donde la situación persista o se torne más invasiva, se debe involucrar a la seguridad o incluso a las autoridades si fuera necesario para garantizar la seguridad y el bienestar del trabajador.

Sugerencia para Trabajador

El trabajador debe estar preparado para establecer límites de manera clara y profesional desde el principio. En situaciones de insinuaciones o comentarios inapropiados, es vital no minimizar el comportamiento del huésped, pero tampoco permitir que interfiera con su labor. Mantener una actitud firme, pero respetuosa, es clave para evitar malentendidos y preservar el ambiente laboral. Si la situación persiste, no dudar en buscar apoyo de superiores, ya que es esencial que el empleador se haga responsable de proteger a los trabajadores de cualquier forma de acoso o comportamiento inapropiado. Además, el trabajador debe estar al tanto de las políticas internas del establecimiento en cuanto a acoso o conductas inadecuadas, para poder actuar dentro de los procedimientos establecidos. La documentación detallada y la comunicación continua con los superiores son fundamentales para garantizar que se tomen las medidas correctivas necesarias.

CAPITULO III
Viviendas Vacacionales - Forma de Proceder

81. ¿Cómo debe actuar el encargado de limpieza si encuentra un objeto de alto valor olvidado por un huésped en una vivienda vacacional?

Respuesta: Si el encargado de limpieza encuentra un objeto de alto valor olvidado por un huésped en una vivienda vacacional, debe actuar con total transparencia e integridad para evitar cualquier tipo de malentendido. Lo primero es no manipular el objeto más de lo necesario y dejarlo en el mismo lugar si es seguro hacerlo. Luego, debe informar inmediatamente al propietario o administrador de la vivienda y seguir el protocolo interno establecido para estos casos. Es recomendable documentar el hallazgo con fotografías y registrar la fecha, hora y ubicación exacta del objeto. Si el huésped aún se encuentra en la vivienda o está en proceso de salida, se le debe informar de manera discreta para coordinar la devolución. En caso de que el huésped ya haya abandonado la propiedad, el encargado de limpieza debe entregar el objeto al responsable de la administración, quien se encargará de contactar al huésped para coordinar su devolución de forma segura. Si no es posible localizar al huésped, se debe seguir el procedimiento legal aplicable para el resguardo de bienes extraviados.

Sugerencia para Trabajador

El encargado de limpieza debe actuar con absoluta honestidad y profesionalismo al encontrar objetos de valor. La mejor práctica es evitar cualquier tipo de malentendido documentando el hallazgo de inmediato y notificando a sus superiores sin manipular el objeto innecesariamente. Seguir siempre el protocolo interno del establecimiento es clave para proteger tanto al trabajador como al huésped. Si el huésped regresa a buscar el objeto, es recomendable que el encargado de limpieza no lo entregue directamente, sino que lo haga a través del propietario o administrador de la vivienda para evitar posibles disputas o reclamaciones futuras. La transparencia y la comunicación clara con los superiores son fundamentales para garantizar una devolución segura y sin inconvenientes.

82. ¿QUÉ HACER SI UN TRABAJADOR DESCUBRE QUE LOS INQUILINOS HAN CAMBIADO LAS CERRADURAS DE LA VIVIENDA SIN AUTORIZACIÓN DEL PROPIETARIO?

Respuesta: Si un trabajador descubre que los inquilinos han cambiado las cerraduras de la vivienda sin autorización del propietario, debe actuar con prudencia y siguiendo un protocolo adecuado. Lo primero es documentar la situación con fotos y anotar detalles como la fecha y hora en que se detectó el cambio. Luego, debe informar de inmediato al propietario o administrador de la vivienda para que tome las medidas necesarias. El propietario debe comunicarse con los inquilinos para aclarar la situación y solicitar la entrega de una copia de las llaves o la restitución de la cerradura original. En muchos contratos de alquiler, cambiar cerraduras sin permiso puede constituir una violación del acuerdo, lo que podría dar lugar a sanciones o incluso a la terminación del contrato. Si los inquilinos se niegan a colaborar o la situación genera conflictos, el propietario puede evaluar acciones legales para recuperar el acceso legítimo a la vivienda.

Sugerencia para Trabajador

Ante esta situación, lo más recomendable es no confrontar directamente a los inquilinos ni intentar acceder a la vivienda sin autorización. Informar de inmediato al propietario es la mejor acción para evitar problemas legales o malentendidos. Mantener una actitud profesional y objetiva, sin hacer suposiciones o acusaciones, ayudará a manejar el caso con calma. Si el propietario le solicita mediar con los inquilinos, es importante hacerlo con respeto y claridad, explicando que cambiar las cerraduras sin permiso no está permitido y debe corregirse. La documentación del hecho es clave en caso de que se necesite evidencia para futuras acciones legales.

---

83. ¿CÓMO MANEJAR LA SITUACIÓN SI UN TRABAJADOR DE MANTENIMIENTO ES ACUSADO DE HABER INGRESADO A LA VIVIENDA SIN PERMISO MIENTRAS LOS HUÉSPEDES NO ESTABAN?

Respuesta: Si un trabajador de mantenimiento es acusado de haber ingresado a la vivienda sin permiso mientras los huéspedes no estaban, es fundamental manejar la situación con profesionalismo y transparencia. Lo primero es verificar los registros de entrada y salida si el establecimiento cuenta con cámaras de seguridad o un sistema de control de accesos. También se debe consultar con el trabajador para conocer su versión de los hechos y determinar si realmente tuvo que ingresar por una orden de servicio o si se trata de un malentendido. Si el trabajador tenía autorización para ingresar (por ejemplo, por una solicitud previa de mantenimiento), se debe explicar esto a los huéspedes y ofrecer disculpas si no fueron debidamente informados. En caso de que el trabajador niegue haber ingresado sin permiso y no haya pruebas de lo contrario, es importante aclarar la situación con los huéspedes de manera cordial y profesional, evitando conflictos innecesarios. Si los huéspedes insisten en la acusación sin pruebas concretas, el propietario o administrador debe manejar el reclamo con prudencia, asegurando que se investigará el caso, pero dejando claro que no se pueden tomar medidas disciplinarias sin evidencia.

Sugerencia para Trabajador

Si eres un trabajador de mantenimiento, evita ingresar a una vivienda vacacional sin una orden de trabajo clara o sin autorización expresa del propietario o los huéspedes. Siempre que debas realizar una reparación, asegúrate de que los huéspedes estén informados y, si es posible, presentes. En caso de acusaciones falsas, mantén la calma y explica tu versión con respeto. Si la vivienda cuenta con cámaras de seguridad, solicita que se revisen para aclarar la situación. Documentar tu trabajo con fotos y registros de servicio también puede ayudarte a protegerte ante reclamos injustificados.

84. ¿Qué hacer si un trabajador encuentra señales de que los inquilinos han realizado una fiesta masiva no autorizada en la vivienda vacacional?

Respuesta: Si un trabajador encuentra señales de que los inquilinos han realizado una fiesta masiva no autorizada en la vivienda vacacional, debe documentar la situación antes de alterar cualquier evidencia, tomando fotografías y videos del estado del lugar, especialmente si hay daños en muebles, paredes, electrodomésticos o artículos de la vivienda. Luego, debe notificar de inmediato al propietario o administrador, proporcionando un informe detallado sobre lo encontrado. Si hay testigos, como vecinos que hayan escuchado ruidos o visto actividad inusual, se recomienda recopilar su testimonio. En caso de que los inquilinos aún estén presentes, el trabajador debe evitar confrontaciones directas y actuar con profesionalismo, limitándose a informar al propietario para que tome las medidas correspondientes.

Sugerencia para Trabajador

El trabajador debe actuar con total profesionalismo y evitar cualquier enfrentamiento con los huéspedes, ya que la gestión del problema corresponde al propietario o administrador. Es importante conservar pruebas claras de los daños o desorden y seguir los protocolos establecidos para estos casos. Además, debe abstenerse de realizar cualquier limpieza o reparación hasta que el propietario haya evaluado la situación y autorizado los pasos a seguir. En caso de que los daños sean considerables, se puede sugerir al propietario revisar si existe un depósito de seguridad o una cláusula en el contrato que cubra este tipo de incidentes.

85. ¿CÓMO ACTUAR SI UN TRABAJADOR DESCUBRE QUE LOS HUÉSPEDES HAN DEJADO LA VIVIENDA EN CONDICIONES INSALUBRES Y DAÑADA, PERO YA HAN PARTIDO?

Respuesta: Si un trabajador descubre que los huéspedes han dejado la vivienda en condiciones insalubres y con daños evidentes tras su partida, debe actuar con rapidez y meticulosidad. Lo primero es documentar con fotografías y videos todas las áreas afectadas, incluyendo muebles dañados, electrodomésticos en mal estado, suciedad extrema o cualquier otro desperfecto. Es importante evitar alterar la escena antes de informar al propietario o administrador de la vivienda, ya que cualquier modificación podría dificultar la reclamación de los daños. Luego, el trabajador debe revisar si en el contrato de alquiler se establecen cláusulas sobre el estado en que debe devolverse la propiedad y si existe un depósito de seguridad que pueda cubrir los daños. Si la vivienda cuenta con un seguro de alquiler, también es recomendable notificar la situación para evaluar una posible compensación. Finalmente, se debe proceder a la limpieza y reparación siguiendo las indicaciones del propietario.

Sugerencia para Trabajador

Mantén siempre una actitud profesional y sigue los protocolos establecidos por el propietario o la empresa administradora. La recolección de pruebas es clave para cualquier reclamación, por lo que es fundamental que tomes fotografías detalladas y redactes un informe claro sobre lo sucedido. Evita confrontaciones con los huéspedes si aún están cerca del lugar y reporta la situación de inmediato. Además, si este tipo de incidentes es recurrente, sugiere al propietario la implementación de políticas más estrictas, como inspecciones previas al check-out o el aumento del depósito de seguridad, para evitar pérdidas económicas en el futuro.

86. ¿QUÉ MEDIDAS TOMAR SI UN TRABAJADOR RECIBE AMENAZAS POR PARTE DE HUÉSPEDES QUE SE NIEGAN A PAGAR DAÑOS CAUSADOS EN LA VIVIENDA?

Respuesta: Si un trabajador recibe amenazas por parte de huéspedes que se niegan a pagar los daños causados en la vivienda, debe mantener la calma y evitar confrontaciones directas que puedan escalar la situación. Lo primero es notificar de inmediato al propietario o administrador del inmueble sobre la negativa de pago y la actitud amenazante de los huéspedes. Es recomendable recopilar pruebas del daño ocasionado, como fotografías, videos y cualquier evidencia documental que respalde la reclamación. Si las amenazas son verbales, el trabajador debe intentar registrar la conversación de forma discreta o contar con testigos. En caso de que las amenazas sean graves o impliquen riesgos para la seguridad, se debe contactar a las autoridades locales para solicitar apoyo. Una vez que los huéspedes abandonen la propiedad, se deben seguir los procedimientos legales para reclamar los daños, ya sea a través del depósito de garantía o por vías judiciales si es necesario.

Sugerencia para Trabajador

Ante situaciones de amenazas, tu seguridad es lo más importante, por lo que no intentes manejar la situación por tu cuenta si sientes que está fuera de control. Evita responder con agresividad y, en su lugar, informa de inmediato a la administración y sigue los protocolos establecidos. Mantén un registro detallado de los daños y de cualquier incidente ocurrido para respaldar cualquier acción legal que pueda tomarse después. Si el problema persiste o se vuelve peligroso, no dudes en solicitar apoyo de las autoridades. En el futuro, sugiere reforzar las políticas de seguridad del

---

alquiler, como la verificación previa de los huéspedes o el uso de contratos más detallados con penalizaciones claras en caso de daños.

87. ¿CÓMO PROCEDER SI UN TRABAJADOR ENCUENTRA SUSTANCIAS ILEGALES DENTRO DE LA VIVIENDA TRAS LA SALIDA DE LOS HUÉSPEDES?

Respuesta: Si un trabajador encuentra sustancias ilegales dentro de la vivienda tras la salida de los huéspedes, debe evitar tocar o mover cualquier objeto sospechoso y notificar de inmediato al propietario o administrador del inmueble. Lo más recomendable es documentar la situación con fotografías sin alterar la escena y, dependiendo de la cantidad y el tipo de sustancia encontrada, informar a las autoridades locales para evitar cualquier responsabilidad legal. Es importante que el trabajador no intente deshacerse de las sustancias por cuenta propia, ya que esto podría implicar problemas legales. Además, debe asegurarse de seguir los protocolos internos del establecimiento o de la empresa de gestión de alquileres para estos casos, informando con claridad y manteniendo un registro detallado de lo ocurrido.

Sugerencia para Trabajador

En situaciones como esta, la prudencia y el cumplimiento de los protocolos son clave. No manipules ni intentes ocultar la evidencia, ya que podrías verte involucrado en un problema legal sin intención. En su lugar, informa de inmediato a la administración y sigue sus indicaciones. Si la política del establecimiento lo permite, solicita que las autoridades se hagan cargo de la situación para evitar cualquier complicación. También sería recomendable que sugieras mejorar las medidas de control, como exigir un depósito de seguridad más alto o realizar inspecciones más detalladas antes y después de la estadía de los huéspedes.

88. ¿QUÉ HACER SI UN TRABAJADOR ES ACUSADO FALSA-MENTE DE HABER ROBADO ALGO DE LA VIVIENDA VACA-CIONAL Y LOS HUÉSPEDES AMENAZAN CON DEMANDAR?

Respuesta: Si un trabajador es acusado falsamente de haber robado algo de la vivienda vacacional y los huéspedes amenazan con demandar, debe mantener la calma y no reaccionar de manera impulsiva. Es fundamental que el trabajador notifique de inmediato a su supervisor o al propietario de la vivienda sobre la situación, para que se tomen las medidas necesarias. Además, el trabajador debe colaborar proporcionando detalles sobre su interacción con los huéspedes, y cualquier evidencia o testigos que puedan respaldar su versión de los hechos. Es recomendable que el trabajador nunca intente solucionar el asunto por su cuenta, ya que esto podría complicar aún más la situación. El supervisor o propietario deberá mediar en la situación, asegurándose de que se lleve a cabo una investigación adecuada y que la acusación se maneje de acuerdo con las leyes y las políticas internas del establecimiento.

Sugerencia para Trabajador

Si te ves involucrado en una acusación falsa, no entres en confrontación directa con los huéspedes. Mantén la calma y asegúrate de documentar cualquier hecho que pueda demostrar tu inocencia, como horarios, testigos o registros de actividades previas. Es recomendable seguir los procedimientos establecidos por la empresa o el propietario para gestionar este tipo de disputas. Asegúrate de que la administración esté al tanto de la situación para que puedas recibir el apoyo necesario. Además, en el futuro, sería útil revisar las políticas de seguridad y manejo de bienes dentro de la vivienda vacacional para evitar situaciones similares.

89. ¿CÓMO ACTUAR SI UN TRABAJADOR RECIBE LA SOLICITUD DE "*HACER COMO QUE NO HA VISTO NADA*" ANTE UNA INFRACCIÓN GRAVE DE LOS INQUILINOS?

Respuesta: Si un trabajador recibe la solicitud de "hacer como que no ha visto nada" ante una infracción grave de los inquilinos, debe rechazar dicha solicitud de manera firme y profesional. Es esencial que el trabajador actúe con integridad y cumpla con las normas establecidas, independientemente de la presión que pueda sentir. En primer lugar, el trabajador debe comunicar de inmediato la infracción a su supervisor o al propietario de la vivienda vacacional, proporcionando detalles específicos sobre lo sucedido. Si la infracción es grave, como el consumo de sustancias ilegales o daños a la propiedad, es importante que el trabajador documente la situación de manera objetiva, si es posible, y deje constancia de cualquier evidencia que respalde el hecho. La ética y la responsabilidad en el trabajo son clave para mantener la confianza y la seguridad tanto de los huéspedes como de la empresa.

Sugerencia para Trabajador
Si te encuentras en una situación donde se te pide encubrir una infracción, recuerda que actuar con integridad es lo

más importante para tu reputación profesional y para la seguridad de todos los involucrados. Rechaza educadamente cualquier intento de influir en tu comportamiento y comunica la situación de manera transparente a tu superior. Si la infracción es grave, no dudes en implicar a las autoridades pertinentes. Además, asegúrate de estar familiarizado con las políticas de la empresa sobre cómo manejar este tipo de situaciones, y recuerda que siempre puedes contar con el respaldo de tu supervisor para resolver el problema de manera adecuada.

90. ¿QUÉ MEDIDAS TOMAR SI UN TRABAJADOR ES TESTIGO DE UN CONFLICTO VIOLENTO ENTRE LOS HUÉSPEDES Y TEME POR SU SEGURIDAD DENTRO DE LA VIVIENDA VACACIONAL?

Respuesta: Si un trabajador es testigo de un conflicto violento entre los huéspedes y teme por su seguridad dentro de la vivienda vacacional, debe actuar con cautela y priorizar su bienestar. En primer lugar, es esencial que el trabajador se aleje del conflicto inmediatamente para evitar cualquier confrontación directa. Si la situación lo amerita, debe contactar a las autoridades competentes, como la policía, para que intervengan en el asunto. Mientras tanto, es recomendable que el trabajador avise a su supervisor o al propietario de la vivienda vacacional para que tomen las medidas adecuadas, como proporcionar asistencia adicional o intervenir de manera más directa. Además, el trabajador debe documentar la situación, de ser posible, para que haya constancia del evento en caso de que se requiera una investigación posterior. Es fundamental mantener la calma y no involucrarse físicamente en el conflicto.

Sugerencia para Trabajador

Si alguna vez te enfrentas a una situación de violencia o amenaza, recuerda que tu seguridad es lo primero. Evita involucrarte en el conflicto y toma medidas rápidas para protegerte. Contacta de inmediato a las autoridades o a la persona encargada, ya que ellos están mejor preparados para manejar este tipo de situaciones. Asegúrate de estar informado sobre los procedimientos internos de la empresa o de la propiedad en cuanto a situaciones de emergencia, y no dudes en buscar refugio en un lugar seguro mientras esperas ayuda. La clave es mantener la calma, documentar los hechos de manera objetiva y permitir que los profesionales se encarguen de la situación.

CAPITULO IV
RESTAURANTES - FORMA DE PROCEDER

91. ¿CÓMO DEBE ACTUAR UN CAMARERO SI UN CLIENTE LO LLAMA REPETIDAMENTE POR SU NOMBRE, GENERANDO INCOMODIDAD, PERO SIN SER GROSERO?

Respuesta: Si un cliente llama repetidamente al camarero por su nombre y genera incomodidad, pero sin ser grosero, el camarero debe manejar la situación con cortesía y profesionalismo. Lo ideal es mantener una actitud calmada y educada, sin mostrar molestia. El camarero puede responder amablemente, manteniendo una distancia respetuosa y evitando involucrarse en una conversación más allá de lo necesario. Si la situación persiste y comienza a ser incómoda, el camarero puede de manera educada, pero firme, establecer límites sutiles, como desviar la atención hacia un tema relacionado con el servicio o expresar de forma amigable que tiene otras tareas que atender, pero que está disponible para cualquier requerimiento.

Sugerencia para Trabajador

En situaciones como esta, es importante mantener siempre una actitud profesional, independientemente de lo que haga el cliente. No hay que tomar la actitud del cliente como algo personal, pero tampoco se debe permitir que la incomodidad crezca. Si el cliente sigue utilizando el

---

133

nombre de manera repetida y esto afecta la concentración del trabajador, puede utilizar una estrategia sutil, como desviar la atención hacia una tarea específica del servicio o reforzar la relación en base a un servicio excepcional y profesional. Mantener la calma y la amabilidad es clave para manejar cualquier situación incómoda sin escalarla.

92. ¿QUÉ HACER SI UN CLIENTE LE OFRECE UNA GRAN PROPINA A CAMBIO DE RECIBIR UN MEJOR SERVICIO QUE EL RESTO DE LOS COMENSALES?

Respuesta: Si un cliente ofrece una gran propina a cambio de recibir un mejor servicio que el resto de los comensales, el trabajador debe rechazar la oferta de manera educada pero firme. Es importante dejar claro que el servicio brindado será siempre el mismo para todos los clientes, independientemente de la propina ofrecida, ya que el establecimiento debe mantener un estándar de calidad equitativo. El trabajador puede agradecer la propina, pero explicar que las políticas del restaurante requieren que todos los clientes reciban el mismo nivel de atención y que no se puede hacer distinciones. De esta manera, el trabajador mantiene el respeto por las normas del establecimiento y por la equidad en el trato con todos los clientes.

Sugerencia para Trabajador
Ante una situación como esta, es esencial que el trabajador maneje la situación con diplomacia. Aunque la propina ofrecida sea generosa, es importante ser firme en el rechazo para evitar cualquier conflicto o malentendido. Se debe mostrar una actitud profesional y explicativa, recordando

al cliente que la calidad del servicio es la misma para todos. En caso de que el cliente persista, el trabajador debe comunicar la situación a su supervisor o gerente para que la administración tome las medidas necesarias, asegurando que se mantengan los estándares de calidad y las políticas del establecimiento.

93. ¿Cómo manejar la situación si un cliente intenta tomar comida directamente de la bandeja antes de que sea servida?

Respuesta: Si un cliente intenta tomar comida directamente de la bandeja antes de que sea servida, el trabajador debe intervenir de manera educada pero firme. Es importante que el camarero le explique al cliente que la comida está siendo preparada para su servicio y que debe esperar a que se le entregue de manera apropiada. El trabajador puede decir algo como: *"Disculpe, esta comida aún está siendo servida, por favor espere a que la traiga a su mesa. Gracias por su comprensión"*. En este tipo de situaciones, el trabajador debe mantener la calma y ser respetuoso para evitar cualquier malentendido o incomodidad.

Sugerencia para Trabajador

Es fundamental que el trabajador se mantenga profesional y cortés en todo momento. Al enfrentar a un cliente que intenta tomar la comida sin esperar, es importante mantener una actitud tranquila y con educación. Si la situación persiste o si el cliente no responde adecuadamente, el trabajador debe informar al supervisor o gerente para que se tomen las medidas correspondientes y se garantice el buen manejo de la situación. La clave está en transmitir de manera clara las normas del establecimiento y asegurar que se respete el proceso de servicio.

94. ¿Qué hacer si un cliente pide hablar directamente con el chef y se molesta cuando le indican que no es posible?

Respuesta: Si un cliente pide hablar directamente con el chef y se molesta cuando le indican que no es posible, el trabajador debe manejar la situación con diplomacia. Primero, se le debe explicar educadamente que, por razones operativas o de organización, no es posible que el chef se presente directamente con él en ese momento. El trabajador puede decir algo como: "*Entiendo que le gustaría hablar con el chef, sin embargo, en este momento está muy ocupado en la cocina para garantizar que todos los platos se sirvan a tiempo. Sin embargo, puedo ayudarle a resolver cualquier inquietud que tenga o, si lo prefiere, puedo transmitir su mensaje al chef para que lo atienda lo antes posible*". Es fundamental mantener la calma y no entrar en confrontación, sino enfocar la conversación hacia una solución.

Sugerencia para Trabajador

El trabajador debe asegurarse de mantener una actitud profesional y empática, comprendiendo la posible frustración del cliente, pero al mismo tiempo, explicando las limitaciones del establecimiento de forma respetuosa. Si el cliente insiste, el trabajador puede ofrecer alternativas, como resolver la solicitud de manera indirecta a través del personal de servicio o el gerente. Además, es importante que el trabajador comunique cualquier queja o solicitud del cliente al chef de manera clara y eficiente para que el cliente sienta que su preocupación está siendo atendida adecuadamente.

95. ¿CÓMO PROCEDER SI UN CLIENTE DEJA SU TELÉFONO MÓVIL O CARTERA SOBRE LA MESA Y LUEGO ACUSA AL PERSONAL DE HABERLOS ROBADO?

Respuesta: Si un cliente deja su teléfono móvil o cartera sobre la mesa y luego acusa al personal de haberlos robado, el trabajador debe mantener la calma y actuar con profesionalismo. Primero, se debe disculpar por cualquier inconveniente, sin admitir culpabilidad, y ofrecer asistencia inmediata para solucionar el problema. El trabajador puede decir algo como: *"Lamento mucho que esté pasando por esto. Vamos a revisar inmediatamente la situación para asegurarnos de que su pertenencia esté segura"*. A continuación, el trabajador debe verificar el área en la que el cliente estuvo sentado y revisar si hay algún registro de su pertenencia en el sistema de seguridad (si existe). También se debe hablar con el resto del personal para confirmar si alguien vio el objeto o si fue manipulado en algún momento. Si el objeto no se encuentra, es recomendable que el gerente se involucre en la situación y, si es necesario, se ofrezca revisar las cámaras de seguridad. Es crucial que todo el proceso se maneje de manera discreta y respetuosa.

Sugerencia para Trabajador
El trabajador debe actuar con prudencia y no entrar en confrontaciones con el cliente. Siempre debe mantener una actitud calmada y profesional, asegurándose de

que el cliente se sienta escuchado y atendido. En lugar de asumir la culpa, el trabajador debe concentrarse en investigar la situación de manera objetiva y ofrecer soluciones, como la revisión de las cámaras o el contacto con otros trabajadores que puedan haber estado presentes. Si el objeto sigue sin aparecer, el trabajador debe asegurarse de que el cliente esté informado sobre el proceso y ofrecer alternativas, como el informe a las autoridades si fuera necesario. Es fundamental que el trabajador nunca se sienta presionado para aceptar acusaciones sin pruebas y siempre se apegue a los procedimientos del establecimiento.

96. ¿QUÉ HACER SI UN CLIENTE INSISTE EN QUE LE SIRVAN UN PLATILLO QUE YA HA SIDO RETIRADO DEL MENÚ?

Respuesta: Si un cliente insiste en que le sirvan un platillo que ya ha sido retirado del menú, el trabajador debe ser amable y claro al comunicar que el platillo ya no está disponible. Se puede responder de la siguiente manera: *"Lamento informarle que ese platillo ya no está disponible, ya que ha sido retirado del menú por razones de temporada o cambios en nuestra oferta. Sin embargo, me encantaría ayudarle a elegir una opción similar que pueda disfrutar"*. El trabajador debe ofrecer alternativas del menú que sean similares al platillo solicitado, destacando opciones populares o que tengan ingredientes parecidos. Además, es importante mantener una actitud empática y asegurarse de que el cliente se sienta cómodo con la nueva elección. En caso de que el cliente se siga mostrando insatisfecho, el trabajador debe informar al gerente para que pueda intervenir y ofrecer una solución más personalizada.

> **Sugerencia para Trabajador**
> El trabajador debe mantener siempre un tono amable y profesional al explicar la situación. Es crucial evitar una actitud defensiva o negativa, ya que esto podría intensificar la insatisfacción del cliente. En lugar de centrarse en la negativa, el trabajador debe redirigir la conversación hacia soluciones y sugerir opciones que se asemejen lo más posible al platillo solicitado. Además, el trabajador puede resaltar la frescura de los nuevos ingredientes o las características únicas de las alternativas disponibles. Si el cliente sigue insatisfecho, debe ser escalado de manera respetuosa al gerente para una resolución adicional. Esto demuestra que el establecimiento está comprometido con la satisfacción del cliente y dispuesto a buscar una solución.

97. ¿Cómo actuar si un cliente le hace preguntas incómodas o personales durante el servicio?

Respuesta: Si un cliente le hace preguntas incómodas o personales durante el servicio, el trabajador debe mantener siempre una actitud profesional y respetuosa, sin sentirse presionado a responder. El mejor enfoque es redirigir la conversación hacia un tema más apropiado o relacionado con el servicio. Por ejemplo, se puede decir: *"Lamento no poder responder a esa pregunta, pero con gusto puedo ayudarle con cualquier consulta sobre el menú o el servicio"*. Si el cliente insiste o se siente incómodo, el trabajador debe mantener su postura sin ser grosero, usando un tono calmado y firme. En casos más graves, como preguntas que puedan llegar a ser abusivas o invasivas, el trabajador debe informar discretamente a un superior o al gerente para que tome las medidas necesarias para proteger el bienestar del personal y garantizar un ambiente respetuoso en el establecimiento.

98. ¿QUÉ MEDIDAS TOMAR SI UN GRUPO DE CLIENTES SE NIEGA A ACEPTAR QUE LA COCINA YA HA CERRADO Y EXIGE SER ATENDIDO?

Respuesta: Si un grupo de clientes se niega a aceptar que la cocina ya ha cerrado y exige ser atendido, el trabajador debe mantener la calma y ser firme, sin perder la cortesía. Primero, el camarero debe explicar claramente la política del restaurante sobre el horario de cierre de la cocina, indicándoles que ya no es posible realizar más pedidos. Es importante ser directo pero respetuoso, ofreciendo disculpas por la inconveniencia y, si es posible, sugiriendo opciones como bebidas o postres que puedan seguir disponibles. En algunos casos, si el cliente insiste de manera agresiva o grosera, el trabajador debe informar a un supervisor o gerente para que intervenga y maneje la situación de manera adecuada.

99. ¿CÓMO PROCEDER SI UN CLIENTE PIDE QUE SE LE AGREGUEN INGREDIENTES EXTRA A SU COMIDA, PERO SIN QUERER PAGAR UN COSTO ADICIONAL?

Respuesta: Si un cliente pide que se le agreguen ingredientes extra a su comida, pero se niega a pagar un costo adicional, el trabajador debe explicar de manera cortés y profesional que dichos ingredientes extra tienen un costo adicional, ya que están fuera de lo que está incluido en el platillo original. Es importante mantener una actitud amable y ser clara en la explicación de los costos adicionales, sin entrar en confrontación. Si el cliente sigue insistiendo en no pagar el suplemento, el camarero debe consultar con un supervisor o gerente para que se maneje la situación de acuerdo con las políticas del restaurante.

100. ¿QUÉ HACER SI UN CLIENTE DEJA UN COMENTARIO NEGATIVO EN REDES SOCIALES MENCIONANDO A UN TRABAJADOR EN PARTICULAR?

Respuesta: Si un cliente deja un comentario negativo en redes sociales mencionando a un trabajador en particular, lo primero es mantener la calma y no responder de manera impulsiva. El trabajador o el gerente debe agradecer al cliente por su retroalimentación y ofrecer disculpas por cualquier inconveniente ocurrido, mostrando disposición para resolver el problema. Es importante abordar la queja de manera profesional y ofrecer una solución o explicación si es necesario. En cuanto a la mención del trabajador, se debe cuidar de no hacer que la situación escale, respetando tanto al cliente como al trabajador. Si es necesario, se debe investigar el incidente de manera interna para abordar cualquier posible problema y evitar que situaciones similares ocurran en el futuro.

Sugerencia para Trabajador

Si eres el trabajador mencionado, es crucial mantener una actitud profesional tanto en el lugar de trabajo como en tu vida online. Si la situación se maneja de forma adecuada, tu respuesta en redes debe ser diplomática y, si es posible, pedir a un superior que intervenga en la resolución del conflicto. Además, es importante aprender de las críticas para mejorar tu desempeño y evitar situaciones similares en el futuro. En algunos casos, también puede ser útil discutir el incidente con tu gerente para recibir apoyo y tener claridad sobre cómo actuar en situaciones similares.

CAPITULO V
Bares - Forma de Proceder

101. ¿Cómo debe actuar un barman si un cliente le pide que sirva más alcohol del permitido en una bebida y se molesta al negarse?

Respuesta: Si un cliente pide que se le sirva más alcohol del permitido en su bebida y se molesta cuando se le niega, el barman debe mantener una postura profesional y firme, explicando con amabilidad que las recetas de las bebidas tienen medidas establecidas por razones de calidad, seguridad y normativas legales. Es recomendable ofrecerle alternativas, como una bebida más fuerte del menú o una segunda ronda de manera regular, pero sin alterar las proporciones estándar. Si el cliente insiste de manera agresiva, es importante no ceder ante la presión ni entrar en discusiones, sino mantener la calma y reiterar la política del establecimiento. Si la situación se torna conflictiva, se debe informar al gerente o al personal de seguridad para evitar que el problema afecte la tranquilidad del bar y de los demás clientes.

Sugerencia para Trabajador
Como barman, es fundamental que te mantengas profesional y no te dejes influenciar por la insistencia de un cliente. Explica con seguridad, pero con cortesía, que las medidas están establecidas por normativas del

---

bar y que no puedes hacer excepciones. Si el cliente se muestra frustrado o insiste en que en otros lugares sí lo hacen, responde con calma y sin confrontaciones, reafirmando las reglas del establecimiento. En caso de que el cliente se altere o intente presionarte, informa de inmediato a tu supervisor para que intervenga. Recuerda que tu prioridad es garantizar un servicio seguro y profesional, evitando situaciones que puedan comprometer tanto la reputación del bar como tu seguridad laboral.

102. ¿Qué hacer si un cliente intenta tomarse una foto con el trabajador sin su consentimiento?

Respuesta: Si un cliente intenta tomarse una foto con el trabajador sin su consentimiento, este debe manejar la situación con profesionalismo y establecer límites de manera clara, pero sin generar un conflicto. Puede responder con amabilidad, diciendo algo como: *"Disculpe, pero prefiero no salir en fotos mientras estoy trabajando. ¿En qué más puedo ayudarle?"* Si el cliente insiste o trata de tomar la foto sin permiso, el trabajador puede reforzar su negativa de forma firme pero educada, agregando: *"Aprecio su comprensión, pero no está permitido tomar fotos del personal sin su consentimiento."* En caso de que la persona continúe insistiendo o se torne insistente, el trabajador debe mantener la calma y, si es necesario, solicitar la intervención de un supervisor o del encargado del establecimiento. Es importante recordar que el derecho a la privacidad debe ser respetado en todo momento y que ningún trabajador está obligado a participar en fotografías si no lo desea.

> **Sugerencia para Trabajador**
> Mantén siempre un trato cordial y profesional, pero establece límites claros cuando te sientas incómodo con una petición. No estás obligado a permitir que te tomen fotos sin tu consentimiento. Si un cliente insiste demasiado, no cedas a la presión y, si la situación se torna incómoda, solicita apoyo de un superior. Además, evita gestos o respuestas que puedan interpretarse como una falta de respeto, ya que lo más importante es resolver la situación de forma diplomática. La privacidad y el respeto mutuo deben ser prioridad en cualquier ambiente laboral.

103. ¿Cómo manejar la situación si un cliente deja su vaso a medias y luego exige que se lo rellenen gratis?

Respuesta: Si un cliente deja su vaso a medias y luego exige que se lo rellenen gratis, el trabajador debe manejar la situación con cortesía, pero dejando claro que no es una práctica permitida en el establecimiento. Puede responder de manera profesional y amable: *"Lamento la confusión, pero no ofrecemos recargas gratuitas. Si desea otra bebida, con gusto podemos prepararla para usted."* Si el cliente insiste o se molesta, el trabajador debe mantener la calma y reafirmar la política del local, evitando caer en discusiones. Si el establecimiento tiene alguna promoción especial en la que se permitan recargas gratuitas bajo ciertas condiciones, es importante verificar si el cliente califica para ello antes de negar la solicitud. En caso de que el cliente continúe con la exigencia y el tono se vuelva hostil, se debe informar a un supervisor para evitar una confrontación innecesaria.

104. ¿QUÉ HACER SI UN CLIENTE EN ESTADO DE EBRIEDAD INTENTA PROPASARSE CON EL PERSONAL DEL BAR?

Respuesta: Si un cliente en estado de ebriedad intenta propasarse con el personal del bar, es fundamental actuar con rapidez y profesionalismo para evitar que la situación se agrave. Mantén la calma y establece límites de manera firme pero educada. Si el cliente realiza comentarios inapropiados o intenta contacto físico no deseado, aléjate de inmediato y responde con claridad: *"Por favor, le pido que respete al personal del bar. Estamos aquí para brindarle un buen servicio, pero le agradecería que mantenga el respeto."* Si el comportamiento del cliente persiste, informa a un compañero o al gerente para que intervenga. En muchos casos, ignorar al cliente o reducir la interacción al mínimo puede ayudar a que la situación no escale. Además, si el bar cuenta con personal de seguridad, solicita su apoyo para gestionar la situación.

Sugerencia para Trabajador

Es importante que siempre mantengas una actitud profesional y no te sientas obligado a soportar comportamientos inadecuados. Si un cliente en estado de ebriedad cruza los límites con comentarios inapropiados o contacto físico no deseado, aléjate inmediatamente y evita reaccionar de manera impulsiva. Si te sientes incómodo o en peligro, busca apoyo en tus compañeros o en el encargado del bar. No enfrentes solo la situación, ya que esto podría escalar el problema. Además, si el establecimiento tiene protocolos para estas situaciones, sigue las indicaciones establecidas.

---

105. ¿CÓMO PROCEDER SI UN CLIENTE LE ENTREGA UN BILLETE MUY DETERIORADO Y EXIGE QUE SE LO ACEPTEN COMO PAGO?

Respuesta: Si un cliente presenta un billete muy deteriorado y exige que se lo acepten como pago, primero revisa el estado del billete. Si está rasgado, con partes faltantes o extremadamente desgastado, explícale amablemente que el establecimiento no puede aceptar billetes en esas condiciones debido a políticas internas y normas bancarias. Puedes sugerirle que acuda a un banco para cambiar el billete por uno en mejor estado. Si el cliente insiste o se muestra molesto, mantén una postura firme pero cortés, recordándole que el negocio tiene derecho a rechazar dinero en mal estado para evitar problemas al depositarlo o utilizarlo en futuras transacciones.

Sugerencia para Trabajador

Cuando un cliente intente pagar con un billete muy deteriorado, mantén la calma y explícale la situación de manera profesional. No es necesario entrar en discusión, simplemente señala que el establecimiento sigue normas que impiden aceptar billetes en malas condiciones. Si el cliente se muestra insistente, evita responder con molestia. En su lugar, sugiérele soluciones prácticas como cambiar el billete en un banco o usar otro método de pago. Si la situación se vuelve tensa, avisa a un supervisor o encargado para que intervenga y respalde la decisión.

---

106. ¿QUÉ HACER SI UN CLIENTE QUIERE PROBAR VARIOS LICORES ANTES DE DECIDIRSE POR UNO Y EXIGE QUE SEAN GRATIS?

Respuesta: Si un cliente solicita probar varios licores antes de decidirse por uno y exige que sean gratis, explícale con amabilidad que el bar no ofrece degustaciones gratuitas de bebidas alcohólicas, ya que cada trago tiene un costo. Si el establecimiento cuenta con una opción de cata o degustación pagada, ofrécele esa alternativa. También puedes recomendarle cócteles o bebidas similares según sus preferencias para ayudarlo a elegir sin necesidad de probar múltiples opciones. Si el cliente insiste o se muestra molesto, mantén una postura firme y profesional, evitando confrontaciones. Puedes sugerirle consultar con la gerencia si hay promociones vigentes o alguna opción de prueba con descuento, siempre dentro de las normas del establecimiento.

107. ¿CÓMO ACTUAR SI UN CLIENTE CAMBIA SU PEDIDO DESPUÉS DE QUE LA BEBIDA HA SIDO PREPARADA Y EXIGE UN REEMPLAZO SIN PAGAR EXTRA?

Respuesta: Si un cliente cambia de opinión después de que su bebida ha sido preparada y exige un reemplazo sin pagar extra, lo primero es mantener la calma y responder con profesionalismo. Explícale que, una vez que la bebida ha sido preparada, no es posible cambiarla sin un costo adicional, ya que los ingredientes han sido utilizados. Si el establecimiento tiene una política específica sobre cambios de pedido, infórmale y ofrécele alternativas, como ajustar su bebida con algún ingrediente adicional si es viable, pero siempre dentro de lo permitido por el bar. Si el cliente insiste y se muestra molesto, mantente firme en la política del local, pero con amabilidad. Puedes sugerirle que la próxima vez revise bien su elección antes de ordenar para evitar inconvenientes.

Sugerencia para Trabajador

Si un cliente cambia su pedido después de que la bebida ya ha sido preparada y exige un reemplazo sin costo adicional, mantén la calma y actúa con profesionalidad: explica amablemente que, por política del establecimiento, no es posible modificar el pedido sin cargo una vez preparado, pero ofrécele alternativas (como aceptar la bebida ya servida o pagar la diferencia por el nuevo producto). Si el cliente insiste o se muestra agresivo, consulta inmediatamente con tu supervisor/a para que tome la decisión final, evitando conflictos y asegurando que se respeten las normas del local. Documenta el incidente si es recurrente, para que la dirección evalúe implementar protocolos más claros (como carteles o menús con políticas de cambios). Tu prioridad es proteger la experiencia del cliente sin vulnerar las reglas del negocio ni asumir responsabilidades indebidas. Si la situación genera tensión, cede el protagonismo al encargado/a: *"Voy a consultar con mi supervisor para encontrar la mejor solución"*.

---

108. ¿QUÉ MEDIDAS TOMAR SI UN CLIENTE LE ENTREGA UNA PROPINA EN FORMA DE UN OBJETO EN LUGAR DE DINERO?

Respuesta: Si un cliente entrega una propina en forma de un objeto en lugar de dinero, lo primero que debes hacer es agradecerle de manera cortés y respetuosa por el gesto. Es importante reconocer la intención detrás de la acción, ya que el cliente probablemente esté intentando mostrar su gratitud de alguna forma. Sin embargo, debes explicar educadamente que el establecimiento solo acepta propinas en efectivo o a través de métodos electrónicos disponibles, como tarjetas o transferencias, debido a la política interna del negocio. Es posible que el objeto ofrecido no pueda ser utilizado como propina debido a razones fiscales, logísticas o de manejo, por lo que es importante aclararlo sin que el cliente se sienta ofendido. Si el objeto tiene valor simbólico o sentimental, puedes expresar tu aprecio por el detalle y ofrecerle una alternativa para dejar una propina en dinero, ya sea en efectivo o mediante otros medios de pago disponibles en el bar. Esto permitirá mantener un ambiente cordial mientras se ajusta a las reglas del establecimiento.

Sugerencia para Trabajador

Si te encuentras con una situación donde un cliente te ofrece una propina en forma de un objeto, mantén siempre una actitud amable, profesional y educada. Agradece el gesto del cliente de manera genuina, pero aclara con cortesía y sin mostrar incomodidad que el establecimiento solo acepta propinas en dinero o por medios electrónicos debido a las políticas internas del bar o restaurante. Es importante no generar una situación incómoda ni crear conflictos, así que asegúrate de no rechazar el objeto de manera brusca. Si el cliente insiste en no dar dinero, puedes sugerir amablemente que, si lo prefiere, puede dejar una propina mediante tarjeta de crédito, débito o transferencia, si esas opciones están disponibles. Si la situación se torna complicada o el cliente no acepta el cambio, es recomendable involucrar a un supervisor o encargado para que maneje la situación de manera más formal. Siempre ten en cuenta que un trato respetuoso y profesional es clave para que el cliente se sienta valorado, incluso si no puedes aceptar el objeto como propina.

109. ¿CÓMO PROCEDER SI UN CLIENTE DEJA UNA GRAN CANTIDAD DE DINERO EN EFECTIVO SOBRE LA BARRA Y SE VA SIN ACLARAR SI ES UNA PROPINA O UN OLVIDO?

Respuesta: Si un cliente deja una gran cantidad de dinero en efectivo sobre la barra y se va sin aclarar si es una propina o un olvido, lo primero que debes hacer es asegurarte de que el cliente haya realmente olvidado el dinero. Antes de tomar cualquier acción, verifica si hay alguna nota, recibo o indicación que sugiera que el dinero es parte de su pago o una propina. Si no encuentras ninguna indicación y no puedes contactar al cliente de inmediato, lo mejor es guardar el dinero de manera segura y anotarlo en un registro para tener constancia de su recepción. Posteriormente, realiza un esfuerzo por contactar al cliente si tienes información de contacto disponible o revisa las cámaras de seguridad para verificar si el cliente dejó el dinero por accidente. Si el cliente no regresa o no se puede localizar, sigue la política del establecimiento sobre manejo de objetos perdidos y, si es necesario, informa a tu supervisor para que se tomen las medidas adecuadas. Es importante mantener un enfoque transparente y ético en todo momento para evitar malentendidos o acusaciones.

Sugerencia para Trabajador

Si te enfrentas a una situación en la que un cliente deja una gran cantidad de dinero en efectivo y se va sin aclarar su intención, lo primero es asegurarte de que el dinero esté bajo control y protegido. Registra la cantidad y el lugar donde se encuentra, y, si tienes dudas, haz una nota por escrito para que haya constancia de la situación. En caso de que no sea posible contactar al cliente de inmediato, verifica si hay algún objeto personal cerca del dinero que pueda ayudar a identificarlo como un pago o una propina. Si no logras determinar si es un olvido o una propina, lo ideal es seguir la política del establecimiento para manejar objetos perdidos. Si no tienes instrucciones claras, involucra a un supervisor para que te ayude a tomar una decisión correcta y adecuada según el protocolo del bar o restaurante. Mantén la calma y actúa de manera profesional para evitar que la situación se malinterprete o cree incomodidad.

110. ¿QUÉ HACER SI UN CLIENTE INSISTE EN QUE SU CÓC-
TEL NO SABE IGUAL QUE LA ÚLTIMA VEZ QUE LO PIDIÓ
Y EXIGE QUE LO PREPAREN DE NUEVO?

Respuesta: Si un cliente insiste en que su cóctel no sabe igual que la última vez que lo pidió y exige que lo preparen de nuevo, lo primero es escuchar atentamente su queja y asegurarte de comprender la diferencia que señala. Mantén la calma y pregúntale de manera respetuosa en qué considera que hay una diferencia en el sabor, ya que los cócteles pueden variar dependiendo de la cantidad de ingredientes, el tipo de licor, o incluso la técnica de preparación. Si es posible, ofrece preparar el cóctel nuevamente, asegurándote de seguir la receta de forma rigurosa y de mantener la misma proporción de ingredientes que la vez anterior. Si el cliente sigue insatisfecho, ofrece una solución alternativa, como sugerir una bebida diferente que se ajuste más a sus expectativas. En todo momento, mantén una actitud profesional y amigable para que el cliente sienta que su queja ha sido atendida de manera adecuada.

Sugerencia para Trabajador
En esta situación, es crucial mantener la calma y una actitud profesional. Si el cliente no está satisfecho con el cóctel y cree que el sabor ha cambiado, muestra empatía

por su preocupación, ya que puede estar buscando una experiencia consistente. Si no puedes determinar una diferencia en la preparación, ofrécele hacer el cóctel nuevamente, asegurándote de seguir la receta al pie de la letra. A veces, los clientes pueden tener una percepción diferente debido a factores como el ambiente o el estado de ánimo. Si el cliente sigue insistiendo, mantén la flexibilidad ofreciendo otras alternativas o recomendaciones dentro del menú. Además, si la queja persiste, informa al supervisor para que, si es necesario, puedan revisar el proceso o la receta del cóctel para asegurarse de que esté acorde a los estándares del bar. Esto no solo resuelve la queja del cliente, sino que también fortalece la relación con él, mostrando que el establecimiento valora su satisfacción.

CAPITULO VI
Cafeterías - Forma de Proceder

111. ¿Cómo debe actuar un barista si un cliente trae su propio vaso reutilizable, pero está en malas condiciones higiénicas?

Respuesta: Si un cliente trae su propio vaso reutilizable, pero este está en malas condiciones higiénicas, lo primero que debe hacer el barista es de manera amable y respetuosa informar al cliente que, por razones de higiene y seguridad, no se puede usar ese vaso. Es importante señalar que el establecimiento tiene políticas de seguridad alimentaria y que, para mantener altos estándares de calidad, es necesario que los vasos sean adecuados para el servicio. El barista puede ofrecerle una alternativa, como venderle un vaso reutilizable del local o sugerirle que lo lave y lo traiga en otra ocasión. De ser posible, también se podría ofrecer un vaso desechable o sugerir que el cliente lo utilice para llevar. Siempre es esencial mantener una actitud cordial y profesional para evitar que el cliente se sienta incómodo o rechazado.

Sugerencia para Trabajador
En esta situación, es fundamental ser directo pero respetuoso, sin hacer sentir al cliente que está siendo juzgado. Un enfoque empático sería explicarle que el establecimiento sigue normas de higiene estrictas para

---

garantizar la salud de todos, y que la seguridad alimentaria es prioridad. Asegúrate de ofrecer alternativas viables, como un vaso limpio y reutilizable del bar o la opción de llevar la bebida en un vaso desechable si el cliente no desea comprar uno del local. Si el cliente se muestra reacio, mantén la calma y continúa ofreciendo soluciones sin generar conflicto. Recuerda que, aunque esta situación pueda ser incómoda, es importante mantener siempre el enfoque en la salud y el bienestar de todos los clientes, lo que también resalta la profesionalidad del establecimiento.

112. ¿QUÉ HACER SI UN CLIENTE INTENTA USAR LA CAFETERÍA COMO UN ESPACIO DE TRABAJO SIN CONSUMIR MÁS QUE UNA BEBIDA EN TODA LA JORNADA?

Respuesta: Si un cliente intenta usar la cafetería como un espacio de trabajo sin consumir más que una bebida durante toda la jornada, lo primero que debe hacer el trabajador es acercarse de manera amable y educada para recordarle al cliente que la cafetería es un espacio de consumo y que, como tal, se espera que los clientes realicen consumos adicionales durante su estancia. El trabajador puede explicar que, aunque se permite que las personas se queden un tiempo disfrutando de su bebida, para garantizar que todos los clientes tengan un lugar donde sentarse, es importante que se haga un consumo regular. En este caso, se puede sugerir al cliente que, si planea quedarse por más tiempo, sería ideal realizar un consumo adicional o que, en caso contrario, se le ofrezca la opción de irse a otro tipo de establecimiento con una política más adecuada para ese tipo de actividades.

113. ¿Cómo manejar la situación si un cliente le pide preparar un café de una manera específica que va en contra de los estándares del establecimiento?

Respuesta: Si un cliente solicita un café preparado de una manera específica que va en contra de los estándares del establecimiento, el trabajador debe manejar la situación de manera profesional, explicando con amabilidad las limitaciones del menú o los procedimientos establecidos. El barista debe ofrecer una alternativa dentro de las opciones disponibles que se ajuste lo más posible a la solicitud del cliente. Si la solicitud del cliente es completamente incompatible con las prácticas del establecimiento, es importante comunicarle de manera respetuosa que, aunque no pueden cumplir con esa petición exacta, están más que dispuestos a prepararle

159

una bebida que cumpla con la calidad y los estándares del café que se ofrece. En todo momento, el trabajador debe ser paciente y buscar soluciones dentro de lo que es viable para el local.

Sugerencia para Trabajador

Es fundamental mantener una actitud positiva y siempre mostrar disposición para ayudar al cliente, incluso si la solicitud no puede cumplirse exactamente como pide. La clave está en ser claro y educado al comunicar las políticas del establecimiento, pero al mismo tiempo ofrecer opciones dentro del menú que puedan satisfacer parcialmente las expectativas del cliente. Si la solicitud es fuera de los estándares del lugar, trata de guiar al cliente hacia una bebida que sea lo más similar posible. Además, si el cliente sigue insistiendo, es importante mantener la calma y recordar que, aunque cada cliente es valioso, las políticas y calidad del establecimiento deben prevalecer. Evitar discutir o entrar en confrontaciones ayuda a mantener una experiencia agradable para el cliente, incluso en situaciones complicadas.

---

114. ¿Qué hacer si un cliente trae su propia leche o edulcorante y exige que el barista lo utilice en su bebida?

Respuesta: Si un cliente trae su propia leche o edulcorante y exige que el barista lo utilice en su bebida, el trabajador debe primero verificar las políticas del establecimiento respecto al uso de productos traídos por los clientes. Si el local permite el uso de productos externos, el barista debe asegurarse de que los ingredientes sean seguros y adecuados para su uso en la preparación de bebidas, y proceder a usarlos con cuidado. Si el establecimiento tiene políticas que prohíben el uso de productos traídos por los clientes, el barista debe explicar de manera educada y respetuosa que, por razones de calidad, higiene o seguridad, no pueden usar ingredientes externos. En lugar de rechazar la solicitud, el barista debe ofrecer alternativas dentro del menú que puedan satisfacer las necesidades del cliente, como opciones de leche o edulcorantes disponibles en el establecimiento.

Sugerencia para Trabajador

Es importante mantener una actitud profesional y amigable al abordar este tipo de solicitudes. Si el cliente insiste en utilizar su propia leche o edulcorante, es clave explicarle con amabilidad las razones detrás de la política del establecimiento, como la seguridad alimentaria o la calidad del producto. Ofrecer una alternativa disponible en el menú, como diferentes tipos de leches (vegetales o sin lactosa) o edulcorantes, puede ayudar a resolver la situación de manera satisfactoria para ambas partes. Si el cliente se muestra insatisfecho, lo mejor es mantener la calma y evitar confrontaciones, ofreciendo siempre soluciones que puedan mejorar su experiencia, sin comprometer las normas y estándares del establecimiento. Además, si el cliente parece tener necesidades dietéticas o de salud específicas, es útil mostrar empatía y sugerir opciones dentro de las ofertas del local.

---

115. ¿CÓMO PROCEDER SI UN CLIENTE QUIERE USAR EL BAÑO SIN CONSUMIR NADA Y SE MOLESTA AL SER RECHAZADO?

Respuesta: Si un cliente desea usar el baño sin consumir nada y se molesta al ser rechazado, el trabajador debe seguir las políticas del establecimiento respecto al uso de las instalaciones para no clientes. En muchos casos, los negocios requieren que los clientes hagan una compra para poder utilizar los servicios del baño. Si esta es la política del lugar, el trabajador debe explicarlo de forma clara y respetuosa, indicando que el uso de los baños está destinado a los clientes que han realizado una compra. Si el cliente se molesta, el trabajador debe mantener la calma y tratar de ser empático, sugiriendo una solución, como invitar al cliente a consumir un producto mínimo (por ejemplo, una bebida de bajo costo) para poder acceder al baño. Si el cliente insiste en no querer comprar, el trabajador debe insistir educadamente en la política del establecimiento, pero siempre manteniendo la cortesía.

Sugerencia para Trabajador

Es fundamental que el trabajador maneje la situación con paciencia y amabilidad para evitar confrontaciones. Asegúrese de que la explicación de la política del establecimiento sea clara, pero siempre de manera cordial. Si el cliente se muestra molesto, en lugar de enfocarse en la negativa, intente redirigir la conversación hacia una solución, como ofrecer opciones económicas del menú. Hay que recordar que la política del establecimiento está en su lugar por razones operativas, y que mantener un ambiente respetuoso es clave para la reputación del negocio. Si el cliente sigue insistiendo, se debe mantener firme en la política sin ser agresivo, y si es necesario, pedir ayuda a un superior para manejar la situación de una forma más eficaz.

116. ¿QUÉ HACER SI UN CLIENTE DERRAMA SU BEBIDA ACCIDENTALMENTE Y EXIGE QUE SE LA REPONGAN SIN COSTO?

Respuesta: Si un cliente derrama accidentalmente su bebida y exige que se la repongan sin costo, el trabajador debe abordar la situación con comprensión, pero también con la política del establecimiento en mente. Es importante escuchar al cliente y mostrar empatía por el accidente. Sin embargo, la reposición de una bebida no suele ser gratuita, ya que el establecimiento generalmente tiene una política que cubre estos casos. El trabajador debe educadamente explicar que, aunque el derrame fue un accidente, no se puede ofrecer una reposición gratuita, pero se puede ofrecer un descuento o una solución que minimice el impacto para el cliente. Si el cliente se muestra insatisfecho, el trabajador debe tratar de manejar la situación de manera calmada y profesional, buscando una solución que respete tanto las normas del establecimiento como la satisfacción del cliente.

Sugerencia para Trabajador

Es importante mantener una actitud calmada y respetuosa, incluso si el cliente se muestra molesto. La forma en que el trabajador maneja la situación puede influir en la percepción que el cliente tiene del servicio. Si es posible, ofrecer una pequeña cortesía, como un descuento en la bebida siguiente o un gesto de amabilidad, puede ayudar a suavizar la situación y a mantener la relación positiva con el cliente. Sin embargo, siempre asegúrate de no comprometer la política del negocio. Ser firme pero educado al explicar que el establecimiento no cubre los derrames accidentalmente ayudará a evitar malentendidos y mantendrá la integridad del lugar de trabajo.

117. ¿CÓMO ACTUAR SI UN CLIENTE INTENTA PAGAR CON MONEDAS MUY PEQUEÑAS Y SE TARDA DEMASIADO EN CONTAR EL MONTO EXACTO?

Respuesta: Si un cliente intenta pagar con monedas muy pequeñas y se tarda demasiado en contar el monto exacto, el trabajador debe ser paciente y respetuoso, entendiendo que cada cliente tiene su propio ritmo y forma de pagar. El trabajador debe esperar hasta que el cliente haya terminado, sin mostrar incomodidad o impaciencia. Sin embargo, es importante también ser consciente de la situación y la fluidez del servicio. Si el cliente está tomando un tiempo excesivo, el trabajador puede ofrecerse amablemente para ayudarle a contar las monedas o sugerir que utilice otro método de pago si es posible. Si el retraso afecta el ritmo del trabajo, el trabajador puede comunicar de manera educada la necesidad de que otros clientes sean atendidos rápidamente, pero siempre con una actitud profesional.

Sugerencia para Trabajador

Mantén la calma y la cortesía en todo momento. Recuerda que la paciencia es clave, especialmente cuando un cliente puede sentirse presionado o inseguro al contar el dinero. Si es necesario, ofrece tu ayuda para contar las monedas de manera rápida y eficiente, lo que puede acelerar el proceso sin hacer que el cliente se sienta incómodo. Si el tiempo lo permite, puedes sugerir amablemente que para futuras ocasiones el cliente considere usar otro método de pago para evitar demoras, como tarjetas o billetes, que son más fáciles de manejar en situaciones de pago rápido. Siempre actúa con profesionalismo, ya que este tipo de gestos puede mejorar la experiencia general del cliente.

118. ¿QUÉ MEDIDAS TOMAR SI UN CLIENTE SE MOLESTA PORQUE SU CAFÉ NO TIENE LA DECORACIÓN DE ESPUMA QUE VIO EN REDES SOCIALES?

Respuesta: Si un cliente se molesta porque su café no tiene la decoración de espuma que vio en redes sociales, el trabajador debe primero escuchar al cliente con atención y mostrar comprensión hacia su frustración. Luego, se debe explicar de manera educada y respetuosa que, aunque se hace todo lo posible por mantener los estándares de calidad del café, a veces las decoraciones pueden variar debido a condiciones como la textura de la leche, la técnica o el equipo utilizado. El trabajador puede ofrecer al cliente una solución, como preparar un nuevo café con una decoración similar a la que vio en redes sociales, si está dentro de las posibilidades del establecimiento. También puede sugerir una alternativa en caso de que la decoración solicitada no sea viable en ese momento.

Sugerencia para Trabajador

Mantén la calma y la empatía frente a las quejas del cliente. Es fundamental comprender que la experiencia de cada cliente es única y, si bien no siempre se puede replicar exactamente lo que se ve en redes sociales, siempre es importante ofrecer soluciones. Si la decoración de espuma es una parte importante para el cliente, trata de ajustarte a sus expectativas y explícale de manera educada las limitaciones del proceso de preparación. Si el cliente sigue insatisfecho, ofrece algún tipo de compensación como un descuento en su próxima compra o un café adicional si lo permite la política del establecimiento. La clave es convertir una queja en una oportunidad para fidelizar al cliente, mostrando que su satisfacción es importante.

119. ¿Cómo proceder si un cliente insiste en que su café tiene cafeína a pesar de haber pedido una versión descafeinada y exige una compensación?

Respuestas: Si un cliente insiste en que su café tiene cafeína a pesar de haber solicitado una versión descafeinada, el trabajador debe manejar la situación con calma y profesionalismo. Primero, debe escuchar al cliente y verificar si hubo algún error en la preparación del café. Si no hay dudas de que se preparó el café correctamente como descafeinado, el trabajador puede ofrecerle al cliente una nueva bebida sin café, disculpándose por cualquier inconveniente. Además, si el cliente sigue insistiendo, es recomendable ofrecer una compensación, como un pequeño descuento en su cuenta o una bebida adicional, para aliviar la situación y mantener la satisfacción del cliente. Es importante evitar confrontaciones y mantener una actitud amable durante todo el proceso.

Sugerencia para Trabajador

Es fundamental no tomarse de manera personal las quejas de los clientes, ya que a veces pueden estar confundidos o ser más sensibles por motivos ajenos al servicio recibido. Si el cliente persiste en su reclamo, ofrece una solución inmediata, como preparar un nuevo café descafeinado para que se sienta atendido y comprendido. Además, si no es posible demostrar que el café era descafeinado, ofrecer una compensación simbólica puede ser una forma de mantener al cliente contento y evitar que su experiencia negativa influya en su percepción del servicio del establecimiento. Trata de mantener una actitud positiva y profesional en todo momento, demostrando que el bienestar y la satisfacción del cliente son siempre una prioridad.

120. ¿QUÉ HACER SI UN CLIENTE USA LA MESA Y EL EN-
CHUFE DE LA CAFETERÍA PARA CARGAR SU ORDENA-
DOR PORTÁTIL DURANTE HORAS SIN CONSUMIR MÁS
PRODUCTOS?

Respuesta: Si un cliente usa la mesa y el enchufe de la cafetería para cargar su ordenador portátil durante horas sin consumir
más productos, el trabajador debe abordar la situación de manera respetuosa pero firme. Primero, se debe acercar al cliente con
amabilidad, recordándole que el uso de las instalaciones es para
los clientes que consumen productos. Se puede hacer de manera
suave, explicando que la cafetería es un espacio para disfrutar de
bebidas y alimentos y que el tiempo de uso de las mesas está limi-
tado. Si el cliente ya ha pasado un tiempo considerable sin hacer
más consumos, el trabajador puede sugerir de manera educada
que, si desea seguir utilizando el espacio, debe hacer una nueva
compra o bien puede invitarlo a que ocupe otro lugar fuera del
establecimiento.

Sugerencia para Trabajador

Para evitar que la situación se repita o cause incomodidad,
establece límites claros de tiempo para el uso de mesas y
enchufes, especialmente durante horas de alta demanda.
Si el cliente se resiste a la sugerencia de hacer una compra
adicional, recuerda que mantener la calma y la cortesía
es clave. Sé firme en la política del establecimiento, pero
siempre con una actitud profesional y respetuosa. Puedes
decir algo como: "Entendemos que necesitas cargar tu
dispositivo, pero le pedimos que haga una nueva compra si
desea seguir utilizando nuestra mesa y enchufe. Agradecemos
mucho su comprensión". Además, para prevenir situaciones
similares en el futuro, el establecimiento podría considerar

implementar un cartel visible en las mesas o cerca de los enchufes, indicando las políticas sobre el uso de los espacios y enchufes, haciendo así que los clientes sean conscientes desde el principio.

TITULO III
GERENTES

CAPITULO I
HOTELES - DECISIONES SOBRE TRABAJADORES

121. ¿QUÉ DEBE HACER EL GERENTE SI UN RECEPCIONISTA ES SORPRENDIDO DANDO DESCUENTOS A CLIENTES SIN AUTORIZACIÓN DEL HOTEL?

Respuesta: Si un recepcionista es sorprendido dando descuentos a clientes sin autorización, el gerente debe proceder con una investigación interna para determinar las circunstancias y la magnitud del incidente. Lo primero es hablar directamente con el trabajador involucrado para escuchar su versión de los hechos. Es fundamental que el empleador recabe toda la información antes de tomar cualquier decisión. Después, se debe evaluar la gravedad de la acción: si el descuento otorgado representa una pérdida significativa para el hotel o si se trató de un error aislado. Dependiendo de la política interna del establecimiento y la recurrencia de la falta, se podrá aplicar una sanción adecuada, que podría ir desde una amonestación verbal hasta la suspensión temporal o, en casos graves, el despido. Es importante que la sanción esté alineada con el reglamento interno de trabajo y sea proporcional a la infracción cometida.

Sugerencia para Empleador
Como empleador, es fundamental tener políticas claras y bien comunicadas sobre descuentos y otros beneficios para evitar malentendidos o acciones indebidas. Asegúrese de

que todos los empleados estén informados sobre las normas del hotel en relación con las autorizaciones de descuentos, y considere establecer un sistema de registro o seguimiento para los descuentos aplicados, de modo que pueda detectar rápidamente cualquier irregularidad. Además, establezca un proceso de sanciones que sea justo y transparente, y asegúrese de que el personal conozca las consecuencias de no seguir los procedimientos. En este caso, si el recepcionista ha actuado de manera intencionada para obtener un beneficio personal o ha violado la confianza del establecimiento, la acción legal podría ser necesaria, y el despido con causa justificada podría ser una opción viable si así lo establece el contrato laboral y la ley vigente.

122. ¿CÓMO PROCEDER LEGALMENTE SI UN TRABAJADOR DEL HOTEL ES SORPRENDIDO INGRESANDO EN HABITACIONES VACÍAS SIN JUSTIFICACIÓN?

Respuesta: Si un trabajador del hotel es sorprendido ingresando en habitaciones vacías sin justificación, el empleador debe actuar de manera inmediata para investigar la situación y tomar las acciones legales correspondientes. Primero, se debe recabar evidencia de la infracción, como testimonios, cámaras de seguridad o cualquier otro tipo de prueba que demuestre que el trabajador ha violado las normas del hotel. Una vez que se haya confirmado el hecho, el empleador debe hablar con el trabajador para obtener su versión de los hechos y conocer las razones detrás de su acción. Si el trabajador no tiene una justificación válida o si ha violado intencionadamente las políticas de seguridad y privacidad del hotel, se deben tomar medidas disciplinarias de acuerdo con el reglamento interno y la legislación laboral vigente. Dependiendo de la gravedad del hecho, las sanciones podrían variar desde una amonestación hasta una suspensión o incluso un despido con causa justificada si se considera que se ha puesto en riesgo la seguridad o el buen funcionamiento del establecimiento.

Sugerencia para Empleador

Como empleador, es fundamental que el hotel cuente con un reglamento interno claro sobre el acceso a las habitaciones y las políticas de seguridad, y que estos sean comunicados a todo el personal. En este tipo de situaciones, la documentación adecuada y las pruebas son clave para actuar legalmente. Asegúrese de realizar una investigación exhaustiva y justa, respetando siempre los derechos laborales del trabajador. Si la acción del empleado es grave, como un robo o una violación de la privacidad de los huéspedes, el despido con causa justificada puede ser una opción viable. Además, es importante que se mantenga un ambiente de confianza y seguridad en el lugar de trabajo, por lo que el control sobre el acceso a áreas privadas, como las habitaciones de los huéspedes, debe ser riguroso y conocido por todo el personal. De ser necesario, se puede solicitar asesoría legal para asegurarse de que cualquier acción tomada esté alineada con las leyes laborales vigentes y los derechos del trabajador.

123.¿Qué medidas tomar si un empleado se apropia de artículos del minibar y los reporta como consumo de los huéspedes?

Respuesta: Si un empleado es sorprendido apropiándose de artículos del minibar y reportándolos como consumo de los huéspedes, se debe proceder con acciones legales y disciplinarias de manera inmediata. Lo primero que se debe hacer es recopilar pruebas claras del acto, como registros de consumo del minibar, informes de inventario, testimonios de otros empleados, y cualquier otro tipo de evidencia que demuestre la irregularidad. Una vez confirmada la infracción, el empleador debe convocar al trabajador a una reunión formal para conocer su versión de los hechos. Si el trabajador admite la apropiación indebida o no tiene una justificación válida, se debe aplicar una sanción conforme al reglamento interno y a la legislación laboral vigente. Dependiendo de la gravedad del acto, que puede ser considerado un robo o fraude, el empleador tiene derecho a proceder con un despido con causa justificada, siempre respetando el debido proceso y los derechos laborales del trabajador.

Sugerencia para Empleador

Es crucial que el hotel tenga controles estrictos y procedimientos claros sobre el manejo del minibar y los inventarios de los artículos. Se debe realizar un seguimiento riguroso de los consumos, mediante sistemas electrónicos o registros manuales precisos, para detectar cualquier irregularidad a tiempo. Además, se debe formar al personal sobre las consecuencias legales de cometer este tipo de actos y mantener un ambiente laboral donde prevalezca la honestidad. Si se confirma la infracción, es recomendable aplicar medidas proporcionales a la gravedad de la conducta, y si el despido es neccsario, debe hacerse en cumplimiento con la normativa laboral para evitar posibles conflictos legales. Por último, el empleador debe considerar la implementación de auditorías periódicas para prevenir futuros incidentes de este tipo.

124. ¿Cómo actuar si un trabajador filtra información confidencial sobre huéspedes en redes sociales?

Respuesta: Si un trabajador filtra información confidencial sobre huéspedes en redes sociales, es fundamental que el empleador actúe de manera rápida y decidida. Primero, se debe confirmar que efectivamente la información compartida es confidencial y corresponde a datos protegidos por las políticas del hotel y la ley de protección de datos personales. Una vez verificada la filtración, el empleador debe reunir pruebas de la infracción (como capturas de pantalla o testimonios de testigos) y convocar al trabajador a una reunión formal. En dicha reunión, se debe escuchar al trabajador para conocer su versión de los hechos. Dependiendo de la gravedad de la filtración, que podría involucrar violaciones legales, el empleador puede proceder con una sanción disciplinaria interna o incluso con el despido del trabajador con causa justificada por incumplimiento de la normativa sobre confidencialidad. En casos graves, también se podría plantear la posibilidad de acciones legales si la filtración ha causado daño al hotel o a los huéspedes involucrados.

Sugerencia para Empleador

Es esencial que el hotel tenga políticas claras sobre el manejo de la información confidencial y que estas sean comunicadas a todo el personal desde su contratación. Además, se debe capacitar regularmente a los empleados sobre la importancia de mantener la privacidad de los huéspedes y las consecuencias legales de violar esta confidencialidad. Se recomienda implementar acuerdos de confidencialidad (NDA) para el personal que maneje datos sensibles, con cláusulas específicas que incluyan sanciones claras por la filtración de información.

Si se confirma la infracción, el empleador debe actuar conforme a la gravedad del hecho, y si se recurre al despido, debe seguir el debido proceso para evitar conflictos legales. Además, es recomendable revisar periódicamente las medidas de seguridad informática y de acceso a la información sensible, para prevenir futuras filtraciones.

125. ¿QUÉ HACER SI UN EMPLEADO ES SORPRENDIDO CONSUMIENDO BEBIDAS ALCOHÓLICAS DEL BAR DEL HOTEL DURANTE SU TURNO?

Respuesta: Si un empleado es sorprendido consumiendo bebidas alcohólicas del bar del hotel durante su turno, el empleador debe actuar con firmeza para mantener un ambiente laboral profesional y garantizar la seguridad y el cumplimiento de las normativas. En primer lugar, se debe verificar la situación con pruebas claras (por ejemplo, testimonios o imágenes), y si se confirma que el empleado efectivamente consumió alcohol durante su turno, se debe convocar a una reunión con el trabajador para informarle sobre la infracción y escuchar su versión. La sanción dependerá de la gravedad de la infracción, del historial del trabajador y de las políticas internas del hotel. En casos leves, se podría aplicar una sanción menor, como una amonestación o suspensión. Sin embargo, si el comportamiento pone en peligro la seguridad del trabajador o de los demás (como en trabajos que requieren operar maquinaria o atención directa al público), el empleador tiene la facultad de tomar medidas más estrictas, que incluso podrían incluir el despido disciplinario. El empleador debe revisar las políticas del hotel sobre el consumo de alcohol en el lugar de trabajo y asegurarse de que todos los empleados estén debidamente informados.

Sugerencia para Empleador

Es crucial que el hotel tenga políticas claras sobre el consumo de alcohol durante las horas laborales, especialmente en entornos donde el personal tiene contacto directo con los clientes. Se recomienda que estas políticas sean comunicadas a los empleados desde el momento de su contratación y reforzadas durante sesiones de formación periódicas. Además, el empleador debe implementar una cultura de responsabilidad y profesionalismo, destacando la importancia de mantener un comportamiento adecuado durante el trabajo. En caso de infracciones, se debe aplicar el protocolo disciplinario de manera coherente y proporcional. Para prevenir estos incidentes, también se puede considerar la implementación de controles de seguridad o supervisión adicional durante los turnos, así como un sistema de reporte confidencial para que otros empleados puedan notificar posibles problemas relacionados con el consumo de alcohol en el trabajo.

126. ¿CÓMO DEBE PROCEDER EL GERENTE SI UN TRABA-JADOR SE NIEGA REITERADAMENTE A CUMPLIR CON LOS PROTOCOLOS DE SEGURIDAD Y PREVENCIÓN DE RIESGOS LABORALES?

Respuesta: Si un trabajador se niega reiteradamente a cumplir con los protocolos de seguridad y prevención de riesgos laborales, el gerente debe tomar medidas inmediatas para garantizar la seguridad del trabajador y del resto del personal. Primero, se debe abordar la situación de manera formal, convocando al trabajador a una reunión para explicarle las consecuencias de su conducta y escuchar sus razones, si las hubiera. Si la negativa persiste, el empleador debe aplicar un protocolo disciplinario, que puede incluir amonestaciones por escrito o incluso suspensiones temporales, según la gravedad de la situación y las políticas del lugar de trabajo. Es importante que el empleador deje claro que el incumplimiento de los protocolos de seguridad no solo pone en riesgo la salud del trabajador, sino también la de sus compañeros y de los clientes, lo que podría tener repercusiones legales para el empleador. Si la situación no mejora, se podría considerar la rescisión del contrato de trabajo por incumplimiento grave de sus responsabilidades, como último recurso.

Sugerencia para Empleador

El empleador debe asegurarse de que todos los empleados reciban formación constante sobre los protocolos de seguridad y prevención de riesgos laborales, asegurando que estén claramente informados de la importancia de seguir estos procedimientos. Además, es recomendable implementar un sistema de monitoreo o supervisión para verificar que los trabajadores estén cumpliendo con estos protocolos, y brindar retroalimentación positiva a aquellos que lo hagan correctamente. En situaciones como esta, la comunicación clara es clave: el gerente debe transmitir de manera firme pero respetuosa que la seguridad es una prioridad innegociable. Si el comportamiento persiste, la aplicación gradual de sanciones progresivas será clave, pero siempre dentro del marco legal y respetando los derechos del trabajador.

127. ¿QUÉ MEDIDAS TOMAR SI UN EMPLEADO FINGE HABER TRABAJADO HORAS EXTRAS Y EXIGE UN PAGO INDEBIDO?

Respuesta: Si un empleado finge haber trabajado horas extras y exige un pago indebido, el empleador debe actuar con seriedad y de acuerdo con la legislación laboral vigente. El primer paso es revisar y verificar las horas registradas por el trabajador, utilizando los registros de entrada y salida (por ejemplo, sistema de fichaje o reloj de asistencia) o cualquier otro medio de control establecido. Si se detecta que el empleado ha manipulado sus horas de trabajo, se debe convocar al trabajador a una reunión para escuchar su versión de los hechos y explicarle que la falsificación de datos es un incumplimiento grave. Si se confirma el intento de fraude, el empleador debe tomar medidas disciplinarias que pueden incluir una amonestación formal o, dependiendo de la gravedad del caso, una suspensión temporal. En los casos más graves, si se comprueba que el trabajador intentó cometer un fraude, la rescisión del contrato podría ser una opción, siempre que se respete el procedimiento legal y se tenga evidencia suficiente para evitar posibles demandas por despido injustificado.

Sugerencia para Empleador

Para prevenir situaciones como estas, el empleador debe implementar un sistema transparente y riguroso de registro de horas de trabajo, como sistemas electrónicos de fichaje, y asegurarse de que todos los empleados estén al tanto de las políticas relacionadas con el pago de horas extras. Además, es recomendable realizar auditorías periódicas de los registros de asistencia y pago de horas extras para detectar posibles inconsistencias o irregularidades a tiempo. Si se detecta un intento de fraude, es fundamental actuar rápidamente para evitar la repetición de la conducta y para enviar un mensaje claro de que el incumplimiento de la ley será tratado con firmeza, garantizando la integridad y la equidad en el entorno laboral.

128. ¿Cómo actuar si un trabajador del servicio de limpieza reporta falsamente que ha realizado tareas en habitaciones que no atendió?

Respuesta: Si un trabajador del servicio de limpieza reporta falsamente que ha realizado tareas en habitaciones que no atendió, el empleador debe actuar de manera rápida y efectiva para investigar el incidente y tomar las medidas correspondientes. El primer paso es verificar los registros de trabajo, incluyendo los informes de habitaciones atendidas, las listas de tareas asignadas y cualquier sistema de control utilizado para verificar si la información proporcionada por el trabajador es falsa. El empleador debe convocar al trabajador a una reunión formal para discutir la situación, presentándole las pruebas recopiladas. Es importante escuchar la versión del trabajador para asegurarse de que no haya malentendidos o fallos en el sistema. Si se confirma que el trabajador ha reportado tareas que no realizó, se deben aplicar medidas disciplinarias. Dependiendo de la gravedad de la falsificación, la sanción puede incluir una amonestación formal, una suspensión temporal o, en casos graves, el despido, siempre cumpliendo con la legislación laboral correspondiente.

Sugerencia para Empleador

Para evitar este tipo de incidentes en el futuro, es recomendable implementar un sistema de verificación más riguroso para el servicio de limpieza, como el uso de hojas de control de habitaciones que deben ser firmadas por un supervisor o cliente al finalizar el trabajo. Además, los supervisores deben realizar inspecciones periódicas para asegurarse de que las tareas se están completando correctamente. También se puede realizar una capacitación continua sobre la importancia de la honestidad y el cumplimiento de las responsabilidades, además de comunicar claramente las consecuencias de reportar información falsa. Esto no solo ayudará a prevenir fraudes, sino que también mantendrá la integridad y el buen ambiente en el lugar de trabajo.

129. ¿QUÉ HACER SI UN EMPLEADO TIENE REITERADAS QUEJAS POR MALTRATO A LOS HUÉSPEDES Y SE NIEGA A MEJORAR SU ACTITUD?

Respuesta: Si un empleado tiene reiteradas quejas por maltrato a los huéspedes y se niega a mejorar su actitud, el empleador debe abordar la situación con rapidez para evitar daños a la reputación del establecimiento y al bienestar de los demás empleados y clientes. El primer paso es investigar a fondo las quejas recibidas, recopilando testimonios de los huéspedes involucrados, así como informes de supervisores o compañeros de trabajo que hayan sido testigos de la conducta inapropiada. El empleador debe convocar al empleado a una reunión formal, donde se le presenten las quejas y se le dé la oportunidad de explicar su versión de los hechos. Durante esta reunión, es importante establecer un plan de mejora, que puede incluir formación en atención al cliente, manejo de conflictos o técnicas de comunicación, dependiendo de la naturaleza del problema. Si el empleado se niega a participar en el plan de mejora o continúa con su actitud inapropiada, el empleador puede considerar medidas disciplinarias, como una amonestación formal, suspensión o, en los casos más graves, la terminación del contrato de trabajo.

> **Sugerencia para Empleador**
> Es crucial que el empleador tenga una política clara sobre el comportamiento esperado de los empleados, que esté documentada y sea bien comunicada a todo el personal desde su incorporación. Además, es recomendable proporcionar capacitación continua en habilidades de servicio al cliente, manejo de estrés y resolución de conflictos, especialmente para aquellos empleados que están en contacto directo con los huéspedes. En el caso de que se detecte una actitud inapropiada, la intervención temprana es clave. La implementación de evaluaciones periódicas de desempeño también puede ayudar a identificar problemas antes de que escalen, permitiendo que el empleador tome medidas correctivas a tiempo y mantenga un ambiente laboral positivo y profesional.

130. ¿CÓMO PROCEDER LEGALMENTE SI UN TRABAJADOR INTENTA SOBORNAR A UN CLIENTE PARA RECIBIR UNA MEJOR PROPINA O PAGO EXTRA?

Respuesta: Si un trabajador intenta sobornar a un cliente para recibir una mejor propina o pago extra, el empleador debe proceder de manera rápida y firme para evitar que la conducta inapropiada afecte la reputación del establecimiento y cause problemas legales o financieros. El primer paso es investigar el incidente, recopilando pruebas claras que demuestren el intento de soborno. Esto puede incluir declaraciones del cliente afectado, testimonios de testigos o incluso grabaciones, si están disponibles y son legales de acuerdo con las normativas locales. Una vez recopiladas las pruebas, el empleador debe convocar al trabajador a una reunión formal para escuchar su versión de los hechos y determinar las circunstancias del incidente. Dependiendo de la gravedad del acto y de la política interna del establecimiento, las consecuencias pueden incluir una sanción disciplinaria, que varíe desde una amonestación formal hasta el despido inmediato, en casos de gravedad extrema. Además, si el comportamiento implica un delito penal, como un intento de soborno, el empleador podría reportarlo a las autoridades competentes para que se tomen las medidas legales pertinentes.

Sugerencia para Empleador

Es fundamental que el empleador establezca y comunique de manera clara y efectiva una política de cero tolerancias ante el soborno y otras prácticas deshonestas. Esta política debe ser parte de la formación inicial y continua de los empleados. Además, el empleador debe fomentar una cultura de transparencia, donde tanto clientes como empleados se sientan cómodos reportando comportamientos inapropiados sin temor a represalias. Implementar canales de denuncia confidenciales puede ser útil para detectar y abordar este tipo de incidentes antes de que escalen. Asimismo, en caso de que se considere necesario tomar medidas legales, es recomendable consultar con un abogado especializado en derecho laboral para asegurar que todas las acciones estén alineadas con las leyes locales.

CAPITULO II
RESORTS - DECISIONES SOBRE TRABAJADORES

131. ¿QUÉ DEBE HACER EL GERENTE SI UN INSTRUCTOR
DE ACTIVIDADES RECREATIVAS EN EL RESORT ES SOR-
PRENDIDO EXIGIENDO DINERO EXTRA A LOS HUÉSPE-
DES POR SERVICIOS GRATUITOS?

Respuesta: Si un instructor de actividades recreativas exige
dinero extra a los huéspedes por servicios que el resort ofrece de manera gratuita, el gerente debe actuar con rapidez para
evitar daños a la reputación del establecimiento y garantizar el
cumplimiento de las normas internas. Lo primero es recopilar
pruebas del incidente, incluyendo testimonios de los huéspedes
afectados, declaraciones de otros empleados y cualquier material audiovisual disponible. Una vez reunida la información, el
gerente debe citar al trabajador a una reunión formal para escuchar su versión y permitirle presentar pruebas o explicaciones.
Si se confirma la falta, se deben aplicar las sanciones correspondientes según el reglamento interno y la legislación laboral
vigente. Dependiendo de la gravedad del caso y si hay reincidencia, las sanciones pueden ir desde una advertencia hasta el
despido justificado. Además, si el acto involucra fraude o estafa,
el resort podría tomar acciones legales para proteger su imagen
y evitar futuras irregularidades.

132. ¿Cómo proceder si un empleado de mantenimiento reporta reparaciones que nunca realizó y pretende cobrar por ellas?

Respuesta: Ante una situación en la que un empleado de mantenimiento falsifica reportes de reparaciones para cobrar un pago indebido, el gerente debe actuar de inmediato para evitar fraudes y proteger los recursos del hotel. Lo primero es verificar la veracidad de los reportes mediante una inspección de las áreas donde supuestamente se realizaron los trabajos. Se debe revisar registros previos, cámaras de seguridad si están disponibles, y consultar con otros empleados o huéspedes si la reparación se realizó realmente. Si se confirma que el trabajador presentó un informe falso, es fundamental documentar todas las pruebas, incluyendo los reportes alterados y cualquier testimonio que respalde la irregularidad. Con esta información, el gerente debe citar al empleado a una reunión formal para que dé su versión de los hechos. Dependiendo de la gravedad y reincidencia de la falta, el empleador puede aplicar sanciones disciplinarias conforme a la normativa interna, que pueden ir desde una suspensión hasta un despido justificado por fraude. Además, si el monto involucrado es significativo, la empresa podría considerar acciones legales para recuperar el dinero.

Sugerencia para Empleador

Para prevenir este tipo de fraudes, es recomendable establecer un sistema de control riguroso en el área de mantenimiento. Una opción efectiva es implementar reportes de trabajo detallados que incluyan evidencia fotográfica antes y después de cada reparación, así como la firma de un supervisor que valide la ejecución real de la tarea. Además, se debe llevar un registro sistemático de todas las solicitudes de mantenimiento, asignando un código de seguimiento a cada reparación y asegurando que el trabajo esté debidamente documentado antes de aprobar cualquier pago. Incluir revisiones periódicas aleatorias por parte de la gerencia puede ayudar a detectar irregularidades a tiempo. Otro aspecto clave es reforzar la capacitación del personal sobre la ética laboral y las consecuencias de prácticas fraudulentas. Se deben realizar reuniones periódicas donde se expliquen claramente las políticas internas y se destaquen las sanciones aplicables en caso de incumplimiento. Además, la empresa debe fomentar una cultura de integridad y transparencia, donde los empleados se sientan incentivados a reportar cualquier irregularidad sin temor a represalias. Si se detecta un caso de fraude, es crucial actuar con firmeza y coherencia para sentar un precedente dentro del equipo de trabajo. La aplicación de sanciones disciplinarias debe seguir lo establecido en la legislación y en el reglamento interno, asegurando que cualquier acción legal, si es necesaria, cuente con la debida documentación para respaldarla.

133. ¿QUÉ MEDIDAS TOMAR SI UN TRABAJADOR DEL ÁREA DE SPA O BIENESTAR ACOSA VERBALMENTE A UN CLIENTE Y SE PRESENTAN QUEJAS FORMALES?

Respuesta: Si un cliente presenta una queja formal por acoso verbal por parte de un trabajador del área de spa o bienestar, el gerente debe actuar de inmediato para investigar la situación y tomar medidas correctivas. Primero, es necesario escuchar la versión del cliente y documentar su testimonio de manera detallada. Luego, se debe llamar al trabajador acusado para que proporcione su versión de los hechos, asegurando que se respete el principio de imparcialidad. Si hay testigos o cámaras de seguridad en el área, se debe revisar la evidencia disponible. En caso de confirmarse la falta, el empleador puede aplicar sanciones disciplinarias según la normativa interna y la legislación laboral, las cuales pueden ir desde una amonestación escrita hasta el despido, dependiendo de la gravedad del caso y de si hay reincidencia. Además, es recomendable ofrecer disculpas al cliente y, si es necesario, tomar medidas para garantizar su bienestar, como asignarle otro profesional para el servicio o incluso ofrecerle una compensación si la situación lo amerita.

Sugerencia para Empleador
Para evitar este tipo de incidentes, es fundamental implementar una política de tolerancia cero contra el acoso y capacitar al personal en normas de conducta profesional y trato respetuoso hacia los clientes. Se deben establecer protocolos claros para la interacción con los clientes y reforzar las consecuencias de cualquier comportamiento inapropiado. Asimismo, es recomendable habilitar un canal de denuncias confidencial para que los clientes y otros trabajadores puedan reportar irregularidades sin

temor a represalias. También se deben realizar auditorías periódicas para evaluar el cumplimiento de las normas de comportamiento en todas las áreas del establecimiento. Si el caso de acoso se confirma y es grave, es importante proceder con el despido siguiendo el debido proceso legal, asegurándose de que la documentación de la investigación sea sólida para evitar futuras reclamaciones laborales.

134. ¿CÓMO ACTUAR SI UN CHEF O COCINERO CAMBIA LOS INGREDIENTES DE LOS PLATILLOS SIN AUTORIZACIÓN, AFECTANDO LA CALIDAD DEL SERVICIO?

Respuesta: Si se detecta que un chef o cocinero está modificando los ingredientes de los platillos sin autorización, el gerente debe tomar medidas inmediatas para corregir la situación y evitar que se repita. Primero, es fundamental investigar los hechos, recabando información de los supervisores, meseros y clientes que hayan reportado cambios en los platillos. También es útil revisar los registros de inventario para identificar discrepancias en los ingredientes utilizados. El siguiente paso es conversar directamente con el trabajador para determinar las razones detrás de esta conducta. Si el cambio de ingredientes fue por falta de insumos, un error o una decisión personal sin justificación, se debe aplicar una medida disciplinaria proporcional, que puede ir desde una amonestación verbal hasta una suspensión. Si la alteración de los platillos generó quejas o problemas de salud en los clientes, el caso puede ser más grave y justificar el despido inmediato. Además, es importante evaluar si esta conducta ha afectado la reputación del restaurante y, de ser necesario, tomar medidas para recuperar la confianza de los clientes, como ofrecer compensaciones o aclaraciones sobre los procedimientos internos.

Sugerencia para Empleador

Para prevenir este tipo de situaciones, es recomendable establecer protocolos estrictos sobre el uso de ingredientes y garantizar que todos los trabajadores de cocina los conozcan. Se deben realizar controles regulares de calidad y auditorías en la cocina para asegurarse de que se siguen las recetas originales del menú. También es clave contar con una comunicación fluida entre el personal de cocina y el gerente para que cualquier problema con los ingredientes se informe de inmediato y se tomen decisiones autorizadas en lugar de cambios arbitrarios. Si el chef o cocinero reincide en esta conducta, afectando la calidad del servicio y la confianza de los clientes, el empleador puede proceder con la terminación del contrato siguiendo el marco legal correspondiente, asegurándose de contar con pruebas documentadas del incumplimiento.

135. ¿QUÉ HACER SI UN CAMARERO DEL RESORT INTENTA MANIPULAR LA CAJA REGISTRADORA PARA QUEDARSE CON DINERO EN EFECTIVO?

Respuesta: Si se descubre que un camarero está manipulando la caja registradora para apropiarse de dinero en efectivo, el gerente debe actuar con rapidez y firmeza. En primer lugar, es fundamental reunir pruebas concretas, como grabaciones de seguridad, reportes de caja y testigos que confirmen la irregularidad. También es recomendable realizar una auditoría interna para determinar la cantidad de dinero faltante y si hubo incidentes similares en el pasado. Una vez comprobada la falta, el siguiente paso es llamar al trabajador para una reunión formal en la que se le informe sobre las pruebas en su contra y se le permita dar su versión de los hechos. Si se confirma la manipulación de la caja registradora con intención de apropiarse de dinero, el empleador tiene base legal para proceder con el despido inmediato por causa justificada, siguiendo el procedimiento legal correspondiente. En caso de que el fraude haya generado un perjuicio económico significativo, el resort puede evaluar la posibilidad de presentar una denuncia legal contra el trabajador, especialmente si existen pruebas claras del hurto.

Sugerencia para Empleador

Para evitar este tipo de situaciones en el futuro, se recomienda implementar controles más estrictos en la caja registradora, como sistemas de doble verificación, cámaras de seguridad en la zona de cobro y auditorías sorpresivas de caja. También es importante capacitar al personal sobre la importancia de la honestidad en la gestión del dinero y las consecuencias legales de la manipulación fraudulenta de la caja. Además, se puede establecer un sistema de turnos rotativos para el manejo del efectivo, lo que dificulta la repetición de este tipo de conductas. Si un trabajador incurre en este tipo de prácticas, el empleador debe actuar con determinación para proteger los intereses del negocio y enviar un mensaje claro al resto del equipo de que la empresa no tolerará ninguna forma de fraude o deshonestidad.

---

136. ¿Cómo debe proceder el gerente si un trabajador se ausenta repetidamente sin justificación médica y alega enfermedad para no asistir?

Respuesta: Si un trabajador se ausenta repetidamente alegando enfermedad sin presentar una justificación médica válida, el gerente debe actuar conforme a la normativa laboral vigente. El primer paso es verificar el historial de ausencias del empleado y solicitar los justificativos médicos correspondientes. Si el trabajador no presenta constancia médica o la misma genera dudas sobre su autenticidad, el empleador puede requerir una evaluación médica a través del servicio de salud ocupacional del resort o, en su defecto, exigir que la certificación provenga de un centro de salud reconocido. Si el empleado sigue faltando sin justificación, el gerente debe documentar cada ausencia, incluyendo fechas, comunicaciones con el trabajador y cualquier intento de contacto. En casos de reincidencia, se pueden aplicar sanciones disciplinarias graduales, desde una amonestación verbal hasta una suspensión temporal sin goce de sueldo. Si la conducta persiste, se puede considerar la terminación del contrato por incumplimiento grave de sus obligaciones laborales. Es importante que cualquier acción disciplinaria se realice conforme a los procedimientos legales para evitar reclamos por despido injustificado.

Sugerencia para Empleador

Para prevenir este tipo de situaciones, se recomienda establecer protocolos claros para la justificación de ausencias por enfermedad, informando a los trabajadores sobre la necesidad de presentar certificados médicos en un plazo determinado. Además, se debe fomentar una comunicación fluida con los empleados y detectar posibles problemas subyacentes, como estrés laboral o insatisfacción, que podrían estar afectando la asistencia. En algunos casos, puede ser útil ofrecer orientación médica o psicológica a través del servicio de bienestar laboral del resort. Si un trabajador incurre reiteradamente en ausencias injustificadas, el empleador debe hacerle saber que esto puede derivar en medidas disciplinarias, incluyendo la posibilidad de despido, y dejar constancia de ello en su expediente laboral.

137. ¿QUÉ MEDIDAS TOMAR SI UN EMPLEADO ORGANIZA FIESTAS PRIVADAS EN LAS INSTALACIONES DEL RESORT FUERA DE SU HORARIO LABORAL Y SIN AUTORIZACIÓN?

Respuesta: Si un empleado organiza fiestas privadas en las instalaciones del resort fuera de su horario laboral y sin autorización, el gerente debe actuar con rapidez para evitar posibles daños a la propiedad, inconvenientes para los huéspedes y problemas legales. El primer paso es investigar la situación reuniendo pruebas, como reportes de seguridad, registros de cámaras, testimonios de testigos o quejas de clientes. Si se confirma la falta, se debe notificar formalmente al trabajador y documentar el incidente en su expediente laboral. Dependiendo de la gravedad del caso, el gerente puede aplicar medidas disciplinarias que van desde una amonestación escrita hasta la suspensión temporal. Si el trabajador reincide o si la situación ha causado daños significativos o afectado la reputación del resort, se podría proceder con el despido justificado por incumplimiento de sus deberes y uso indebido de las instalaciones. Es fundamental actuar conforme a la normativa laboral y los reglamentos internos del establecimiento para evitar posibles impugnaciones legales.

Sugerencia para Empleador

Para prevenir este tipo de situaciones, se recomienda reforzar las normas internas sobre el uso de las instalaciones fuera del horario laboral y comunicar claramente a los empleados las sanciones por incumplimientos. Se debe establecer un control de acceso más riguroso en las áreas restringidas y asegurarse de que el personal de seguridad esté informado sobre la prohibición de eventos no autorizados. En caso de que un trabajador insista en organizar reuniones dentro del resort, se le debe dejar claro que cualquier uso de las instalaciones con fines personales requiere aprobación previa de la gerencia y que el incumplimiento de esta norma puede derivar en sanciones disciplinarias o incluso en la terminación de su contrato.

138. ¿CÓMO ACTUAR SI UN SOCORRISTA DEL RESORT INCUMPLE SUS FUNCIONES DE VIGILANCIA Y PONE EN RIESGO LA SEGURIDAD DE LOS HUÉSPEDES?

Respuesta: Si un socorrista del resort incumple sus funciones de vigilancia y pone en riesgo la seguridad de los huéspedes, el gerente debe tomar medidas inmediatas para evitar accidentes y responsabilidades legales. El primer paso es documentar la falta con pruebas, como reportes de supervisores, testimonios de otros empleados o imágenes de cámaras de seguridad. Si la situación representa un riesgo inminente, el socorrista debe ser apartado de sus funciones de inmediato y se debe asignar a otro trabajador para cubrir la vigilancia. Luego, se debe citar al empleado para una reunión formal donde se le notifique su incumplimiento y se le brinde la oportunidad de explicar su conducta. Dependiendo de la gravedad del caso y del historial del trabajador, se pueden aplicar sanciones disciplinarias, como una advertencia por escrito, suspensión temporal o incluso el despido justificado si el incumplimiento es reiterado o ha puesto en peligro a los huéspedes. Adicionalmente, es fundamental revisar si el trabajador cuenta con la certificación y entrenamiento vigentes para el cargo. Si no está debidamente capacitado, se debe considerar su reubicación o sustitución.

Sugerencia para Empleador
Para evitar situaciones de riesgo en el área de piscinas y playas, se recomienda implementar una supervisión

constante del personal de salvavidas, con rondas periódicas de control y evaluación de su desempeño. Es importante reforzar la capacitación en seguridad acuática y primeros auxilios, asegurándose de que todos los socorristas mantengan sus certificaciones actualizadas. También se puede establecer un sistema de rotación de turnos para evitar fatiga o distracciones durante la vigilancia. Si el problema se debe a desinterés o negligencia del trabajador, es preferible considerar su sustitución antes de que ocurra un incidente grave que pueda derivar en reclamaciones legales o afectar la reputación del resort.

139. ¿QUÉ HACER SI UN TRABAJADOR USA LOS VEHÍCULOS DE TRANSPORTE INTERNO DEL RESORT PARA FINES PERSONALES SIN PERMISO?

Respuesta: Si un trabajador usa los vehículos de transporte interno del resort para fines personales sin autorización, el gerente debe actuar de inmediato para evitar el uso indebido de los recursos de la empresa y posibles incidentes. Primero, se debe verificar el uso no autorizado con pruebas concretas, como registros de GPS, cámaras de seguridad o testimonios de otros empleados. Luego, se debe citar al trabajador para una reunión formal y solicitar su versión de los hechos. Si se confirma la falta, se debe aplicar una sanción disciplinaria proporcional a la gravedad del incumplimiento. Esto puede incluir una advertencia escrita, una suspensión temporal o, en casos reincidentes o graves, el despido justificado. Además, si el uso indebido generó gastos adicionales (combustible, mantenimiento, daños), se puede evaluar la posibilidad de exigir el reembolso de los costos. Es recomendable reforzar las políticas internas mediante un reglamento claro sobre el uso de los vehículos de la empresa y asegurarse de que todos los trabajadores estén informados sobre las consecuencias del uso indebido.

Sugerencia para Empleador

Para evitar que los empleados usen los vehículos internos sin autorización, se recomienda establecer un sistema de control, como la asignación de llaves solo bajo registro, el uso de GPS para monitoreo en tiempo real y la implementación de sanciones claras en caso de uso indebido. Además, se debe capacitar a los trabajadores sobre la importancia de respetar los bienes de la empresa y recordarles que cualquier uso no autorizado puede traer consecuencias disciplinarias e incluso legales. También es útil nombrar a un responsable del control de los vehículos para garantizar su uso adecuado y prevenir futuros incidentes.

140. ¿CÓMO PROCEDER LEGALMENTE SI UN EMPLEADO INTENTA ENCUBRIR A OTRO TRABAJADOR EN UNA FALTA GRAVE QUE AFECTA EL SERVICIO DEL RESORT?

Respuesta: Si un empleado intenta encubrir a otro trabajador en una falta grave que afecta el servicio del resort, el gerente debe proceder con cautela y de acuerdo con la legislación laboral y las políticas internas del resort. Primero, se debe realizar una investigación exhaustiva para esclarecer los hechos y obtener pruebas que respalden la acusación. Esto puede incluir la recopilación de testimonios de otros empleados, revisión de cámaras de seguridad, análisis de registros de incidencias o cualquier otro medio que permita verificar lo sucedido. En caso de que se confirme que un empleado intentó encubrir la falta grave, debe aplicarse una sanción proporcional. Si la falta grave afecta directamente la operatividad o la reputación del resort, las sanciones pueden incluir desde una amonestación escrita hasta el despido, dependiendo de la gravedad del encubrimiento y de la falta que se está cubriendo. Además, el empleador debe recordar que la complicidad en una infracción puede implicar responsabilidades legales, por lo que se debe actuar con firmeza para preservar el orden y la ética laboral dentro de la empresa.

Sugerencia para Empleador

Es importante que el resort establezca políticas claras sobre la obligación de los empleados de reportar faltas graves, así como las consecuencias de encubrir un comportamiento inapropiado. Los procedimientos internos deben incluir protocolos para garantizar que las denuncias se manejen de manera confidencial y sin represalias. Además, se recomienda implementar una cultura de transparencia y ética laboral, fomentando un ambiente donde los empleados se sientan responsables de sus acciones y dispuestos a colaborar en la mejora continua del servicio. Asegurarse de que los empleados entiendan las consecuencias de encubrir faltas no solo mejora la eficiencia del resort, sino que también previene problemas legales a largo plazo.

CAPITULO III
VIVIENDAS VACACIONALES -
DECISIONES SOBRE TRABAJADORES

141. ¿QUÉ DEBE HACER EL PROPIETARIO SI UN TRABAJA-
DOR DE LIMPIEZA ES SORPRENDIDO UTILIZANDO LA
VIVIENDA VACACIONAL PARA REUNIONES PERSONALES
CUANDO NO HAY HUÉSPEDES?

Respuesta: El propietario debe tomar medidas inmediatas
para abordar esta situación, comenzando con una investigación interna para confirmar si el trabajador de limpieza utilizó
la vivienda vacacional para reuniones personales. Esto puede
implicar hablar con otros empleados, revisar registros de acceso al inmueble y verificar si hubo alguna violación de las
normas de uso de la propiedad. Una vez confirmada la infracción, es esencial que el propietario actúe de manera consistente con las políticas internas de la empresa y con la legislación
laboral vigente. Dependiendo de la gravedad de la falta, las
acciones pueden incluir desde una amonestación formal hasta
una posible terminación del contrato de trabajo. Además, el
propietario debe asegurarse de que los empleados comprendan
que las propiedades del negocio están destinadas únicamente a
fines laborales y que cualquier uso indebido puede tener consecuencias graves.

Sugerencia para Propietario
Para evitar futuros incidentes de este tipo, es recomendable que el propietario refuerce las políticas de uso de las viviendas vacacionales entre todo el personal, incluyendo normas claras sobre el acceso y las actividades permitidas en esas propiedades. Además, se puede considerar la implementación de sistemas de monitoreo o registros de acceso más rigurosos para garantizar que los trabajadores no utilicen el espacio de manera inapropiada. El propietario también debe asegurarse de que las sanciones y consecuencias por este tipo de conductas sean claramente comunicadas a todos los empleados, y que estén establecidas de forma justa y coherente para mantener la disciplina y el buen uso de los bienes del negocio.

142. ¿CÓMO PROCEDER SI EL ADMINISTRADOR DE LA VIVIENDA ALQUILA EL ESPACIO A CLIENTES SIN AUTORIZACIÓN Y SE QUEDA CON EL DINERO?

Respuesta: El propietario debe actuar con rapidez para investigar el incidente, asegurándose de que el administrador no solo haya alquilado el espacio sin autorización, sino también que haya recibido el dinero y lo haya retenido de manera inapropiada. El propietario debe solicitar toda la documentación y registros relacionados con el alquiler, incluyendo los pagos y la comunicación con el cliente. Si la situación es confirmada, el propietario tiene el derecho de despedir al administrador por incumplimiento de sus funciones y violación de la confianza. También es posible que el propietario deba iniciar una acción legal para recuperar el dinero y, si la conducta del administrador fue fraudulenta, considerar presentar una denuncia ante las autoridades competentes.

143. ¿QUÉ MEDIDAS TOMAR SI UN TRABAJADOR DE MANTENIMIENTO NO CUMPLE CON SUS OBLIGACIONES Y PONE EN RIESGO LA HABITABILIDAD DE LA PROPIEDAD?

Respuesta: El propietario debe actuar inmediatamente al recibir quejas o identificar que el trabajador de mantenimiento no está cumpliendo con sus responsabilidades. La seguridad y habitabilidad de la propiedad son aspectos esenciales, por lo que se deben tomar medidas correctivas inmediatas. Primero, el propietario debe investigar la situación, verificando si los problemas que afectan la habitabilidad son realmente causados por el mal desempeño del trabajador de mantenimiento. En caso de confirmarse la falta, el propietario debe advertir al trabajador y, si la falta persiste, considerar su despido por incumplimiento grave de sus funciones. Además, se deben realizar las reparaciones necesarias sin demora y asegurarse de que la propiedad cumpla con las normativas de seguridad y confort.

Sugerencia para Propietario

Para evitar futuros problemas, el propietario debe establecer un sistema de seguimiento más riguroso y controles de calidad sobre el trabajo de mantenimiento. Esto puede incluir la creación de un calendario de inspecciones regulares, así como la implementación de un protocolo para reportar y corregir cualquier incidencia que afecte la habitabilidad. Además, es recomendable que el propietario mantenga una comunicación clara con el trabajador sobre las expectativas y responsabilidades, asegurando que entiendan la importancia de mantener la propiedad en condiciones óptimas. También se podría considerar contar con un contrato detallado que estipule las consecuencias de no cumplir con los estándares acordados.

144. ¿CÓMO ACTUAR SI UN EMPLEADO ENTREGA INFORMACIÓN PRIVADA DE LOS HUÉSPEDES A TERCEROS SIN PERMISO?

Respuesta: Si un empleado entrega información privada de los huéspedes a terceros sin permiso, el propietario debe actuar de manera inmediata, ya que este comportamiento representa una violación grave de la privacidad y la seguridad de los huéspedes. En primer lugar, el propietario debe entrevistar al empleado involucrado para entender las circunstancias del incidente y determinar si fue un error o una acción intencionada. Si la violación fue intencional, el propietario debe considerar aplicar una sanción disciplinaria severa, que podría incluir la terminación del contrato de trabajo. Además, el propietario debe notificar a los huéspedes afectados y ofrecer disculpas, explicando las medidas correctivas tomadas para garantizar que no se repita el incidente.

También es necesario revisar y reforzar las políticas de protección de datos y privacidad dentro del establecimiento.

Sugerencia para Propietario

Es crucial que el propietario implemente y refuerce políticas claras de protección de datos personales, incluyendo la firma de acuerdos de confidencialidad por parte de todo el personal. Estos acuerdos deben especificar las consecuencias de revelar información confidencial sin autorización. Además, se debe ofrecer capacitación periódica sobre la importancia de la privacidad y la seguridad de los huéspedes, asegurando que todos los empleados comprendan su responsabilidad legal y ética. Como medida preventiva, también es recomendable que se establezca un sistema de auditoría regular para monitorear el manejo de la información confidencial.

---

145. ¿QUÉ HACER SI UN TRABAJADOR ES SORPRENDIDO DAÑANDO INTENCIONALMENTE MOBILIARIO O ELECTRODOMÉSTICOS DE LA VIVIENDA VACACIONAL?

Respuesta: Si un trabajador es sorprendido dañando intencionalmente mobiliario o electrodomésticos de la vivienda vacacional, el propietario debe actuar con firmeza. Lo primero es asegurar que el trabajador sea confrontado de inmediato sobre la acción cometida, solicitando una explicación. Dependiendo de la gravedad del daño y de las pruebas recabadas, el propietario debe determinar si es necesario iniciar un procedimiento disciplinario o legal, que podría incluir el despido del trabajador por causa justificada, debido a la naturaleza intencional del daño. Además, el propietario tiene derecho a reclamar por los daños materiales causados y exigir la reparación o el reemplazo de los bienes dañados. Si el daño es significativo, también se puede considerar la vía judicial para recuperar los costos.

Sugerencia para Propietario

Para prevenir futuros incidentes de este tipo, es recomendable que el propietario establezca una política clara sobre el uso adecuado de las instalaciones y el mobiliario, especificando las consecuencias legales por daños intencionales o negligentes. Además, es útil realizar revisiones periódicas y mantener un inventario detallado de los bienes de la propiedad, lo cual facilitaría la identificación rápida de cualquier daño. En cuanto al trabajador, es crucial garantizar que las expectativas sobre el comportamiento profesional estén claras desde el inicio de la relación laboral, y que se mantenga una comunicación abierta para evitar malentendidos o situaciones de conflicto.

---

146. ¿CÓMO DEBE PROCEDER EL PROPIETARIO SI UN EMPLEADO DEJA ABIERTA LA VIVIENDA TRAS REALIZAR SUS FUNCIONES, GENERANDO UN RIESGO DE ROBO?

Respuesta: El propietario debe actuar de manera inmediata para investigar la situación. Primero, es necesario hablar con el empleado en cuestión y asegurarse de que comprenda la gravedad de su acción, dado que dejar una propiedad abierta puede poner en riesgo no solo el patrimonio del propietario, sino también la seguridad de los huéspedes si están presentes.

Además, se debe revisar el protocolo de cierre de la vivienda y asegurarse de que todos los empleados estén correctamente informados y entrenados para seguir esos procedimientos estrictamente. Si el empleado no muestra disposición para mejorar su comportamiento, el propietario puede considerar medidas disciplinarias más estrictas, como una advertencia escrita o la rescisión de su contrato.

Sugerencia para Propietario

Como propietario, es fundamental mantener procedimientos claros y explícitos para todos los empleados, especialmente en cuanto al cierre adecuado de las propiedades. Asegúrese de que todos los trabajadores tengan acceso a manuales con instrucciones detalladas sobre sus responsabilidades. Realizar auditorías periódicas también ayuda a identificar fallos en los procesos y tomar acciones correctivas antes de que se conviertan en problemas graves. Además, brinde un recordatorio constante sobre la importancia de la seguridad de las propiedades, y las consecuencias de no seguir los protocolos establecidos.

---

147. ¿Qué medidas tomar si un trabajador presenta documentación falsa para obtener el empleo?

Respuesta: Si un trabajador presenta documentación falsa para obtener el empleo, el propietario debe actuar de manera inmediata y conforme a la ley. Lo primero es verificar la falsedad de los documentos presentados. Si se confirma que la información es falsa, el empleador debe revisar las políticas internas y el contrato de trabajo del empleado para determinar las consecuencias. En general, este tipo de fraude es considerado una violación grave de confianza, y puede constituir una falta muy seria. El empleador debe convocar al trabajador a una reunión formal, informándole de la situación y dándole la oportunidad de explicar su conducta. Si el trabajador no puede justificar la falsedad de los documentos, el propietario puede optar por rescindir el contrato de trabajo de manera inmediata, ya que se trata de una causa justa para el despido. En algunos casos, puede ser necesario realizar un procedimiento disciplinario según las normativas internas de la empresa y la legislación vigente. En situaciones graves, como cuando se trata de documentos falsificados que implican delitos (por ejemplo, falsificación de títulos o certificados), el empleador tiene la obligación de denunciar el hecho a las autoridades competentes para que se tomen las medidas legales pertinentes.

Sugerencia para Propietario

Para prevenir futuros incidentes de este tipo, el empleador debe implementar un proceso riguroso de verificación de antecedentes y documentos al momento de contratar. Esto incluye confirmar la autenticidad de los títulos académicos, certificados laborales y cualquier otra documentación presentada por los candidatos. Además, es recomendable establecer una política clara de consecuencias en caso de fraude o falsificación, y asegurarse de que todos los empleados estén al tanto de estas medidas desde el inicio de su contratación. De ser necesario, el empleador podría buscar asesoría legal para asegurarse de que todos los procedimientos sigan los lineamientos establecidos por la ley.

148. ¿CÓMO ACTUAR SI UN EMPLEADO USA LOS SUMINIS-
TROS DE LA VIVIENDA VACACIONAL PARA SU BENEFI-
CIO PERSONAL Y SIN AUTORIZACIÓN?

Respuesta: En este caso, es esencial tomar medidas claras
para evitar que el comportamiento se repita y garantizar que
se mantenga un entorno de trabajo profesional y responsable.
El primer paso es hablar directamente con el empleado involucrado para aclarar los hechos. Pregúntele por qué utilizó
los suministros sin autorización y escuche su versión antes de
tomar decisiones. Si la justificación no es válida o el uso fue
intencional y sin permiso, se deben aplicar las políticas internas del establecimiento, lo que podría incluir una advertencia
formal o incluso medidas disciplinarias más severas si se considera un abuso reiterado. Es recomendable tener un registro
de lo sucedido y la conversación con el empleado para futuras
referencias.

Sugerencia para Propietario
Es importante implementar políticas claras sobre el uso
de suministros y recursos de la vivienda vacacional, que
deben ser comunicadas de manera efectiva a todos los
empleados desde el inicio de su contratación. Además,
crea un sistema de supervisión o control para evitar
futuros incidentes. Si un empleado incurre en este tipo
de comportamiento, actúa con firmeza, pero también
proporciona una oportunidad para corregirlo mediante
capacitación o advertencias. Recuerda que la aplicación
de medidas disciplinarias debe ser proporcional al
incidente y debe estar alineada con las normativas
internas y el marco legal laboral.

149. ¿Qué hacer si un trabajador intenta cobrar dinero adicional a los huéspedes alegando que es un pago obligatorio?

Respuesta: El propietario debe actuar de manera inmediata para investigar la situación. Primero, es fundamental entrevistar tanto al trabajador involucrado como a los huéspedes afectados para obtener una imagen clara de los hechos. Si se confirma que el empleado ha solicitado un pago adicional sin autorización o por un concepto inexistente, se debe proceder a la suspensión del trabajador mientras se lleva a cabo una investigación formal. Además, es necesario revisar las políticas de pagos y tarifas del establecimiento para asegurarse de que no haya confusión sobre los cobros. Si se determina que el trabajador actuó de mala fe, se debe tomar una medida disciplinaria, que podría incluir el despido, de acuerdo con lo estipulado en el contrato laboral y la legislación vigente. Es importante también proporcionar una compensación o reembolso a los huéspedes afectados.

Sugerencia para Propietario

Para prevenir este tipo de situaciones, se recomienda implementar un sistema de control y transparencia en los cobros a los huéspedes. Toda la información sobre tarifas y pagos adicionales debe estar claramente disponible para los huéspedes y para los empleados. Además, es aconsejable realizar capacitaciones periódicas con el personal, enfatizando la ética profesional y la importancia de la honestidad en el trato con los huéspedes. Establezca un protocolo claro para la gestión de pagos, donde se indique explícitamente qué cargos son obligatorios y cuáles son opcionales. De esta forma, se reduce el riesgo de malentendidos y conductas inapropiadas por parte de los empleados.

150. ¿Cómo proceder legalmente si un empleado amenaza con dañar la reputación de la vivienda vacacional si no recibe una compensación extra?

Respuesta: Si un empleado amenaza con dañar la reputación de la vivienda vacacional, este comportamiento debe ser tomado con seriedad, ya que está involucrando extorsión o chantaje. Primero, es crucial documentar la amenaza mediante correos electrónicos, mensajes de texto o cualquier otro medio en el que la amenaza haya sido expresada. Luego, el propietario debe confrontar al empleado de manera profesional, solicitando explicaciones y advirtiendo de las consecuencias legales de su comportamiento. Si la amenaza persiste, se debe considerar iniciar un proceso legal por extorsión, según lo estipulado en el Código Penal, y tomar las medidas correctivas que correspondan, que pueden incluir la terminación del contrato de trabajo por violación de la confianza, ya que este tipo de conductas va en contra de la ética laboral y los principios de respeto dentro del ambiente de trabajo.

Sugerencia para Propietario

Como propietario, es vital mantener una política clara sobre comportamiento ético y de respeto en el lugar de trabajo. Es recomendable tener en el manual de convivencia y en el contrato de trabajo una cláusula que prohíba explícitamente cualquier tipo de extorsión o amenaza. Si un trabajador se ve envuelto en este tipo de conductas, tomar medidas disciplinarias inmediatas y legales protegerá tanto la reputación del establecimiento como la integridad del ambiente laboral. Además, en situaciones de amenaza, contar con asesoría legal para gestionar correctamente los procedimientos legales es fundamental.

CAPITULO IV
RESTAURANTES -
DECISIONES SOBRE TRABAJADORES

151. ¿QUÉ DEBE HACER EL GERENTE SI UN CAMARERO ES SORPRENDIDO COBRANDO A LOS CLIENTES SIN EMITIR FACTURA Y QUEDÁNDOSE CON EL DINERO?

Respuesta: Si un camarero es sorprendido cobrando a los clientes sin emitir factura y quedándose con el dinero, el gerente debe actuar de manera inmediata para evitar que la situación continúe y para proteger la integridad de la empresa. La primera acción es hablar con el empleado de manera privada para conocer su versión de los hechos. Si la evidencia demuestra que el trabajador cometió un fraude, el gerente debe seguir los procedimientos disciplinarios establecidos en el reglamento interno del restaurante o bar, lo que puede incluir una suspensión temporal o un despido, dependiendo de la gravedad del acto.

Sugerencia para Propietario
Es recomendable que el propietario mantenga un control estricto sobre los procedimientos de facturación en su establecimiento y realice auditorías periódicas para detectar irregularidades. Además, se recomienda proporcionar una capacitación continua a todos los empleados sobre

la importancia de la honestidad y la transparencia en el manejo de los pagos. En caso de fraude, el propietario debe asegurarse de que el empleado reciba una sanción proporcional al daño causado y que se tomen medidas correctivas para evitar que esto vuelva a ocurrir.

152. ¿CÓMO PROCEDER SI UN COCINERO ALTERA LAS RECETAS DEL RESTAURANTE SIN AUTORIZACIÓN Y LOS CLIENTES COMIENZAN A QUEJARSE POR LA CALIDAD DE LA COMIDA?

Respuesta: Si un cocinero modifica las recetas sin autorización y esto genera quejas de los clientes, el propietario debe actuar de inmediato para proteger la calidad y reputación del restaurante. Lo primero es verificar las quejas y constatar si las recetas realmente han sido alteradas. Se puede hacer esto revisando los ingredientes utilizados, observando el proceso de preparación y comparándolo con las recetas oficiales. Si se confirma la alteración, se debe hablar directamente con el cocinero para entender su justificación y recordarle la importancia de seguir los estándares del restaurante. En caso de reincidencia o falta grave, se pueden aplicar medidas disciplinarias, incluyendo sanciones o incluso la terminación del contrato, dependiendo de la gravedad del caso y lo establecido en la normativa laboral. Paralelamente, se debe tomar medidas para corregir la situación con los clientes afectados, ya sea ofreciéndoles una compensación o asegurándoles que el problema ha sido resuelto. También es recomendable reforzar la capacitación del equipo para evitar que esta situación se repita.

> **Sugerencia para Propietario**
> Es fundamental establecer un protocolo claro sobre la preparación de los platos y asegurarse de que el personal de cocina lo cumpla rigurosamente. Una buena práctica es contar con recetas documentadas y realizar controles periódicos en la cocina. Si el cocinero ha realizado cambios sin autorización porque considera que puede mejorar la receta, escuche su propuesta, pero siempre evalúe si los cambios son viables antes de implementarlos. Si el problema persiste, consulte con un abogado especializado en derecho laboral para determinar si se justifica una sanción o incluso la terminación del contrato por incumplimiento de funciones. Mantenga una comunicación clara con los clientes para recuperar su confianza y evitar que las quejas afecten la reputación del negocio.

153. ¿QUÉ MEDIDAS TOMAR SI UN TRABAJADOR DEL RESTAURANTE SE NIEGA REPETIDAMENTE A USAR UNIFORME Y CUMPLIR CON LOS ESTÁNDARES DE HIGIENE?

Respuesta: El empleador debe abordar la situación de manera firme y clara, ya que el cumplimiento de los estándares de higiene y uniformidad es esencial para la operación del restaurante y la imagen del establecimiento. En primer lugar, es necesario hablar directamente con el empleado para entender las razones de su negativa y recordarle la importancia de adherirse a las políticas del restaurante. Si la conducta persiste, el propietario debe aplicar una advertencia formal por escrito, especificando las consecuencias en caso de reincidencia, que pueden incluir sanciones disciplinarias o incluso el despido, si la situación no mejora.

> **Sugerencia para Empleador**
>
> Mantén un registro de las conversaciones con el trabajador y las advertencias emitidas, en caso de que la situación necesite escalar. Proporciona una capacitación o recordatorio sobre los estándares de higiene y el código de vestimenta para reforzar la importancia de estos aspectos en la calidad del servicio. Si la actitud del empleado no cambia, revisa el contrato laboral para confirmar los términos relacionados con el incumplimiento de las normas y evalúa la necesidad de tomar medidas más drásticas, siempre respetando la normativa legal vigente.

154. ¿CÓMO ACTUAR SI UN EMPLEADO FILTRA INFORMACIÓN SOBRE LOS PROVEEDORES Y COSTOS DEL RESTAURANTE A LA COMPETENCIA?

Respuesta: Si un empleado es sorprendido filtrando información confidencial sobre proveedores y costos del restaurante a la competencia, esto constituye una grave violación de la confianza y puede tener consecuencias legales. El propietario debe investigar el hecho de manera objetiva y recopilar evidencia clara del acto de filtración. En función de la gravedad de la situación, se podría proceder con la sanción correspondiente, que podría incluir la suspensión o el despido del trabajador, dependiendo de las políticas internas y de lo estipulado en el contrato laboral. Además, si se demuestra que la filtración ha causado daño económico o reputacional al restaurante, el propietario podría buscar la compensación a través de vías legales, exigiendo que el trabajador asuma responsabilidades por el incumplimiento de las cláusulas de confidencialidad.

Sugerencia para Empleador

Es crucial establecer políticas claras de confidencialidad desde el momento de la contratación, asegurándose de que todos los empleados conozcan las consecuencias legales de compartir información confidencial. Para prevenir futuros incidentes, se recomienda ofrecer capacitaciones periódicas sobre el manejo adecuado de la información sensible del restaurante y reforzar la importancia de la ética y la lealtad dentro del equipo. Además, implementar un sistema de control interno que limite el acceso a la información clave solo a las personas que realmente la necesiten puede ser una medida preventiva eficaz.

155. ¿QUÉ HACER SI UN MESERO SE NIEGA A ATENDER A CIERTOS CLIENTES POR PREJUICIOS PERSONALES Y GENERA UNA QUEJA FORMAL?

Respuesta: El propietario debe actuar de manera rápida y profesional para resolver la situación. Primero, se debe realizar una investigación para conocer todos los detalles del incidente, entrevistando tanto al mesero como a los clientes involucrados y al personal que estuvo presente. En base a los resultados, es importante tomar decisiones justas, que podrían incluir una sanción disciplinaria para el empleado, que puede ir desde una advertencia hasta una suspensión o incluso el despido, dependiendo de la gravedad del comportamiento. Además, el propietario debe asegurarse de ofrecer una disculpa formal a los clientes afectados y proporcionar una compensación adecuada, si es necesario, para restaurar la imagen y confianza del establecimiento. También es recomendable reforzar la capacitación en trato al cliente y diversidad para prevenir futuros incidentes.

156. ¿CÓMO DEBE PROCEDER EL GERENTE SI DESCUBRE QUE UN TRABAJADOR ROBA INGREDIENTES O PRODUCTOS DE LA DESPENSA DEL RESTAURANTE?

Respuesta: Si un gerente descubre que un trabajador ha robado ingredientes o productos de la despensa del restaurante, debe actuar de inmediato siguiendo el protocolo interno establecido. Es fundamental recopilar pruebas claras y objetivas, como grabaciones de cámaras de seguridad, testimonios de otros empleados o inventarios que demuestren el faltante. El gerente debe notificar a la dirección del restaurante para que se pueda tomar una decisión legal apropiada, incluyendo la posible terminación del contrato del trabajador. Además, es recomendable que el trabajador sea citado a una reunión para presentar su versión de los hechos antes de tomar cualquier medida disciplinaria. Es crucial que el procedimiento se realice de manera justa y transparente, asegurando el respeto de los derechos del trabajador.

157. ¿Qué medidas tomar si un empleado falsifica su horario de trabajo para cobrar más horas de las que realmente ha laborado?

Respuesta: Si se descubre que un empleado ha falsificado su horario de trabajo, lo primero es realizar una investigación exhaustiva para confirmar la falsificación. Reúna pruebas, como registros de entrada y salida, grabaciones de cámaras de seguridad (si están disponibles), y declaraciones de otros empleados o testigos. Luego, se debe citar al trabajador para informarle sobre la situación y darle la oportunidad de explicar su conducta. Si la falsificación está comprobada, el propietario tiene derecho a aplicar sanciones disciplinarias de acuerdo con el reglamento interno de trabajo, que pueden incluir desde una amonestación hasta el despido, dependiendo de la gravedad de la infracción. En este caso, se recomienda aplicar una sanción proporcionada a la falta, siempre respetando el procedimiento disciplinario establecido en la ley y en el reglamento de trabajo de la empresa.

158. ¿Cómo actuar si un cocinero se niega a seguir las normas de seguridad alimentaria y pone en riesgo la salud de los clientes?

Respuesta: Si un cocinero se niega a seguir las normas de seguridad alimentaria, el propietario debe actuar inmediatamente para proteger la integridad de los clientes y la reputación del negocio. En primer lugar, se debe hacer una intervención directa con el cocinero para explicarle las graves consecuencias de no cumplir con los estándares de seguridad alimentaria, que incluyen sanciones legales y de salud pública. Si el comportamiento persiste, se debe suspender al cocinero de inmediato y llevar a cabo una investigación interna para evaluar la gravedad de la situación. Dependiendo de los hallazgos, podría ser necesario aplicar una sanción disciplinaria conforme a las políticas del establecimiento y la legislación laboral vigente.

159. ¿QUÉ HACER SI UN TRABAJADOR SE ENFRENTA AGRESIVAMENTE A UN CLIENTE QUE HA PRESENTADO UNA QUEJA SOBRE EL SERVICIO?

Respuesta: Si un trabajador se enfrenta agresivamente a un cliente que ha presentado una queja sobre el servicio, es esencial actuar rápidamente para evitar que la situación se agrave. Primero, asegúrese de que el cliente reciba una disculpa formal y que se le ofrezca una solución adecuada para resolver su queja. Posteriormente, es necesario que el propietario se reúna con el empleado involucrado para investigar la causa del comportamiento y dejar en claro que ese tipo de actitud no será tolerada. El trabajador debe ser informado sobre la importancia de mantener la profesionalidad y el respeto en todo momento. Dependiendo de la gravedad de la situación, podría ser necesario aplicar medidas disciplinarias, como una amonestación formal, una sanción o, si la actitud persiste, una evaluación de su continuidad laboral.

160. ¿Cómo proceder legalmente si un empleado del restaurante organiza eventos privados usando las instalaciones sin permiso del dueño?

Respuesta: Si un empleado organiza eventos privados sin la autorización del propietario, esto puede constituir una violación de las políticas internas del restaurante y una falta grave de responsabilidad laboral. El propietario debe tomar medidas inmediatas para abordar esta infracción, comenzando con una investigación interna para confirmar los hechos. Si se confirma que el empleado actuó sin permiso, el propietario puede tomar medidas disciplinarias que van desde una sanción hasta un despido, dependiendo de la gravedad de la acción y del contrato de trabajo. Además, el propietario tiene derecho a exigir una indemnización por los posibles daños o pérdidas que el evento no autorizado haya causado, tales como la pérdida de ingresos, daños a la propiedad o afectación de la imagen del restaurante.

Sugerencia para Empleador

Es significativo que el empleador mantenga un sistema claro de políticas internas que especifique los procedimientos y las autorizaciones necesarias para la realización de eventos privados en el establecimiento. Para evitar situaciones similares, se recomienda realizar reuniones periódicas con el personal para recordarles las reglas y establecer una comunicación abierta sobre las expectativas y comportamientos dentro del restaurante. Si no se han implementado aún, los contratos de trabajo también deben incluir cláusulas específicas que prohíban la organización de eventos privados sin autorización previa. Además, el propietario debe estar preparado para actuar rápidamente en caso de que se repita una infracción, siempre asegurándose de que las acciones tomadas estén bien documentadas y sean legales.

CAPITULO V
Bares - Decisiones sobre trabajadores

161. ¿Qué debe hacer el gerente si un barman es sorprendido sirviendo tragos más cargados a ciertos clientes para obtener mejores propinas?

Respuesta: Si un barman es sorprendido sirviendo tragos más cargados a ciertos clientes con la intención de obtener mejores propinas, el propietario o gerente debe actuar de manera firme, ya que esta conducta compromete la integridad y las políticas del establecimiento. En primer lugar, se debe suspender al empleado de manera preventiva mientras se lleva a cabo una investigación interna. Es fundamental revisar las grabaciones de seguridad (si las hay) y hablar con los testigos para confirmar los hechos. Si se confirma la infracción, la acción disciplinaria debe ser conforme con lo estipulado en el contrato de trabajo y en el reglamento interno del establecimiento. Si el comportamiento es recurrente o grave, el propietario puede proceder a la terminación del contrato laboral por incumplimiento de las normas del bar.

Sugerencia para Empleador

Revisión de protocolos: Asegúrese de que todos los empleados, especialmente los barmans, estén bien informados sobre las políticas de servicio de bebidas y propinas del establecimiento. *Capacitación continua:* Implementar

---

sesiones de formación regulares sobre la ética en el trabajo, la importancia de mantener la integridad y la transparencia en todas las transacciones con los clientes. *Monitoreo constante*: Mantener un sistema de control adecuado, ya sea mediante la supervisión directa o el uso de tecnología, para evitar este tipo de conductas fraudulentas. *Cláusula en contrato*: Es recomendable incluir cláusulas claras en los contratos de trabajo que estipulen las consecuencias de comportamientos deshonestos, como alterar las recetas o servir alcohol en exceso.

162. ¿CÓMO PROCEDER SI UN TRABAJADOR DEL BAR PERMITE LA ENTRADA DE MENORES DE EDAD Y SIRVE BEBIDAS ALCOHÓLICAS SIN VERIFICAR SU IDENTIFICACIÓN?

Respuesta: El propietario debe actuar de manera inmediata para garantizar el cumplimiento de la ley y la seguridad tanto de los empleados como de los clientes. En primer lugar, es necesario realizar una investigación interna para confirmar el incidente, solicitando al trabajador involucrado una explicación sobre su acción. Si se confirma que el trabajador permitió la entrada de menores de edad y les sirvió bebidas alcohólicas sin verificar su identificación, el propietario debe aplicar las sanciones correspondientes de acuerdo con el reglamento interno del establecimiento. Esta acción puede incluir desde una amonestación hasta el despido si se considera una violación grave de las políticas del bar. Además, se deben reforzar los protocolos de identificación de clientes para evitar futuras incidencias, como la implementación de un control de acceso más riguroso y la capacitación continua del personal sobre la normativa vigente relacionada con la venta de alcohol.

Sugerencia para Empleador

Es esencial que como propietario del bar refuerces la capacitación en materia de cumplimiento de la ley, especialmente en lo que respecta a la venta de alcohol a menores de edad. Implementar un sistema estricto de identificación, que incluya la verificación de la edad de todos los clientes, será clave para evitar estos incidentes. Además, establece procedimientos claros y consecuencias definidas para cuando los empleados no sigan las políticas establecidas. Para prevenir futuros errores, considera realizar auditorías periódicas y capacitaciones regulares sobre las normativas legales. Si el trabajador reincide en este comportamiento, el despido es una opción válida para proteger la integridad de tu negocio y cumplir con las regulaciones locales.

163. ¿Qué medidas tomar si un camarero consume alcohol durante su turno y afecta su desempeño?

Respuesta: Si un camarero es sorprendido consumiendo alcohol durante su turno, afectando su desempeño y poniendo en riesgo la calidad del servicio, el propietario debe actuar de manera firme y conforme a la normativa interna del establecimiento. El primer paso es una conversación privada con el trabajador para confirmar los hechos y verificar el impacto de su comportamiento en el servicio. De ser necesario, se puede aplicar una sanción según el reglamento interno del bar, que puede incluir una amonestación escrita o, en casos graves o repetitivos, una suspensión temporal. Si la situación persiste, podría considerarse una terminación del contrato por incumplimiento de las normas de conducta y seguridad laboral.

225

> **Sugerencia para Empleador**
> Es imperativo tener políticas claras en relación con el consumo de alcohol y el comportamiento en el lugar de trabajo. Asegúrese de comunicar estas políticas a todos los empleados desde el inicio de su contratación, y realice capacitaciones periódicas sobre la importancia de mantener un entorno profesional y seguro. Además, en situaciones de consumo de alcohol en el lugar de trabajo, mantenga la calma y la objetividad, pero no dude en aplicar sanciones si el comportamiento del trabajador afecta la calidad del servicio o la seguridad de los demás. En caso de reincidencia, podría ser necesario implementar medidas más severas, como la terminación del contrato de trabajo.

164. ¿CÓMO ACTUAR SI UN EMPLEADO USA SU ACCESO A LA CAJA REGISTRADORA PARA SUSTRAER DINERO EN EFECTIVO?

Respuesta: Si un empleado es sorprendido usando su acceso a la caja registradora para sustraer dinero en efectivo, el propietario debe tomar medidas inmediatas. Lo primero es asegurar la evidencia de la acción, ya sea revisando cámaras de seguridad, registros de la caja y cualquier otra prueba documental disponible. Es importante que el propietario se comunique con el empleado para informarle de la situación y hacer una investigación formal sobre el incidente. Dependiendo de la gravedad y las pruebas obtenidas, el propietario puede optar por aplicar una sanción interna, despedir al empleado o, si es necesario, presentar una denuncia ante las autoridades correspondientes por robo.

> **Sugerencia para Empleador**
> Es crucial tener un sistema de control adecuado sobre los accesos a la caja registradora y los movimientos de dinero, como implementando auditorías frecuentes o utilizando software que registre cada transacción. Además, es recomendable que los empleados estén capacitados sobre la ética profesional y las consecuencias de cometer fraude. Para prevenir situaciones similares en el futuro, el propietario debe fomentar un ambiente de confianza y transparencia, pero también asegurarse de que existan políticas claras y procedimientos de revisión para evitar abusos.

165. ¿QUÉ HACER SI UN PORTERO DEL BAR NIEGA EL ACCESO A CLIENTES SIN MOTIVO JUSTIFICADO Y GENERA RECLAMOS DE DISCRIMINACIÓN?

Respuesta: Si un portero del bar niega el acceso a clientes sin motivo justificado, es fundamental actuar con rapidez para resolver la situación y evitar consecuencias legales o daños a la reputación del negocio. El empleador debe realizar una investigación interna para conocer las razones del portero y corroborar los hechos. En caso de confirmarse que la negativa al acceso fue injustificada, es importante tomar medidas correctivas, que podrían incluir una advertencia formal, un cambio de función o incluso la terminación del contrato si la conducta es repetitiva o grave. Es importante que el empleador también mantenga un ambiente inclusivo, sin discriminación, y que todos los trabajadores sigan los principios de trato justo hacia los clientes. El empleador puede aprovechar esta oportunidad para reforzar la política de no discriminación con capacitación al personal, asegurando que todo el equipo comprenda cómo manejar diversas situaciones de manera ética y profesional.

> **Sugerencia para Empleador**
> Es recomendable revisar las políticas de acceso y comportamiento de los porteros y personal de seguridad en el bar, garantizando que estas sean claras y estén alineadas con los principios de no discriminación. Implementar capacitaciones sobre trato justo y servicio al cliente podría prevenir este tipo de incidentes. Además, considere establecer un protocolo de quejas formal para que los clientes puedan reportar cualquier incidente de forma anónima y rápida. Si el portero en cuestión muestra una actitud recurrentemente inapropiada o no cumple con las normas del establecimiento, considere tomar medidas más severas para garantizar que el ambiente de su bar siga siendo accesible e inclusivo para todos los clientes.

166. ¿CÓMO DEBE PROCEDER EL GERENTE SI UN TRABAJADOR ESTÁ COLUDIDO CON CLIENTES PARA ALTERAR CUENTAS Y ESTAFARLOS?

Respuesta: Si un gerente detecta que un trabajador está coludido con clientes para alterar cuentas y estafarlos, debe actuar inmediatamente siguiendo el protocolo de la empresa. Primero, debe suspender al trabajador de manera preventiva mientras se realiza una investigación interna. Es fundamental recabar todas las pruebas posibles, como grabaciones de cámaras, testigos o documentación que demuestre el fraude. En cuanto se confirme la conducta irregular, el trabajador debe ser despedido por incumplir las normas de confianza y conducta ética, y se debe realizar una denuncia formal ante las autoridades correspondientes si se considera necesario. Es importante que el gerente mantenga la confidencialidad durante todo el proceso y actúe de acuerdo con la normativa laboral vigente.

167. ¿QUÉ MEDIDAS TOMAR SI UN BARMAN REUTILIZA HIELO DE BEBIDAS CONSUMIDAS PARA PREPARAR NUEVAS BEBIDAS?

Respuesta: Si un barman es sorprendido reutilizando hielo de bebidas ya consumidas para preparar nuevas bebidas, el propietario o gerente debe tomar medidas inmediatas y serias, ya que esto no solo representa un riesgo para la salud y seguridad de los clientes, sino que también podría violar las normas de higiene y las políticas internas del establecimiento.

El primer paso es investigar la situación y asegurarse de que la acusación sea veraz. Si se confirma que el barman ha actuado de esta manera, se debe proceder con una sanción interna, que puede incluir desde una advertencia formal hasta una suspensión temporal, dependiendo de la gravedad del incidente y de las políticas laborales. Además, se debe revisar el procedimiento de manejo del hielo y realizar una capacitación sobre las normas de higiene y seguridad alimentaria.

> **Sugerencia para Empleador**
> Para evitar situaciones similares en el futuro, es importante establecer y comunicar claramente las políticas de higiene en el bar y la correcta manipulación de los insumos. El propietario debe asegurarse de que todos los empleados, especialmente aquellos encargados de preparar bebidas reciban una formación continua en prácticas de higiene y seguridad alimentaria. Además, implementar un sistema de monitoreo y supervisión más riguroso, con controles periódicos sobre la calidad del servicio y la seguridad de los productos, puede prevenir este tipo de incidentes. En cuanto a la respuesta a este tipo de incidentes, el propietario debe abordar el asunto de manera profesional y justa, garantizando que se tomen las medidas correctivas adecuadas y se mantenga la confianza de los clientes en la calidad del servicio.

168. ¿CÓMO ACTUAR SI UN EMPLEADO FINGE HABER SUFRIDO UN ACCIDENTE LABORAL DENTRO DEL BAR PARA OBTENER UNA INDEMNIZACIÓN?

Respuesta: Si un empleado finge haber sufrido un accidente laboral, lo primero es actuar con cautela. El propietario o gerente debe reunir todas las pruebas disponibles, como grabaciones de cámaras de seguridad, informes médicos y declaraciones de otros empleados que pudieran haber estado presentes. Es fundamental que el propietario notifique a las autoridades competentes, como la aseguradora y las entidades de trabajo correspondientes, y solicite una investigación formal sobre el incidente. Además, es importante que el propietario consulte con un abogado especializado en derecho laboral para proceder conforme a la ley y evitar futuros inconvenientes legales.

> **Sugerencia para Empleador**
>
> Es recomendable mantener un ambiente laboral claro y transparente donde todos los empleados comprendan las consecuencias legales y laborales de actuar de mala fe. Para prevenir este tipo de situaciones, se debe reforzar la comunicación interna, revisar detalladamente los procedimientos de seguridad laboral y, en caso de duda, llevar a cabo evaluaciones periódicas de salud y seguridad. Además, sería prudente contar con un seguro adecuado que cubra accidentes reales, lo que evitará malentendidos y posibles fraudes.

169. ¿QUÉ HACER SI UN TRABAJADOR GRABA SIN PERMISO A CLIENTES DENTRO DEL BAR Y COMPARTE LOS VIDEOS EN REDES SOCIALES?

Respuesta: Si un trabajador graba sin permiso a los clientes dentro del bar y comparte los videos en redes sociales, el propietario debe tomar medidas inmediatas. Primero, se debe revisar la política de privacidad y consentimiento del establecimiento, asegurándose de que los empleados estén informados de que grabar a los clientes sin su consentimiento es una violación de la privacidad y de las normativas del establecimiento. El propietario debe hablar con el trabajador para explicarle la gravedad de la situación y tomar las medidas correctivas necesarias, que pueden incluir una sanción o incluso el despido si la acción fue suficientemente grave. En este caso, el propietario también debe contactar a los clientes afectados para ofrecer una disculpa y, si es necesario, buscar formas de compensarlos, ya que la violación de su privacidad podría haber causado un daño a la reputación del establecimiento. Además, el propietario debería reforzar la capacitación del personal sobre el respeto a la privacidad de los clientes y la necesidad de mantener la confidencialidad.

Sugerencia para Empleador

Revisar y reforzar las políticas internas: Asegúrese de que todos los trabajadores conozcan las políticas sobre la privacidad de los clientes, la grabación de contenido y las redes sociales. Esto debería ser parte del entrenamiento inicial y de los procedimientos internos. *Establecer sanciones claras*: Establezca sanciones claras y conocidas por todos los trabajadores respecto al uso inapropiado de dispositivos para grabar o compartir contenido sin permiso de los involucrados, especialmente cuando se trate de clientes. Esto ayuda a crear un ambiente laboral respetuoso y profesional. *Compensar a los clientes afectados*: Si el incidente afecta a algún cliente, póngase en contacto con ellos lo antes posible, ofrezca una disculpa y considere una compensación como una cortesía por el mal manejo de su privacidad. *Prevenir futuras situaciones*: Promueva un ambiente donde los empleados se sientan cómodos al informar de conductas inapropiadas, y proporcione recordatorios periódicos sobre las políticas de privacidad, reforzando la importancia de respetar los derechos de los clientes.

170. ¿CÓMO PROCEDER LEGALMENTE SI UN EMPLEADO SE NIEGA A ABANDONAR EL LOCAL DESPUÉS DE SER DESPEDIDO Y GENERA DISTURBIOS?

Respuesta: Si un empleado se niega a abandonar el local después de ser despedido, el propietario debe actuar de manera clara y legal para evitar mayores problemas. Primero, es importante mantener la calma y documentar el incidente detalladamente, incluyendo la fecha, la hora y los motivos de la negativa. Si el empleado sigue en el local tras haber recibido el despido, el propietario debe hacerle saber de manera firme y respetuosa que su contrato de trabajo ha terminado y que está obligado a abandonar el lugar. Si el trabajador se niega a irse y comienza a generar disturbios, el propietario debe intentar resolver la situación sin que escale. Si el empleado persiste en su negativa y el comportamiento se vuelve agresivo o incontrolable, es recomendable llamar a las autoridades locales para que intervengan de acuerdo con la ley, ya que un trabajador ya despedido no tiene derecho a permanecer en el lugar ni a causar altercados.

Sugerencia para Empleador

Actúe con firmeza y respeto: Asegúrese de comunicar al empleado la terminación de su relación laboral de forma clara y profesional. *Documente todo*: Registre el incidente con pruebas, ya sea grabaciones de video, testigos o informes escritos, para protegerse legalmente. *Evite confrontaciones*: Si la situación se pone tensa, mantenga la calma y busque ayuda de las autoridades competentes. No intente resolver el conflicto por su cuenta, ya que podría poner en riesgo su seguridad y la de otros empleados o clientes. *Revisión de contratos*: Asegúrese de que el contrato de trabajo esté bien redactado y contenga cláusulas claras sobre las normas de comportamiento, despidos y medidas disciplinarias, lo que facilitará el proceso de acción legal en situaciones como esta.

CAPITULO VI
CAFETERÍAS - DECISIONES SOBRE TRABAJADORES

171. ¿QUÉ DEBE HACER EL GERENTE SI UN TRABAJADOR ES SORPRENDIDO VENDIENDO PRODUCTOS PROPIOS DENTRO DE LA CAFETERÍA SIN AUTORIZACIÓN?

Respuesta: El gerente debe actuar de inmediato y de manera firme. Primero, debe mantener la calma y abordar al trabajador en privado para aclarar la situación. Es importante que el gerente le pregunte al trabajador sobre las razones detrás de esta acción y documente la conversación de manera formal. Si el trabajador no tiene una justificación válida, el gerente debe recordarle las políticas del establecimiento que prohíben la venta de productos no autorizados y las consecuencias de violarlas. Dependiendo de la gravedad del incidente, se podrían aplicar medidas disciplinarias, desde una advertencia formal hasta un despido si se considera que la conducta es suficientemente grave o repetitiva. Es fundamental seguir los procedimientos internos establecidos para garantizar que la acción sea proporcional y acorde con las normativas laborales.

Sugerencia para Gerente
Es recomendable que como propietario de la cafetería revise y refuerce las políticas internas sobre ventas y comportamiento de los empleados, asegurándose de que todos los trabajadores estén bien informados desde el momento de su contratación.

Considere implementar un sistema de monitoreo y control para evitar situaciones similares, y realice sesiones periódicas de capacitación sobre las normas y expectativas del lugar. Además, evalúe la posibilidad de establecer un código de ética interno que detalle las sanciones por comportamiento inapropiado, para así proteger la integridad de la cafetería y garantizar que las decisiones sean consistentes y transparentes.

172. ¿Cómo proceder si un barista maltrata verbalmente a un cliente y se generan múltiples quejas sobre su trato?

Respuesta: Si un barista es sorprendido maltratando verbalmente a un cliente y se generan múltiples quejas, es importante abordar la situación con seriedad, pues el trato al cliente es crucial para la reputación del establecimiento. Primero, se debe investigar los hechos a fondo, solicitando las versiones tanto del cliente afectado como del trabajador involucrado. Es recomendable revisar las cámaras de seguridad, si están disponibles, para obtener más detalles sobre lo sucedido. Una vez recopilada la información, se debe hablar con el barista y ofrecerle una oportunidad para dar su versión de los hechos. Dependiendo de la gravedad de la situación, se debe aplicar una sanción acorde a las políticas internas del establecimiento, que podría ser una advertencia, una suspensión temporal o, en casos más graves, la terminación del contrato de trabajo.

Sugerencia para Gerente
Es crucial mantener un ambiente de respeto tanto para los clientes como para el personal. En primer lugar, asegúrese de que todos los empleados conozcan y comprendan el

código de conducta del establecimiento, especialmente en lo que respecta al trato hacia los clientes. Organice entrenamientos regulares de servicio al cliente para reforzar la importancia de mantener una actitud profesional en todo momento. Además, ante incidentes como el mencionado, es fundamental actuar con imparcialidad y transparencia, mostrando al equipo que las malas conductas no se toleran, mientras se fomenta una cultura de respeto mutuo. También, sería conveniente implementar un sistema de feedback que permita detectar posibles problemas de actitud en etapas tempranas.

173. ¿QUÉ MEDIDAS TOMAR SI UN EMPLEADO FALSIFICA TICKETS DE COMPRA PARA QUEDARSE CON DINERO DE LA CAJA?

Respuesta: Si un empleado ha sido sorprendido falsificando tickets de compra para apropiarse de dinero de la caja, el propietario debe actuar de inmediato para proteger los intereses del negocio y cumplir con la ley. Primero, se debe realizar una investigación interna para confirmar los hechos. Esto implica revisar las grabaciones de seguridad, verificar los tickets falsificados, y recopilar pruebas suficientes. Si la falsificación está comprobada, es fundamental aplicar una sanción disciplinaria proporcional, que podría incluir la terminación del contrato laboral por falta grave. Además, se debe considerar la posibilidad de emprender acciones legales, dependiendo de la gravedad del delito y del impacto económico que haya tenido. La falsificación de documentos comerciales es un delito, por lo que es recomendable contactar a las autoridades para presentar una denuncia formal.

Sugerencia para Empleador

Es importante establecer un protocolo claro para el manejo de dinero en efectivo y los procedimientos de registro de compras. Implementar un sistema de auditoría regular, contar con controles de seguridad, y promover una cultura de transparencia ayudará a prevenir futuros incidentes. Además, asegúrese de que todos los empleados conozcan las consecuencias legales y laborales de incurrir en este tipo de actividades fraudulentas, y fomente un ambiente de trabajo donde la ética y el respeto por las normas sean prioritarios.

174. ¿CÓMO ACTUAR SI UN TRABAJADOR SE NIEGA A CUMPLIR CON LOS PROTOCOLOS DE HIGIENE EN LA MANIPULACIÓN DE ALIMENTOS Y BEBIDAS?

Respuesta: El propietario debe tomar medidas inmediatas para asegurar que se cumplan los protocolos de higiene establecidos, especialmente cuando se trata de la seguridad de los alimentos y la salud de los clientes. El incumplimiento de las normas de higiene no solo afecta la reputación del establecimiento, sino que también puede traer consecuencias legales graves, como multas o sanciones por parte de las autoridades sanitarias. Primero, se debe conversar con el empleado de manera privada para aclarar las razones de su negativa a seguir los protocolos. Si se trata de una falta de comprensión o capacitación, se deben ofrecer sesiones de formación y recordar la importancia de estos protocolos para la seguridad alimentaria. Sin embargo, si el empleado sigue sin cumplir con los protocolos y muestra una actitud de desinterés o rechazo, se deben tomar medidas disciplinarias según el reglamento interno de trabajo. Si la actitud persiste y representa un riesgo para la operación del establecimiento, podría considerarse la suspensión temporal del empleado o incluso su despido, dependiendo de la gravedad de la infracción.

Sugerencia para Empleador

Es fundamental que el propietario sea firme y consistente al aplicar las normativas de higiene, no solo por el bienestar de los clientes, sino también para proteger el negocio de posibles demandas o sanciones. Además, se recomienda realizar capacitaciones periódicas sobre higiene y seguridad alimentaria, asegurándose de que todos los empleados comprendan la importancia de estas prácticas. En caso de ser necesario, se deben establecer medidas claras en el reglamento interno de trabajo para manejar este tipo de situaciones y evitar que se repitan.

---

175. ¿QUÉ HACER SI UN EMPLEADO USA LA MAQUINARIA DE LA CAFETERÍA PARA PREPARAR PRODUCTOS PERSONALES SIN PERMISO DEL DUEÑO?

Respuesta: El propietario debe tomar medidas inmediatas para evitar que situaciones como estas ocurran nuevamente. Es fundamental que se hable con el empleado para aclarar que el uso de la maquinaria de la cafetería está reservado exclusivamente para la preparación de productos comerciales, y que usarla para fines personales sin autorización puede constituir una violación de las normas de la empresa. Además, se debe revisar el reglamento interno para asegurarse de que exista una política clara sobre el uso de los recursos del negocio y aplicar las sanciones correspondientes si es necesario.

176. ¿Cómo debe proceder el gerente si un trabajador roba productos empaquetados para venderlos por su cuenta?

Respuesta: El gerente debe tomar medidas inmediatas para abordar la situación. En primer lugar, es crucial recopilar pruebas claras que demuestren el robo, ya sea mediante cámaras de seguridad, testigos o cualquier otra evidencia relevante. Posteriormente, debe confrontar al trabajador de manera privada, proporcionándole la oportunidad de dar su versión de los hechos. Si las pruebas son contundentes y el trabajador admite la falta, debe ser suspendido temporalmente, mientras se lleva a cabo una investigación interna más profunda. De acuerdo con la gravedad de la infracción y las políticas internas de la empresa, el gerente debe aplicar sanciones disciplinarias, que pueden incluir desde la rescisión del contrato de trabajo hasta la denuncia del robo ante las autoridades competentes. Es importante que el gerente siga el protocolo de la empresa para este tipo de situaciones, garantizando un procedimiento justo y conforme a la ley.

177. ¿QUÉ MEDIDAS TOMAR SI UN CAMARERO DEJA DE ATENDER MESAS Y ALEGA QUE NO ES SU RESPONSABILIDAD LIMPIAR O RECOGER PEDIDOS?

Respuesta: Si un camarero deja de atender mesas y se niega a cumplir con tareas esenciales como limpiar o recoger pedidos, el propietario debe abordar la situación de inmediato. Primero, se debe verificar si la negativa está relacionada con un malentendido sobre las responsabilidades laborales o si hay una falta de disposición para cumplir con las tareas. En este caso, el primer paso sería una conversación directa con el trabajador para aclarar sus responsabilidades según su contrato de trabajo. Si la situación persiste, el propietario debe advertir al trabajador formalmente sobre las consecuencias de su actitud. En última instancia, si el comportamiento continúa, se deben tomar medidas disciplinarias conforme a la normativa interna del establecimiento y la ley laboral vigente.

178. ¿Cómo actuar si un empleado usa su tiempo de trabajo para manejar asuntos personales y descuida sus tareas?

Respuesta: Si un empleado dedica su tiempo de trabajo a manejar asuntos personales y descuida sus tareas, el propietario debe abordar el problema de manera clara y directa. Lo primero es recopilar evidencia del comportamiento (por ejemplo, registros de horario, observaciones o informes de supervisores). Luego, se debe citar al empleado para una reunión formal y explicarle la preocupación de que no está cumpliendo con sus responsabilidades laborales. Es crucial dar la oportunidad al trabajador de explicar su comportamiento y ofrecer soluciones para mejorar la productividad. Si la situación persiste, se deben aplicar medidas disciplinarias que puedan incluir advertencias verbales o escritas, con un plan de mejora y seguimiento. Si no se observa mejora después de un período razonable, podrían tomarse decisiones más severas, como la terminación del contrato, siempre respetando las normativas laborales vigentes.

Sugerencia para Propietario

Si eres propietario de un negocio, es esencial que establezcas políticas claras sobre el uso del tiempo de trabajo para asuntos personales y las consecuencias de no cumplir con las expectativas. Además, fomenta una comunicación abierta con los empleados para que comprendan que la eficiencia y el cumplimiento de sus tareas son fundamentales para el éxito del negocio. Si la situación se repite, no dudes en tomar medidas disciplinarias conforme a la ley y el reglamento interno de la empresa para evitar que este comportamiento afecte el rendimiento general.

---

179. ¿QUÉ HACER SI UN TRABAJADOR MANIPULA LAS COMANDAS PARA QUE LOS CLIENTES PAGUEN MÁS DE LO QUE REALMENTE CONSUMIERON?

Respuesta: Si un trabajador manipula las comandas para hacer que los clientes paguen más de lo que consumieron, esto constituye un fraude y un incumplimiento grave de las políticas del establecimiento. El propietario debe tomar medidas inmediatas para investigar la situación, revisar las pruebas (como las comandas originales, los registros de caja y cualquier cámara de seguridad si está disponible) y hablar directamente con el trabajador involucrado. Si se confirma que hubo una manipulación intencionada, se deben tomar medidas disciplinarias que pueden incluir la terminación del contrato laboral, dependiendo de la gravedad del acto y de lo estipulado en el reglamento interno de trabajo o contrato de trabajo. Es importante también comunicar la situación a las autoridades correspondientes si se considera que se trata de un delito.

Sugerencia para Propietario

Realice una investigación exhaustiva para obtener pruebas claras de la manipulación de las comandas. Aplique las sanciones establecidas en el reglamento interno de trabajo, que pueden incluir desde una advertencia hasta el despido, según corresponda. Revise sus sistemas de control interno, como el software de gestión de comandas y el registro de pagos, para asegurar que existan medidas que dificulten futuros fraudes. Capacite a los empleados sobre la importancia de la honestidad y las consecuencias legales de actos fraudulentos. En casos de gravedad, considere reportar el incidente a las autoridades competentes si se trata de un delito de fraude.

---

180. ¿CÓMO PROCEDER LEGALMENTE SI UN EMPLEADO GENERA RUMORES FALSOS SOBRE LA CAFETERÍA Y AFECTA SU REPUTACIÓN ENTRE LOS CLIENTES?

Respuesta: Si un trabajador comienza a generar rumores falsos sobre la cafetería que afecten la reputación del establecimiento, el propietario debe actuar con rapidez para evitar que la situación escale y cause más daños. El primer paso es recabar pruebas que respalden las acusaciones de difamación, como testigos, grabaciones o evidencia escrita, para demostrar que el trabajador está difundiendo información falsa. El empleador debe confrontar al trabajador de manera formal, brindándole la oportunidad de explicar su versión de los hechos. Si la acusación es cierta, se debe considerar una sanción disciplinaria según lo estipulado en el contrato de trabajo o en el reglamento interno, que puede incluir desde una amonestación hasta el despido por incumplimiento de las obligaciones laborales y por dañar la reputación de la empresa.

Sugerencia para Propietario

Es fundamental que mantengas un ambiente laboral de confianza y respeto, donde los empleados comprendan que la difusión de información falsa puede tener repercusiones legales y económicas para la empresa. De ser necesario, revisa las políticas de conducta y establece sanciones claras para evitar futuros incidentes. Además, es recomendable que comuniques a los empleados las consecuencias legales que pueden derivarse de este tipo de conductas. Si el daño a la reputación es significativo, no dudes en emprender acciones legales por difamación o perjuicio a la imagen del negocio. Establecer canales de comunicación abiertos y transparentes también puede ayudar a prevenir malentendidos y crear un ambiente más profesional y respetuoso.

TITULO IV
TRABAJADOR

CAPITULO I
HOTELES - ÓRDENES ILEGALES DEL EMPLEADOR

181. ¿QUÉ PUEDE HACER UN RECEPCIONISTA SI EL GEREN-
TE DEL HOTEL LE ORDENA CANCELAR RESERVAS SIN
MOTIVO PARA FAVORECER A CIERTOS CLIENTES?

Respuesta: Si un gerente ordena cancelar reservas sin una justificación válida para beneficiar a ciertos clientes, el recepcionista
debe actuar con prudencia y ética profesional. Primero, es recomendable solicitar por escrito la instrucción del gerente para
contar con un respaldo en caso de que surjan reclamaciones. Además, debe verificar la política del hotel respecto a cancelaciones y
asegurarse de que la acción no viole normas internas ni afecte los
derechos de los clientes. Si la orden del gerente es contraria a la
política del hotel o podría generar problemas legales, el recepcionista puede expresar su preocupación de manera profesional, argumentando que podría afectar la reputación del establecimiento
y generar quejas. También puede elevar la situación a un superior
dentro de la cadena de mando, como el director del hotel o el
departamento de atención al cliente. En caso de que el gerente
insista en la cancelación injustificada, el recepcionista debe documentar la situación y, si es posible, notificar a los clientes afectados con transparencia para evitar posibles conflictos. Si la presión
se mantiene y la orden pone en riesgo su ética laboral, puede
considerar presentar una queja formal ante Recursos Humanos o
buscar asesoría legal sobre sus derechos.

182. **¿Cómo debe actuar un camarero si el dueño del hotel le exige que altere las facturas para cobrar más a los huéspedes?**

Respuesta: Si el dueño del hotel le ordena alterar facturas para cobrar más a los huéspedes, el camarero debe negarse de manera respetuosa pero firme, ya que esta acción es ilegal y puede acarrear sanciones tanto para él como para el establecimiento. Es importante documentar la solicitud y, si es posible, buscar asesoría interna o externa sobre cómo proceder sin arriesgar su empleo ni incurrir en complicidad. En caso de sentirse presionado o amenazado, el trabajador puede recurrir a organismos de protección laboral o entidades de defensa del consumidor para denunciar la práctica fraudulenta. También es recomendable hablar con otros empleados para verificar si esta situación es recurrente y, en conjunto, tomar medidas adecuadas.

Sugerencia para Camarero

Mantente firme: No participes en actividades fraudulentas, ya que podrías ser considerado responsable ante la ley. *Documenta la situación*: Guarda pruebas como correos electrónicos, mensajes o cualquier comunicación en la que se te pida modificar facturas. *Consulta con un experto*: Si sientes que tu empleo está en riesgo por negarte, busca asesoría laboral para protegerte. *Denuncia si es necesario*: Si la práctica persiste, puedes reportarla a las autoridades competentes o a organismos de derechos laborales. *Evita conflictos directos*: Explica que prefieres seguir los procedimientos legales y que no puedes comprometerte en prácticas indebidas.

---

183. ¿QUÉ PUEDE HACER UN TRABAJADOR DE LIMPIEZA SI SU EMPLEADOR LE OBLIGA A USAR PRODUCTOS QUÍMICOS SIN LAS MEDIDAS DE SEGURIDAD ADECUADAS?

Respuesta: Si un empleador obliga a un trabajador de limpieza a manipular productos químicos sin proporcionar las medidas de seguridad adecuadas, el trabajador debe actuar con firmeza para proteger su salud. En primer lugar, debe comunicar de inmediato su preocupación al supervisor o al responsable de seguridad del establecimiento. Es recomendable hacer esta solicitud por escrito o en un medio verificable para dejar constancia del reclamo. Si el empleador ignora la petición, el trabajador tiene derecho a negarse a realizar la tarea en condiciones inseguras, amparado en las normativas de seguridad laboral. También puede recurrir a los organismos de inspección laboral o a la autoridad sanitaria para denunciar la situación. Además, es importante que el trabajador documente cualquier situación de riesgo, incluyendo la falta de equipos de protección, productos sin etiquetado adecuado o incidentes ocurridos debido a la exposición a sustancias peligrosas.

Sugerencia para Trabajador

Si tu empleador te obliga a utilizar productos químicos sin las medidas de seguridad adecuadas (guantes, mascarillas, ventilación, etc.), *actúa con firmeza, pero con prudencia*: primero, *rechaza el uso de los productos hasta que se garanticen las condiciones seguras*, recordando que la *Ley 31/1995 de Prevención de Riesgos Laborales* te ampara para negarte a realizar tareas que pongan en riesgo tu salud. *Exige por escrito* (email o documento) los equipos de protección necesarios y reporta la situación al *Servicio de Prevención de Riesgos Laborales* de tu empresa o al *comité de seguridad y salud*. Si no responden, denúncialo ante la *Inspección de Trabajo* (puedes hacerlo de forma anónima) o acude a tu sindicato (como CCOO, UGT o uno específico de la hostelería) para asesoramiento legal. *Nunca aceptes condiciones inseguras*: un accidente podría tener consecuencias graves para tu salud y dar lugar a responsabilidades penales para tu empleador. Si ya has sufrido daños (irritaciones, mareos), acude al médico y guarda los informes como prueba para una posible reclamación.

184. ¿Cómo debe proceder un cocinero si el gerente del hotel le ordena reutilizar comida sobrante de clientes para nuevos platos?

Respuesta: El cocinero debe negarse rotundamente a seguir esa orden, ya que reutilizar comida sobrante de los clientes no solo es una mala práctica en términos de higiene y seguridad alimentaria, sino que también puede poner en riesgo la salud de los comensales. El cocinero debe explicar al gerente que esta práctica viola las normativas de seguridad e higiene alimentaria, además de los principios éticos de la profesión culinaria. Si el gerente insiste en la orden, el cocinero tiene la responsabilidad de informar a las autoridades pertinentes o, en caso de ser necesario, considerar la renuncia ante tal situación.

Sugerencia para Cocinero

Es esencial que el cocinero se adhiera a las normas de higiene y seguridad alimentaria en todo momento. Si se enfrenta a una situación como esta, debe ser firme en su negativa, pero también debe tratar de comunicarse con el gerente de manera calmada y profesional, explicando las implicaciones legales y de salud de la práctica. Si la situación persiste, el cocinero debe buscar asesoramiento legal o plantear la situación ante los organismos de salud o de control sanitario pertinentes para evitar comprometer su integridad profesional y la seguridad de los huéspedes.

185. ¿Qué puede hacer un trabajador si el hotel lo obliga a trabajar jornadas excesivas sin pago de horas extras?

Respuesta: Si un trabajador se ve obligado a trabajar jornadas excesivas sin recibir el pago correspondiente por horas extras, tiene varias opciones legales para actuar. En primer lugar, debe intentar resolver el problema de manera interna, comunicando su situación a su superior directo o al departamento de recursos humanos. Si no obtiene una respuesta satisfactoria, puede formalizar su queja por escrito, señalando las horas extras trabajadas y la falta de compensación. En caso de que el empleador no rectifique, el trabajador tiene el derecho de presentar una denuncia ante el Ministerio de Trabajo y Economía Social o acudir a la inspección de trabajo correspondiente para que investiguen la situación. Además, si el trabajador considera que sus derechos han sido vulnerados, puede acudir a los tribunales laborales para reclamar el pago de las horas extras correspondientes.

Sugerencia para Trabajador

Llevar un registro detallado de las horas trabajadas, incluyendo los días y las horas en las que se laboró más allá del horario normal, ya que esto servirá como evidencia en caso de que necesite presentar una denuncia. En la medida de lo posible, mantener una comunicación abierta y clara con su superior, planteando la situación de manera respetuosa y buscando una solución amistosa antes de tomar medidas legales. Sin embargo, es fundamental que el trabajador sepa que tiene derecho a recibir el pago adecuado por su trabajo y puede recurrir a la ley si no se cumple con este derecho.

186. ¿Cómo debe actuar un trabajador si el emplea-dor le ordena no registrar un accidente labo-ral para evitar inspecciones?

Respuesta: En caso de que el empleador le ordene no registrar un accidente laboral, el trabajador debe rechazar esa instrucción, ya que no está permitido ocultar accidentes o situaciones que puedan comprometer la salud y seguridad laboral. El trabajador tiene la obligación de reportar cualquier accidente que ocurra durante su jornada laboral de acuerdo con las normativas de seguridad y salud en el trabajo. No registrar el incidente puede resultar en sanciones tanto para el empleador como para el trabajador, además de poner en riesgo la integridad de los trabajadores y la correcta administración de las compensaciones y seguros laborales. El trabajador debe documentar el accidente, hacerlo constar en los informes pertinentes y, si es necesario, buscar asesoría legal para garantizar que sus derechos sean respetados.

Sugerencia para Trabajador

Si el empleador insiste en ocultar el accidente, el trabajador debe tomar las siguientes medidas: Informar por escrito sobre el accidente, ya sea en un informe personal o comunicando la situación al departamento de Recursos Humanos o de Seguridad y Salud en el Trabajo, si es posible. Buscar asesoría legal si el empleador sigue presionando para no registrar el accidente, para tener un respaldo en caso de que surjan problemas legales. Rechazar cualquier presión para modificar la versión de los hechos y asegurarse de que el incidente quede debidamente registrado, incluso si esto significa reportarlo a las autoridades competentes si es necesario. Guardar evidencia del accidente (fotos, testigos, informes médicos, etc.), en caso de que sea necesario en un futuro. Es importante que el trabajador se mantenga firme en la protección de su salud y derechos, pues ocultar un accidente puede tener consecuencias graves a largo plazo tanto para él como para su entorno laboral.

187. ¿QUÉ PUEDE HACER UN RECEPCIONISTA SI EL GERENTE DEL HOTEL LE ORDENA RECHAZAR CLIENTES DE CIERTAS NACIONALIDADES SIN CAUSA JUSTIFICADA?

Respuesta: Si un recepcionista recibe una orden para rechazar clientes de determinadas nacionalidades sin una causa justificada, está frente a una situación que puede violar los derechos de los clientes y principios de no discriminación. El recepcionista debe evaluar cuidadosamente la solicitud y la legalidad de esta, ya que este tipo de discriminación puede estar en contra de la ley. Según las leyes de igualdad y no discriminación, no es legal rechazar o discriminar a un cliente por su nacionalidad, raza o cualquier otra característica protegida. Si el recepcionista se siente incómodo con la orden, lo más recomendable es expresar de manera respetuosa su preocupación al gerente, sugiriendo que se revisen los procedimientos internos o, si la situación lo permite, consultar con el departamento de recursos humanos o un asesor legal para garantizar que la política del hotel esté alineada con las leyes y normativas vigentes.

Sugerencia para Recepcionista

Si te encuentras en una situación similar, es fundamental que mantengas la calma y la profesionalidad. Si consideras que la orden va en contra de la legislación antidiscriminatoria, primero trata de resolver la situación de manera interna, solicitando más información o aclarando el motivo detrás de la directiva. Si la orden persiste y te sientes presionado, puedes considerar documentar la situación (de forma confidencial) y, si es necesario, acudir a las autoridades o a un abogado especializado para que te asesoren sobre las medidas a seguir. Hay que recordar siempre que defender los derechos de los clientes y actuar con integridad es clave.

188. ¿CÓMO DEBE PROCEDER UN TRABAJADOR DE MANTENIMIENTO SI EL HOTEL LE EXIGE REPARAR INSTALACIONES SIN EQUIPO DE PROTECCIÓN?

Respuesta: Si el trabajador de mantenimiento se encuentra en una situación donde se le exige realizar reparaciones en el hotel sin el equipo adecuado de protección, lo primero que debe hacer es comunicar su preocupación de manera clara y profesional a su supervisor o gerente. El trabajador tiene derecho a un ambiente laboral seguro, y las leyes de seguridad y salud ocupacional protegen su bienestar. Si la situación persiste, debe seguir los procedimientos establecidos por la empresa para reportar violaciones a las normas de seguridad laboral, como hacer un reporte por escrito detallando el incidente y las condiciones de trabajo inseguras. Además, es recomendable que el trabajador consulte con un delegado de seguridad, si está disponible, o se comunique con la autoridad laboral correspondiente, como el Ministerio del Trabajo o la Inspección de Trabajo, si la situación no se soluciona internamente.

Sugerencia para Trabajador
Si te encuentras en esta situación, es crucial que no pongas en riesgo tu seguridad personal. Insiste educadamente ante tu jefe o supervisor para que se te proporcione el equipo necesario para llevar a cabo la tarea de manera segura.

Recuerda que tu bienestar es lo primero. Si después de hablar con ellos la situación no mejora, considera registrar el problema de manera formal, ya sea por medio de un informe escrito o comunicándote con la autoridad laboral. No aceptes realizar trabajos peligrosos sin la protección adecuada, ya que esto podría poner en peligro tu salud y tu integridad física.

189. ¿QUÉ PUEDE HACER UN TRABAJADOR SI EL HOTEL LO OBLIGA A DORMIR EN HABITACIONES EN MAL ESTADO SIN CONDICIONES DIGNAS?

Respuesta: El trabajador tiene derecho a un ambiente laboral seguro y adecuado, según las normativas de salud y seguridad laboral. Si el hotel obliga al trabajador a dormir en habitaciones en mal estado, el trabajador puede presentar una queja formal a la gerencia del hotel, exponiendo las condiciones inadecuadas del lugar. Si la situación persiste, el trabajador puede acudir a las autoridades laborales correspondientes, como el Ministerio de Trabajo y Economía Social o Inspección de Trabajo, para denunciar las condiciones de trabajo inadecuadas y exigir que se cumpla con los estándares de bienestar establecidos por la ley.

Sugerencia para Trabajador

Si te encuentras en esta situación, es importante mantener la calma y documentar todo lo sucedido, incluyendo fotos o videos de las habitaciones en mal estado. Habla con tus superiores de manera respetuosa, pero firme, para expresar tus preocupaciones. Si no obtienes una respuesta satisfactoria, no dudes en presentar una denuncia formal ante las autoridades laborales, ya que las condiciones laborales inadecuadas pueden tener consecuencias graves tanto para ti como para la empresa.

190. ¿CÓMO DEBE ACTUAR UN TRABAJADOR SI EL EMPLEADOR LE EXIGE DAR INFORMACIÓN PRIVADA DE LOS HUÉSPEDES A TERCEROS?

Respuesta: Si un trabajador se ve en la situación de que su empleador le solicita revelar información privada o confidencial de los huéspedes a terceros, el trabajador debe rechazar la solicitud de inmediato, ya que esto constituye una violación a la privacidad y a las leyes de protección de datos. El trabajador tiene la obligación de mantener la confidencialidad de toda la información personal de los huéspedes según las normativas legales, como la Ley de Protección de Datos Personales. La revelación de estos datos sin el consentimiento del huésped puede implicar sanciones tanto para el empleador como para el trabajador, por lo que es crucial que el trabajador se adhiera a los principios de confidencialidad establecidos por la empresa y la legislación vigente.

Sugerencia para Trabajador

Si un empleador insiste en una solicitud de este tipo, el trabajador debe actuar de manera profesional y comunicar que está dispuesto a seguir las políticas de la empresa, pero también debe estar consciente de sus derechos legales. En caso de que la solicitud persista, el trabajador puede buscar asesoría legal para comprender sus derechos y tomar las acciones necesarias, incluyendo la posibilidad de denunciar el incumplimiento de las leyes de privacidad o la solicitud inapropiada ante las autoridades competentes.

CAPITULO II
RESORTS - ÓRDENES ILEGALES DEL EMPLEADOR

191. ¿QUÉ PUEDE HACER UN SOCORRISTA SI LA ADMINIS-
TRACIÓN DEL RESORT LE ORDENA SEGUIR OPERANDO
UNA PISCINA SIN EL MANTENIMIENTO ADECUADO?

Respuesta: Como socorrista, tu principal responsabilidad es la seguridad de los huéspedes y, por lo tanto, la de la piscina en sí. Si la
administración del resort te ordena operar la piscina sin el mantenimiento adecuado, puedes plantear la situación de la siguiente manera; Documenta la situación: Anota las condiciones de la piscina, los
posibles riesgos que pueden existir por la falta de mantenimiento (por
ejemplo, agua turbia, equipos de rescate defectuosos, etc.) y cualquier
acción que hayas tomado para asegurar la seguridad en ese contexto.
Informa a la administración: Hazlo de forma clara y profesional, comunicando los riesgos involucrados y cómo pueden afectar la seguridad de los huéspedes y la integridad del resort. Si no recibes una respuesta adecuada, trata de plantear la preocupación por escrito, ya que
esto deja constancia de tu posición. Consulta las regulaciones locales:
Verifica las normativas locales o nacionales sobre las condiciones de
las piscinas públicas o privadas. Si las condiciones son peligrosas, puedes recurrir a estas leyes como respaldo. Evita operar en condiciones
peligrosas: Si la situación pone en riesgo la seguridad de los bañistas,
puedes negarte a operar la piscina sin el mantenimiento adecuado,
haciendo saber que no asumes la responsabilidad por cualquier accidente que pueda ocurrir debido a la falta de mantenimiento.

192. ¿CÓMO DEBE ACTUAR UN TRABAJADOR SI EL EMPLEADOR LE EXIGE VENDER PAQUETES TURÍSTICOS ENGAÑOSOS A LOS HUÉSPEDES?

Respuesta: Si el empleador exige al trabajador vender paquetes turísticos engañosos a los huéspedes, el trabajador debe actuar con cautela y considerar las implicaciones legales de dicha solicitud. El trabajador tiene derecho a negarse a participar en actividades fraudulentas o ilegales, como la venta de paquetes engañosos. En primer lugar, el trabajador debe expresar su rechazo de manera respetuosa, explicando que no está dispuesto a realizar acciones que puedan perjudicar a los huéspedes o violar las leyes de protección al consumidor. Si la presión persiste, el trabajador puede recurrir a instancias superiores dentro de la empresa, como recursos humanos o la administración, para denunciar la situación. En caso de que no se tomen medidas, el trabajador tiene el derecho de presentar una denuncia ante las autoridades laborales o de protección al consumidor, ya que está siendo inducido a participar en una actividad ilícita que va en contra de la ética profesional y las leyes.

> ## Sugerencia para Trabajador
> El trabajador debe actuar con firmeza y responsabilidad ante esta situación, ya que aceptar participar en prácticas ilegales puede tener consecuencias graves tanto para él como para la empresa. Si el empleador insiste, el trabajador debe documentar cada interacción relacionada con la solicitud de vender paquetes engañosos, para tener pruebas en caso de que sea necesario presentar una denuncia. Además, el trabajador debería buscar asesoría legal o contactar a un sindicato si es parte de uno, para proteger sus derechos y evitar ser cómplice de prácticas ilegales. Finalmente, es importante que el trabajador valore la posibilidad de buscar otro empleo si la situación no mejora y las prácticas del empleador continúan siendo cuestionables.

193. ¿Qué puede hacer un animador si el gerente del resort le obliga a realizar espectáculos sin el equipo de seguridad necesario?

Respuesta: Si un animador se ve obligado por el gerente del resort a realizar espectáculos sin el equipo de seguridad necesario, debe comunicar inmediatamente la situación a su superior, preferiblemente por escrito, detallando las condiciones inseguras en las que se encuentra. Es importante que el animador haga constar que estas condiciones ponen en riesgo su integridad física y la de los demás. En caso de no recibir una respuesta adecuada, el animador puede acudir al departamento de recursos humanos o a las autoridades laborales, buscando asesoramiento y, en última instancia, la protección de su seguridad en el trabajo.

Sugerencia para Animador

En situaciones de riesgo, es esencial que no se comprometa su seguridad personal por la presión de realizar espectáculos. Si considera que no puede realizar su trabajo sin el equipo adecuado, debe solicitarlo formalmente, y si la respuesta no es satisfactoria, no dude en interponer una queja o recurrir a la ley de seguridad laboral. Además, es recomendable documentar cualquier incidente relacionado con la falta de medidas de seguridad y, si es necesario, presentar esa evidencia a las autoridades correspondientes.

---

194. ¿CÓMO DEBE PROCEDER UN JARDINERO SI EL EMPLEADOR LE ORDENA USAR PESTICIDAS PELIGROSOS SIN LA CAPACITACIÓN CORRESPONDIENTE?

Respuesta: El jardinero debe rechazar la orden y comunicar inmediatamente la situación a su supervisor o al área de seguridad laboral del empleador. Según las regulaciones de seguridad e higiene laboral, el trabajador tiene derecho a negarse a realizar tareas que pongan en peligro su salud o la de otros empleados. Además, debe exigir la capacitación adecuada en el uso de pesticidas o cualquier otro producto químico que implique riesgo. Si la situación no es resuelta de manera adecuada, el jardinero tiene derecho a interponer una denuncia ante las autoridades laborales correspondientes.

Sugerencia para Jardinero
Si te encuentras en una situación donde se te ordena usar pesticidas peligrosos sin la debida capacitación, no dudes en hablar con tu superior de manera clara y respetuosa para expresar tus preocupaciones sobre la seguridad. Es importante que solicites inmediatamente la formación necesaria y el equipo de protección adecuado. Si el empleador insiste en que realices la tarea sin las medidas de seguridad apropiadas, es recomendable que busques asesoría legal o acudas a las autoridades de trabajo para garantizar tu bienestar y el cumplimiento de las normativas laborales.

195. ¿Qué puede hacer un recepcionista si el resort lo obliga a negar reembolsos legítimos a clientes insatisfechos?

Respuesta: Si el recepcionista se ve obligado a negar reembolsos legítimos a clientes insatisfechos, debe intentar primero documentar la situación lo más detalladamente posible. Es recomendable que comunique a su superior inmediato las razones por las cuales los reembolsos deberían ser aprobados, de manera respetuosa y clara, apoyándose en la política del resort y en los derechos del cliente. En caso de que la situación no se resuelva y se le siga presionando a actuar en contra de los derechos del cliente, el recepcionista puede buscar asesoría legal externa o contactar a la autoridad competente para recibir orientación sobre cómo proceder de manera ética y legal, protegiendo sus propios derechos y cumpliendo con la ley.

196. ¿Cómo debe actuar un trabajador si el empleador le ordena encubrir una intoxicación alimentaria para evitar sanciones?

Respuesta: Si un trabajador se encuentra en la situación de que el empleador le ordena encubrir una intoxicación alimentaria, debe entender que su salud y bienestar están por encima de cualquier interés del empleador. El trabajador debe actuar con responsabilidad y transparencia. Es importante que el trabajador busque atención médica inmediatamente si experimenta síntomas de intoxicación y que documente todos los hechos relacionados con el incidente, incluyendo los síntomas y la visita al médico si es necesario. En este caso, el trabajador también tiene derecho a reportar la situación a las autoridades sanitarias o laborales, ya que la intoxicación alimentaria podría ser un riesgo para otros empleados o clientes.

El trabajador debe ser honesto sobre su condición y, si es necesario, consultar con un abogado o un sindicato para protegerse legalmente. Además, puede presentar una queja ante las autoridades laborales o de salud pública si el empleador está tratando de encubrir una situación que podría poner en riesgo a otras personas. La transparencia es clave en estos casos, y el trabajador debe actuar de manera ética y responsable, tanto para su bienestar personal como para la seguridad de sus compañeros y clientes.

197. ¿QUÉ PUEDE HACER UN MASAJISTA SI LA GERENCIA DEL RESORT LE EXIGE OFRECER SERVICIOS ADICIONALES NO INCLUIDOS EN SU CONTRATO?

Respuesta: El masajista debe revisar detenidamente su contrato laboral para verificar qué servicios están explícitamente acordados y establecidos. Si la solicitud de la gerencia no está dentro de los términos acordados, el masajista tiene derecho a rechazar esa petición, ya que cualquier cambio en las condiciones del contrato requiere un acuerdo mutuo entre ambas partes. En caso de que la gerencia presione para que se realicen estos servicios adicionales sin un ajuste en el contrato, el trabajador puede denunciar la situación a un sindicato, a la Inspectoría del Trabajo, o incluso considerar la posibilidad de una demanda por modificación unilateral de las condiciones laborales.

Sugerencia para Masajista
Es recomendable que el masajista se acerque a la gerencia de manera cordial para expresar sus inquietudes sobre la solicitud de servicios adicionales y explique que esto no

forma parte de su contrato. Si no se llega a un acuerdo, el trabajador debe plantearse buscar asesoría legal para asegurarse de que sus derechos sean respetados y evitar que se le presione a trabajar fuera de lo estipulado inicialmente. Si se siente incómodo o presionado, puede también plantear la opción de acudir a un tribunal laboral.

198. ¿CÓMO DEBE PROCEDER UN TRABAJADOR SI EL EMPLEADOR LE ORDENA TRABAJAR EN UNA ZONA PELIGROSA SIN MEDIDAS DE SEGURIDAD?

Respuesta: En este caso, el trabajador tiene derecho a rechazar el trabajo si considera que no se encuentran las condiciones de seguridad adecuadas. De acuerdo con la Ley de Prevención de Riesgos Laborales en España, el trabajador tiene el derecho de suspender la actividad si existe un riesgo grave e inminente para su salud o seguridad. Además, es recomendable que el trabajador comunique al empleador de inmediato la situación y lo haga constar por escrito, ya sea por medio de un correo electrónico o un informe formal, indicando las razones por las que considera que el lugar es peligroso y las medidas de seguridad no están en su lugar.

Sugerencia para Trabajador

Si te encuentras en una situación donde te ordenan trabajar en un área sin medidas de seguridad adecuadas, lo primero es comunicarlo de forma inmediata a tu empleador, preferentemente por escrito, para dejar constancia de tu queja. Si no obtienes una respuesta satisfactoria, puedes recurrir a los delegados de prevención o al Comité de Seguridad y Salud en tu empresa. Si el riesgo persiste y el empleador no toma medidas, puedes denunciar la situación a la Inspección de Trabajo, ya que tu salud y seguridad no deben comprometerse en ningún momento.

199. ¿Qué puede hacer un chef si el resort le exige etiquetar alimentos vencidos como si fueran frescos?

Respuesta: Si el resort te exige etiquetar alimentos vencidos como si fueran frescos, es importante que no accedas a realizar una acción ilegal o que ponga en riesgo la salud de los clientes. El chef tiene la responsabilidad de garantizar que los alimentos que se sirven sean seguros para el consumo. En este caso, debes informar a tu superior inmediato sobre la situación, documentando cualquier indicio de mala praxis. Si la presión persiste, considera presentar una queja formal a las autoridades de salud pública o la organización laboral correspondiente, ya que la manipulación incorrecta de alimentos puede implicar consecuencias legales graves tanto para ti como para el establecimiento.

Sugerencia para Chef
Si te encuentras en una situación como esta, actúa con integridad y prioriza la seguridad de los comensales. Habla con tu superior de manera firme pero respetuosa, explicando que no puedes comprometer la salud de los clientes ni la tuya al realizar acciones que vayan en contra de las normativas sanitarias. Si la situación no se resuelve, considera buscar el apoyo de un sindicato o de un abogado laboral especializado, quien te puede asesorar sobre cómo proceder legalmente. Mantén siempre documentación

sobre los eventos y comunicaciones que ocurran, en caso de que necesites recurrir a instancias externas para resolver el problema.

200. ¿Cómo debe actuar un trabajador si la administración del resort lo amenaza con despido si denuncia condiciones laborales ilegales?

Respuesta: Si un trabajador en un resort se ve amenazado con el despido por intentar denunciar condiciones laborales ilegales, es fundamental que conozca sus derechos, ya que en España el despido en represalia por la denuncia de infracciones laborales es ilegal. El trabajador debe, en primer lugar, documentar todas las amenazas de despido, ya sea mediante capturas de pantalla de conversaciones, correos electrónicos o testigos que puedan corroborar lo sucedido. Posteriormente, debe consultar con un abogado especializado en derecho laboral o ponerse en contacto con los sindicatos que puedan ofrecerle apoyo. También es recomendable que el trabajador presente una queja ante la Inspección de Trabajo, ya que este organismo tiene la capacidad de investigar y sancionar a la empresa por prácticas ilegales. El trabajador tiene derecho a denunciar sin temor a represalias, ya que la ley protege a quienes denuncian irregularidades laborales.

Sugerencia para Trabajador
En este tipo de situaciones, es importante que mantengas la calma y actúes con cautela. No debes aceptar amenazas de despido, ya que son una violación de tus derechos laborales. Recolecta toda la evidencia posible sobre las amenazas de despido y las condiciones ilegales que quieras denunciar.

Considera hablar con un abogado especializado en derecho laboral para que te guíe sobre los pasos a seguir, y no dudes en presentar una denuncia ante la Inspección de Trabajo si consideras que tus derechos están siendo vulnerados. Recuerda que la ley te protege y que no estás solo en esta lucha.

CAPITULO III
VIVIENDAS VACACIONALES - ÓRDENES ILEGALES DEL EMPLEADOR

201. ¿QUÉ PUEDE HACER UN TRABAJADOR DE LIMPIEZA SI EL PROPIETARIO LE EXIGE OCULTAR DEFECTOS GRAVES DE LA VIVIENDA ANTES DEL CHECK-IN DE LOS HUÉSPEDES?

Respuesta: En este caso, el trabajador de limpieza debe seguir principios éticos y legales. Exigir que se oculten defectos graves es una violación de las normativas de seguridad y calidad, que pueden generar consecuencias negativas tanto para el huésped como para el propietario. El trabajador tiene la obligación de actuar conforme a las normativas de higiene y seguridad que aplican en el sector de la hostelería, y al ser un mandato que pone en riesgo la integridad del servicio, debe negarse a llevar a cabo esa acción. En caso de que el propietario insista, el trabajador puede buscar asesoramiento legal y, si es necesario, denunciar la situación ante las autoridades competentes o una entidad sindical.

Sugerencia para Trabajador
Rechazar cualquier orden que implique ocultar defectos o poner en riesgo la seguridad y bienestar de los huéspedes es lo

---

correcto. Si el propietario insiste en realizar una acción ilegal o inmoral, es recomendable que el trabajador lo comunique de manera formal y, si no obtiene una respuesta favorable, considere tomar medidas más serias, como denunciar la situación ante la inspección del trabajo o consultar con un abogado especializado en derecho laboral. Además, documentar la solicitud para tener pruebas de cualquier intento de coacción puede ser útil en una futura reclamación.

202. ¿Cómo debe actuar un trabajador si el propietario le ordena recibir pagos en efectivo sin declarar para evitar impuestos?

Respuesta: El trabajador debe rechazar esta solicitud de manera firme y educada, ya que el recibir pagos sin declarar es una práctica ilegal. Si el propietario insiste, el trabajador debe recordar que, además de estar cometiendo un delito fiscal, también podría enfrentarse a consecuencias legales graves por participar en una actividad ilegal. En este caso, el trabajador tiene la responsabilidad de cumplir con las normativas fiscales y laborales del país, por lo que debe actuar de acuerdo con la ley y negarse a realizar cualquier acción que implique evasión de impuestos. En caso de que el propietario continúe con la solicitud ilegal, el trabajador tiene la opción de recurrir a las autoridades fiscales o laborales para denunciar la situación, de manera anónima si así lo desea.

Sugerencia para Trabajador
Es importante mantener la integridad y ética profesional en todo momento. Si el propietario le da una orden ilegal, como recibir pagos sin declarar, recháchela de inmediato. Explicar

al propietario que no puede comprometerse en actividades ilegales y que las consecuencias legales de tales acciones pueden ser graves tanto para el propietario como para el trabajador es importante. Si la situación persiste, el trabajador tiene derecho a buscar asesoría legal, protegerse y, si es necesario, presentar una denuncia ante las autoridades correspondientes. No comprometa su futuro profesional ni su estabilidad laboral al involucrarse en prácticas fraudulentas o ilegales.

203. ¿QUÉ PUEDE HACER UN TRABAJADOR SI EL PROPIETA-RIO DE LA VIVIENDA VACACIONAL LO OBLIGA A PER-MANECER DISPONIBLE FUERA DE SU JORNADA LABO-RAL SIN PAGO?

Respuesta: Si un trabajador es obligado por el propietario de la vivienda vacacional a estar disponible fuera de su jornada laboral sin recibir compensación, el trabajador se encuentra en una situación que puede ser considerada como una vulneración de sus derechos laborales, en particular en cuanto a la jornada laboral y el derecho a la desconexión. Según el Estatuto de los Trabajadores de España, los trabajadores tienen derecho a un descanso diario y semanal, así como a la desconexión digital fuera de su horario de trabajo. Además, cualquier tiempo de trabajo fuera de la jornada establecida debe ser remunerado, ya sea como horas extras o mediante compensación, conforme al acuerdo entre las partes o lo establecido en el convenio colectivo aplicable.

Sugerencia para Trabajador
Si te encuentras en esta situación, es recomendable que, en primer lugar, hables con el propietario de manera

directa y educada, explicando que no estás dispuesto a estar disponible fuera de tu horario laboral sin recibir una compensación correspondiente. Si el propietario insiste, es recomendable que guardes un registro escrito de todas las comunicaciones que tengas sobre este tema. En caso de que la situación persista, puedes recurrir a la Inspección de Trabajo o a un abogado especializado en derecho laboral para recibir orientación sobre cómo proceder legalmente y hacer valer tus derechos. También es importante revisar el contrato laboral y el convenio colectivo aplicable, si lo hubiera, para verificar si existen cláusulas específicas sobre la disponibilidad fuera de la jornada laboral.

204. ¿CÓMO DEBE PROCEDER UN TRABAJADOR SI EL DUEÑO LE EXIGE FALSIFICAR COMENTARIOS POSITIVOS SOBRE LA VIVIENDA EN PLATAFORMAS DE RESERVAS?

Respuesta: Si un trabajador recibe una solicitud del dueño para falsificar comentarios positivos sobre la vivienda en plataformas de reservas, debe rechazar rotundamente esa solicitud. Falsificar opiniones o realizar prácticas deshonestas en plataformas de reseñas está no solo en contra de la ética profesional, sino también de las normativas legales que rigen la competencia y la publicidad en muchos países, incluida España. El trabajador debe actuar con honestidad y transparencia en todo momento, y en caso de que se le siga presionando para llevar a cabo dicha actividad, lo recomendable es documentar esta solicitud y plantear la situación a las autoridades competentes o a un abogado para tomar las medidas correspondientes. La protección de la reputación del negocio debe basarse en prácticas honestas y de calidad, no en manipulaciones engañosas.

Sugerencia para Trabajador

Si te enfrentas a esta situación, lo mejor es comunicarle al propietario de manera clara y respetuosa que no puedes llevar a cabo esa solicitud, ya que va en contra de la legalidad y las políticas éticas de la empresa. Si la presión persiste, considera denunciar la situación ante las autoridades competentes, como la Dirección General de Consumo o en su caso, a través de las plataformas donde se pueda presentar una queja sobre esta práctica. Además, si el dueño insiste en incurrir en estas prácticas, deberías considerar la opción de buscar asesoramiento legal y en último caso, tomar medidas para proteger tu integridad profesional y tu reputación.

205. ¿QUÉ PUEDE HACER UN TRABAJADOR SI EL PROPIETARIO LE ORDENA DESALOJAR A HUÉSPEDES ANTES DE TIEMPO SIN JUSTIFICACIÓN LEGAL?

Respuesta: Si un trabajador recibe una orden del propietario para desalojar a los huéspedes sin una justificación legal, el trabajador debe actuar con cautela. Primero, debe asegurarse de que la orden del propietario esté documentada y confirmada por escrito, si es posible. El trabajador debe explicar educadamente al propietario que la ley no permite el desalojo sin una razón válida, como un incumplimiento de contrato por parte de los huéspedes. Es recomendable que el trabajador documente cualquier conversación sobre este tema y, si la situación se complica, se consulte con un abogado especializado en derecho laboral o derechos de los consumidores para protegerse de posibles consecuencias negativas, como el despido injustificado o daños a su reputación profesional.

206. ¿Cómo debe actuar un trabajador si el propietario de la vivienda le exige manipular el contador de servicios para reducir costos?

Respuesta: En esta situación, el trabajador debe rechazar rotundamente la solicitud, ya que manipular el contador de servicios de manera ilegal es un acto delictivo que puede acarrear consecuencias tanto legales como laborales. Es importante que el trabajador sea consciente de que dicha acción constituye un fraude y podría ser penalizada severamente. Si el propietario insiste, el trabajador tiene la obligación de informarlo de manera educada sobre la ilegalidad de la solicitud y la posibilidad de denunciarlo a las autoridades correspondientes, si fuera necesario.

autoridades o a los responsables correspondientes, como un sindicato o una entidad que defienda sus derechos laborales. Además, el trabajador debería guardar cualquier tipo de evidencia que respalde su versión de los hechos, como correos electrónicos, mensajes u otros documentos que puedan ser útiles en caso de tener que presentar una denuncia.

207. ¿Qué puede hacer un trabajador si el propietario le ordena no reportar desperfectos graves que podrían poner en riesgo a los huéspedes?

Respuesta: Si un propietario ordena a un trabajador no reportar desperfectos graves que podrían poner en riesgo a los huéspedes, el trabajador debe actuar con responsabilidad y ética profesional. De acuerdo con la legislación laboral y de seguridad, el trabajador tiene la obligación de velar por la seguridad y bienestar de los clientes. Si el propietario insiste en no reportar los daños, el trabajador puede considerar la posibilidad de denunciar la situación ante las autoridades competentes, como la Inspección del Trabajo, ya que el incumplimiento de normas de seguridad podría ser constitutivo de un delito o contravención. Además, si el propietario persiste en la solicitud, el trabajador podría acogerse a la figura de *"denuncia de irregularidades"* (whistleblowing), que le otorga protección legal en muchos países por alertar sobre acciones ilegales o peligrosas.

Sugerencia para Trabajador
Si te encuentras en esta situación, es crucial que priorices la seguridad y el bienestar de los huéspedes, ya que tu responsabilidad laboral incluye garantizar que las

condiciones de la propiedad sean seguras. Si el propietario insiste en que no informes los desperfectos, documenta por escrito tus observaciones y las instrucciones recibidas. Si es necesario, busca asesoría legal o comunica el hecho a las autoridades competentes. En algunos casos, también puedes reportar la situación a un sindicato o una organización que proteja los derechos laborales para obtener orientación y apoyo adicional.

208. ¿CÓMO DEBE PROCEDER UN TRABAJADOR SI EL PROPIETARIO DE LA VIVIENDA VACACIONAL LE EXIGE ENCARGARSE DE TAREAS FUERA DE SU CONTRATO SIN PAGO ADICIONAL?

Respuesta: En este caso, el trabajador debe analizar si las tareas solicitadas están fuera del marco de lo que se acordó en su contrato de trabajo. Si las actividades exceden las obligaciones inicialmente pactadas, el trabajador tiene derecho a negarse a realizarlas sin una compensación adicional. El trabajador debe plantear la situación de manera educada al propietario, explicando que las tareas solicitadas no están cubiertas por su contrato y que, para realizarlas, debe recibir una compensación adecuada o un acuerdo formal por escrito. En caso de que la negativa no sea bien recibida, el trabajador puede recurrir a los canales legales, presentando una queja ante la Inspección de Trabajo o asesorarse con un abogado especializado en derecho laboral.

Sugerencia para Trabajador
Es fundamental que el trabajador se comunique de manera clara y respetuosa con el propietario, exponiendo sus razones

basadas en el contrato firmado. El trabajador debe recordar que tiene derecho a que se respeten las condiciones pactadas y que cualquier cambio en sus responsabilidades debe ser acordado de manera explícita y formal. Si el propietario insiste en imponer tareas adicionales sin compensación, lo ideal sería buscar asesoría legal para evaluar las mejores acciones a seguir y, en su caso, presentar una denuncia ante la autoridad competente.

209. ¿QUÉ PUEDE HACER UN TRABAJADOR SI EL PROPIETA-RIO LE ORDENA INGRESAR A LA VIVIENDA MIENTRAS LOS HUÉSPEDES AÚN LA ESTÁN OCUPANDO?

Respuesta: El trabajador debe negarse a cumplir con la orden si va en contra de los derechos de los huéspedes y de las normativas de privacidad. El acceso a la vivienda vacacional debe ser respetuoso con la intimidad de los huéspedes. Además, la entrada en la propiedad debe estar justificada por una razón legítima (por ejemplo, mantenimiento o reparación), y los huéspedes deben ser informados y, en algunos casos, deben consentir la entrada si aún no han desocupado el inmueble. El trabajador tiene derecho a negarse a cumplir con la orden del propietario si ésta es inapropiada o ilegal, y podría ser necesario que el trabajador documente el incidente para su protección.

Sugerencia para Trabajador
El trabajador debe comunicar al propietario que no puede ingresar a la vivienda mientras los huéspedes sigan presentes, ya que esto podría violar su derecho a la privacidad. En caso de que el propietario insista, el trabajador debe pedir por

escrito la autorización o la justificación de la solicitud, y en caso de que la situación persista, podría considerar contactar con la representación sindical o recurrir a los servicios legales correspondientes para proteger su derecho a un ambiente laboral respetuoso y conforme a la ley. Además, es recomendable que el trabajador documente cualquier incidente relacionado con este tipo de órdenes para su seguridad legal.

210. ¿CÓMO DEBE ACTUAR UN TRABAJADOR SI EL PROPIETARIO DE LA VIVIENDA VACACIONAL LE EXIGE DESHACERSE DE QUEJAS DE HUÉSPEDES SIN OFRECER SOLUCIONES REALES?

Respuesta: El trabajador debe mantener su profesionalismo y, aunque se vea presionado por la situación, debe asegurarse de gestionar las quejas de los huéspedes de manera adecuada y ética. Si el propietario le exige ignorar las quejas sin dar soluciones, el trabajador debe comunicarle la importancia de resolver las inquietudes de los huéspedes de forma efectiva para garantizar la satisfacción del cliente y evitar posibles problemas legales. El trabajador debe seguir los protocolos establecidos para abordar las quejas, y si considera que las instrucciones del dueño son inapropiadas o podrían afectar la reputación del establecimiento, lo más recomendable sería informar la situación por escrito, si es posible, para contar con un respaldo en caso de que la situación se complique.

Sugerencia para Trabajador
Es fundamental que el trabajador no ceda a la presión de ignorar las quejas de los huéspedes. Ignorar o desestimar los problemas puede resultar en una mala reputación

para la vivienda vacacional y en la pérdida de clientes. Si el propietario insiste en no tomar medidas adecuadas, el trabajador debe considerar la posibilidad de buscar asesoría legal o denunciar la situación si se siente incómodo o comprometido por este tipo de instrucciones. Mantener un enfoque ético y profesional no solo protegerá su integridad laboral, sino que también garantizará que los huéspedes reciban el servicio que esperan, contribuyendo a la sostenibilidad y buena imagen del negocio.

CAPITULO IV
RESTAURANTES -
ÓRDENES ILEGALES DEL EMPLEADOR

211. ¿QUÉ PUEDE HACER UN COCINERO SI EL DUEÑO DEL RESTAURANTE LE ORDENA REUTILIZAR ALIMENTOS VENCIDOS EN LOS PLATOS DE LOS CLIENTES?

Respuesta: Si el dueño del restaurante le ordena reutilizar alimentos vencidos, el cocinero debe negarse de inmediato, ya que esto representa un grave riesgo para la salud de los clientes y podría derivar en sanciones legales. Es recomendable que registre la orden recibida y busque pruebas que respalden su negativa, como mensajes escritos o testigos. También puede comunicar la situación a las autoridades sanitarias locales para evitar responsabilidades legales y daños a la reputación del establecimiento. En caso de represalias por negarse a cumplir la orden, el cocinero puede considerar denunciar el hecho ante la inspección de trabajo o buscar asesoría legal para proteger sus derechos.

Sugerencia para Cocinero

Protección legal: Documenta todo lo sucedido y, si es posible, informa a tus compañeros o supervisores de confianza. *Denuncia anónima*: Si temes represalias, consulta si puedes hacer una denuncia anónima ante las

---

autoridades sanitarias. *Evita riesgos*: No comprometas tu ética ni tu carrera profesional por presiones indebidas; tu responsabilidad es garantizar la seguridad alimentaria. *Consulta legal*: Si el dueño toma represalias contra ti, busca asesoría para evaluar opciones legales, incluyendo la posibilidad de alegar despido indirecto.

212. ¿Cómo debe actuar un mesero si el empleador le exige modificar las cuentas para cobrar más a los clientes?

Respuesta: Si el empleador le exige modificar las cuentas para cobrar más a los clientes, el mesero debe actuar con integridad y apegarse a la legalidad. Alterar las cuentas para obtener un cobro indebido puede ser considerado un fraude y perjudicar tanto a los clientes como a la reputación del establecimiento. Lo primero es rechazar la instrucción de manera respetuosa y dejar claro que no puede participar en prácticas deshonestas. Si la presión continúa, debe documentar la situación y, si es necesario, denunciar ante las autoridades laborales o de protección al consumidor.

Sugerencia para Mesero

Mantén siempre un registro de las cuentas que manejas y guarda copias cuando sea posible. Si el empleador insiste en que modifiques las cuentas de manera irregular, evalúa la posibilidad de comunicarlo a una instancia superior o a un organismo regulador. No pongas en riesgo tu reputación ni tu empleo por prácticas indebidas; actuar con transparencia te protegerá de consecuencias legales en el futuro. Considera buscar otro empleo si en el establecimiento se practican fraudes sistemáticos, ya que podrías verte involucrado en problemas legales.

213. ¿QUÉ PUEDE HACER UN TRABAJADOR SI EL DUEÑO DEL RESTAURANTE LO OBLIGA A TRABAJAR SIN CONTRATO NI SEGURIDAD SOCIAL?

Respuesta: Si un trabajador es obligado a laborar sin contrato ni seguridad social, tiene derecho a exigir su regularización. La ley establece que toda relación laboral debe formalizarse mediante un contrato y con el alta en la seguridad social. En primer lugar, el trabajador puede solicitar directamente al empleador que cumpla con sus obligaciones. Si el empleador se niega, el trabajador puede acudir a la Inspección de Trabajo y Seguridad Social para denunciar la situación. También tiene la opción de presentar una demanda ante el juzgado laboral para el reconocimiento de la relación de trabajo y exigir el pago de cotizaciones atrasadas. Además, si el trabajador sufre un accidente o enfermedad en el trabajo sin estar asegurado, el empleador será el responsable de cubrir todos los costos médicos y compensaciones. Por ello, es importante actuar lo antes posible para evitar perjuicios futuros.

Sugerencia para Trabajador
No permitas que se vulneren tus derechos. Antes de aceptar un empleo, exige que te den de alta en la seguridad social y que se formalice un contrato por escrito. Si ya estás trabajando en condiciones irregulares, intenta primero hablar con el empleador para buscar una solución. Si no hay respuesta favorable, recopila

pruebas como mensajes, horarios de trabajo y testigos. Luego, acude a la Inspección de Trabajo o a un abogado especializado para asesorarte sobre los pasos legales a seguir. Tu seguridad y estabilidad laboral dependen de que hagas valer tus derechos.

214. ¿Cómo debe proceder un camarero si el empleador le exige quedarse con las propinas de todo el personal?

Respuesta: Si el empleador ordena a un camarero quedarse con las propinas de todo el personal en lugar de distribuirlas correctamente, se trata de una práctica injusta e ilegal en muchos países, incluyendo España. Antes de tomar acción, el camarero debe verificar la normativa laboral vigente sobre el reparto de propinas y derechos de los trabajadores en su jurisdicción. El primer paso es dialogar con el empleador para aclarar la situación y conocer la justificación detrás de la instrucción. Si el empleador persiste en la exigencia, el camarero debe reunir pruebas, como mensajes escritos, grabaciones de audio (si la legislación lo permite) o testimonios de otros trabajadores. A continuación, puede reportar la irregularidad ante la autoridad laboral correspondiente o buscar asesoría legal. En algunos casos, la denuncia puede presentarse de forma anónima a través de sindicatos o instituciones que protejan los derechos de los trabajadores. Si el camarero teme represalias, debe documentar cualquier tipo de represalia o acoso para respaldar una posible demanda por prácticas laborales injustas. También puede solicitar el apoyo de otros trabajadores afectados para presentar una queja conjunta y fortalecer la denuncia.

215. ¿QUÉ PUEDE HACER UN TRABAJADOR DE LIMPIEZA SI EL RESTAURANTE LE OBLIGA A USAR PRODUCTOS QUÍMICOS SIN PROTECCIÓN NI CAPACITACIÓN?

Respuesta: Si el restaurante obliga al trabajador de limpieza a manipular productos químicos sin la debida protección ni capacitación, debe tomar medidas para proteger su salud y hacer valer sus derechos. La exposición a sustancias químicas sin los equipos adecuados puede causar daños graves, por lo que es fundamental actuar de inmediato. En primer lugar, el trabajador debe informar a su supervisor o al encargado de seguridad del establecimiento sobre la falta de protección y capacitación. Si la situación no se corrige, puede presentar una queja formal ante la inspección de trabajo o la autoridad de salud. Además, tiene derecho a negarse a realizar tareas que representen un riesgo grave para su salud sin las condiciones de seguridad adecuadas. También es recomendable documentar la situación mediante fotografías de los productos químicos utilizados, la ausencia de equipo de protección y cualquier comunicación con la empresa. En caso de que se presenten problemas de salud derivados de la exposición, debe acudir a un médico y solicitar un informe.

Sugerencia para Trabajador

Protege tu salud primero: Antes de manipular productos químicos sin la protección adecuada, informa por escrito al empleador sobre la situación y solicita los equipos de seguridad necesarios. Si la empresa no responde, busca asesoramiento legal o sindical para respaldar tu reclamo. *No pongas en riesgo tu bienestar*: La ley protege a los trabajadores frente a riesgos laborales. Si te obligan a trabajar en condiciones inseguras, tienes derecho a denunciar la situación ante las autoridades laborales o de salud y seguridad. *Recopila pruebas*: Guarda copias de cualquier solicitud que hagas al empleador, toma fotos y anota fechas y nombres de quienes te dieron las órdenes. En caso de problemas legales o de salud, contar con evidencia te ayudará a respaldar tu denuncia.

---

216. ¿CÓMO DEBE ACTUAR UN COCINERO SI EL EMPLEADOR LE ORDENA OCULTAR UNA PLAGA EN LA COCINA PARA EVITAR INSPECCIONES?

Respuesta: El cocinero tiene la responsabilidad legal y ética de velar por la seguridad y la salud de los clientes. Si el empleador le ordena ocultar una plaga en la cocina, el cocinero debe rechazar dicha instrucción, ya que compromete tanto la seguridad alimentaria como la integridad del establecimiento. En primer lugar, debe informarse sobre los procedimientos internos del restaurante o establecimiento para reportar incidentes como estos, que pueden poner en peligro la salud pública. Es recomendable que el cocinero informe a su supervisor inmediato o al encargado de la salud laboral del establecimiento para que se tomen las acciones correctivas adecuadas.

Sugerencia para Cocinero

Si el empleador persiste en la orden de ocultar el problema o de no actuar al respecto, el cocinero debería considerar presentar una queja ante las autoridades competentes, como el Ministerio de Sanidad u otras autoridades sanitarias (AEMPS) competentes en las comunidades autónomas. En casos graves, la denuncia ante las autoridades laborales podría ser pertinente, ya que este tipo de comportamientos puede tener consecuencias legales tanto para el trabajador como para el empleador.

---

217. ¿QUÉ PUEDE HACER UN TRABAJADOR SI EL DUEÑO DEL RESTAURANTE LE EXIGE TRABAJAR SIN DESCANSO, SUPERANDO LA JORNADA LEGAL PERMITIDA?

Respuesta: Si un dueño de restaurante en España exige trabajar sin descanso y superando la jornada legal, el trabajador debe recordar que la ley protege sus derechos (jornada máxima de 40 horas semanales, descanso de 12 horas entre turnos y 15 minutos cada 6 horas). Primero, puede hablar con el empleador o recurrir a un sindicato del sector de hostelería para mediar; si no hay solución, debe reunir pruebas (horarios, mensajes, testigos) y denunciar ante la Inspección de Trabajo (incluso de forma anónima) o buscar asesoría legal gratuita. Nunca debe firmar renuncias a sus derechos, y si la explotación persiste, lo mejor es buscar otro empleo y exigir justicia. *¡No tienes porque tolerar abusos!*

Sugerencia para Trabajador
Si tu jefe te obliga a trabajar sin descansos y más horas de las permitidas, no te calles. Primero, habla con él y exige que respete la ley (descansos, horarios legales y pago de horas extras). *Si no cambia, documenta todo*: guarda horarios, mensajes, correos o graba conversaciones (en España es legal si participas en ellas). Después, denuncia ante la Inspección de Trabajo (puedes hacerlo anónimo) o acude a un sindicato (CCOO, UGT o sindicatos de hostelería) para que te ayuden gratis. Si te despiden por reclamar, es despido nulo: puedes demandar. No firmes nada que renuncie a tus derechos y, si la situación es abusiva, busca otro trabajo. *¡Defiéndete, la ley está de tu lado!*

---

218. ¿CÓMO DEBE PROCEDER UN MESERO SI EL EMPLEADOR LO OBLIGA A MENTIR SOBRE LA PROCEDENCIA DE LOS INGREDIENTES DEL MENÚ?

Respuesta: Si un mesero es obligado a mentir sobre la procedencia de los ingredientes del menú, la situación debe ser manejada con cautela y responsabilidad. Es fundamental que el mesero priorice la ética profesional y la veracidad frente a cualquier presión del empleador. El mesero puede expresarse de manera respetuosa hacia el empleador, solicitando que se le proporcionen respuestas sinceras para poder transmitirlas adecuadamente a los clientes, y haciendo énfasis en que mentir puede poner en riesgo la reputación del establecimiento y la confianza de los clientes.

Sugerencia para Mesero
En esta situación, es crucial que te mantengas firme en tu compromiso con la honestidad. Si el empleador insiste en que mientas, evalúa la posibilidad de comunicarle de forma respetuosa que prefieres ser transparente con los clientes, ya que la confianza es fundamental para el éxito del negocio. Si la presión persiste, considera discutir la situación con un supervisor o, si es necesario, buscar orientación legal para proteger tus derechos. *Mantener la integridad es esencial para tu carrera profesional y para la reputación del restaurante.*

---

219. ¿QUÉ PUEDE HACER UN TRABAJADOR SI EL EMPLEADOR LO AMENAZA CON DESPEDIRLO SI SE AFILIA A UN SINDICATO?

Respuesta: En España, la Constitución protege el derecho de los trabajadores a afiliarse a un sindicato y a ejercer la libertad sindical. Además, la Ley de Derecho a la Sindicación y la Libertad Sindical establece que el empleador no puede despedir, sancionar ni discriminar a un trabajador por el hecho de afiliarse a un sindicato. Esta situación puede ser vista como un acto de coacción o vulneración de derechos laborales. Si un trabajador se enfrenta a esta amenaza, lo primero es mantener la calma y no ceder ante la presión. El trabajador tiene derecho a afiliarse a un sindicato sin temor a represalias. En caso de que la amenaza de despido se materialice, el trabajador tiene varias opciones para defender sus derechos: *Presentar una reclamación ante la Inspección de Trabajo*: El trabajador puede denunciar la situación a la Inspección de Trabajo, que investigará la denuncia y tomará las medidas adecuadas. *Demandar por despido improcedente*: Si el trabajador es despedido por motivos relacionados con su afiliación sindical, puede impugnar el despido ante el Juzgado de lo Social, alegando que el despido es improcedente y solicitando la readmisión o una indemnización.

Sugerencia para Trabajador

Enfrentar esta situación requiere firmeza y conocimiento de tus derechos. No te dejes intimidar ni amenazar por la actitud del empleador. Recuerda que la libertad sindical es un derecho fundamental que no se puede vulnerar. Si el empleador insiste en despedirte o tomarte represalias, busca asesoramiento legal de inmediato y considera la opción de presentar una denuncia ante la Inspección de Trabajo. La protección legal está a tu favor, y es crucial actuar lo antes posible para garantizar tus derechos.

---

220. ¿CÓMO DEBE ACTUAR UN TRABAJADOR SI EL RESTAURANTE LE EXIGE OPERAR MAQUINARIA PELIGROSA SIN FORMACIÓN ADECUADA?

Respuesta: El trabajador tiene derecho a negarse a operar maquinaria peligrosa si no ha recibido la formación adecuada, ya que ello pone en riesgo su salud y seguridad. Según las leyes laborales, el empleador tiene la responsabilidad de garantizar que el trabajador esté debidamente capacitado y cuente con los conocimientos necesarios para realizar las tareas de manera segura. Si el trabajador se siente presionado a operar la maquinaria sin formación, debe comunicar inmediatamente su preocupación a su superior o al encargado de seguridad en el trabajo, para evitar cualquier accidente o lesión.

Sugerencia para Trabajador

No dudes en comunicarte de inmediato con tu superior o con el departamento de seguridad en el trabajo. Explica de manera clara que no has recibido la formación necesaria para operar dicha maquinaria y que tu bienestar y el de los compañeros podrían verse comprometidos. Mantén siempre un registro escrito de cualquier incidente relacionado con la seguridad en el trabajo. Si la situación persiste, podrías considerar presentar una queja formal a las autoridades competentes en materia de seguridad laboral.

CAPITULO V
BARES - ÓRDENES ILEGALES DEL EMPLEADOR

221. ¿QUÉ PUEDE HACER UN BARTENDER SI EL DUEÑO DEL BAR LE EXIGE SERVIR ALCOHOL ADULTERADO PARA AUMENTAR LAS GANANCIAS?

Respuesta: El bartender se encuentra en una situación ética y legalmente comprometida. En primer lugar, el bartender debe negarse a seguir esta orden, ya que adulterar el alcohol es un acto ilegal que pone en riesgo tanto la salud de los clientes como la reputación del bar. El bartender debe comunicar claramente al dueño que no está dispuesto a participar en actividades ilegales que violen las normativas de seguridad y salud pública. En caso de que el dueño insista, el bartender tiene el derecho de denunciar la situación a las autoridades competentes, como la policía o la Consejería de Salud de su comunidad autónoma, para evitar consecuencias graves para los clientes y el establecimiento.

Sugerencia para Bartender

Si te enfrentas a una solicitud de este tipo, lo más importante es tu integridad profesional. Mantén la calma y explica de manera respetuosa pero firme que no puedes realizar esa acción debido a las implicaciones legales y de salud que implica adulterar el alcohol. Si el dueño persiste, busca asesoría legal y evalúa la opción de denunciar esta práctica ante las

---

autoridades correspondientes. Además, es recomendable que mantengas registros escritos de cualquier interacción sobre el tema, por si necesitas pruebas en el futuro. Tu bienestar y el de los clientes debe ser siempre lo primero.

222. ¿Cómo debe actuar un trabajador si el emplea-dor le ordena seguir sirviendo alcohol a un cliente visiblemente ebrio?

Respuesta: El trabajador debe mantenerse firme en su deber de garantizar la seguridad tanto de los clientes como del estableci-miento. Si el empleador le ordena servir alcohol a un cliente visi-blemente ebrio, el trabajador tiene la responsabilidad de negarse a hacerlo, ya que servir alcohol a una persona en estado de ebriedad es una práctica ilegal y peligrosa. Esto podría causar situaciones de riesgo para el cliente, el establecimiento y para el trabajador mismo, ya que las consecuencias legales de servir alcohol a una persona en estado de embriaguez pueden ser graves, incluyendo sanciones lega-les y responsabilidad civil por cualquier accidente que pueda ocurrir. Es fundamental que el trabajador mantenga su postura y reporte la situación a la autoridad competente dentro de la empresa, como el supervisor o recursos humanos, si el empleador insiste en su orden. Además, el trabajador debe documentar cualquier incidente en el que se vea presionado para realizar prácticas ilegales o irresponsables.

Sugerencia para Trabajador
Es recomendable que, si el empleador insiste en violar las normas, el trabajador tenga una conversación privada con él, expresando sus preocupaciones sobre las implicaciones legales y éticas de servir alcohol a un cliente ebrio. Si el empleador

persiste, el trabajador podría buscar asesoramiento legal o ponerse en contacto con los organismos laborales para protegerse de posibles consecuencias negativas. Para evitar conflictos futuros, los empleadores deben establecer políticas claras sobre la venta de alcohol, entrenar a su personal en el manejo de situaciones con clientes ebrios y asegurar que todos los trabajadores se sientan apoyados en la toma de decisiones éticas y legales.

223. ¿QUÉ PUEDE HACER UN MESERO SI EL DUEÑO DEL BAR LE EXIGE TRABAJAR MÁS HORAS DE LAS PERMITIDAS SIN PAGO EXTRA?

Respuesta: Si un mesero se enfrenta a la situación en la que el dueño del bar le exige trabajar más horas de las permitidas por la ley sin un pago extra, lo primero que debe hacer es conocer bien sus derechos laborales. Según la legislación laboral española, la jornada laboral está regulada por el Estatuto de los Trabajadores, y cualquier trabajo que exceda las horas establecidas debe ser remunerado como horas extras, a una tarifa superior a la tarifa horaria habitual. Si se le exige trabajar más horas sin compensación adicional, el mesero puede intentar una conversación directa con el dueño para expresar su desacuerdo y recordar la normativa laboral vigente. En caso de no llegar a un acuerdo y si persiste la situación, el trabajador tiene derecho a presentar una queja ante la Inspección de Trabajo.

Sugerencia para Mesero
Si te encuentras en una situación en la que te exigen trabajar más horas de las permitidas sin una compensación adecuada, te sugiero que te informes sobre tus derechos laborales.

Asegúrate de tener claros los límites de tu jornada laboral y las tarifas correspondientes para las horas extras. Es recomendable hablar primero con el dueño de manera calmada y profesional, explicando que, según la ley, las horas adicionales deben ser pagadas de forma extra. Si la conversación no resuelve el problema, no dudes en recurrir a la Inspección de Trabajo para denunciar la situación. Además, es importante que guardes evidencia de tus horas de trabajo y de cualquier comunicación relacionada con el tema, ya que esto puede ser útil si decides tomar acciones legales.

224. ¿Cómo debe proceder un trabajador si el empleador le obliga a no emitir facturas para evitar impuestos?

Respuesta: En este caso, el trabajador se encuentra en una situación ilegal, ya que la obligación de emitir facturas es parte del régimen fiscal que se debe cumplir, tanto por el empleador como por el trabajador, especialmente si este es autónomo o realiza actividades que requieren la facturación de servicios o productos. De acuerdo con la legislación fiscal española, cualquier intento de evadir impuestos, como la no emisión de facturas, es un acto ilícito que puede acarrear sanciones tanto para el empleador como para el trabajador. El trabajador debe actuar con cautela y, si el empleador insiste en esta práctica, tiene el derecho de negarse rotundamente a colaborar. El primer paso sería intentar conversar con el empleador de manera formal y dejar claro que, en virtud de la legislación fiscal y tributaria, no es posible evitar la emisión de facturas. Si la presión persiste, el trabajador debe considerar recurrir a la Agencia Tributaria o, en su defecto, consultar con un abogado especializado en derecho laboral o fiscal.

Sugerencia para Trabajador

Es imperativo que actúes con transparencia y no te dejes presionar por la oferta del empleador. *Actúa con profesionalismo*: Si el empleador insiste, explica de forma clara que no es posible omitir las facturas debido a que podría implicar consecuencias legales, tanto para ti como para el empleador. *Documenta todo*: Es importante que conserves un registro de todas las comunicaciones relacionadas con esta situación. Esto puede incluir correos electrónicos, mensajes o cualquier documento que evidencie las presiones del empleador. *Consulta a un experto*: Si la situación se complica, lo más prudente es buscar asesoramiento legal o fiscal para saber cómo proceder sin exponerte a riesgos legales. *No cedas a la presión*: Eludir el pago de impuestos podría implicar ser partícipe de un delito fiscal, lo cual puede resultar en sanciones severas.

225. ¿Qué puede hacer un bartender si el dueño del bar le exige preparar tragos con ingredientes vencidos?

Respuesta: Si un bartender se encuentra en la situación de que el dueño del bar le exige preparar tragos con ingredientes vencidos, debe actuar con responsabilidad, poniendo en primer lugar la seguridad y bienestar de los clientes. Es importante que el bartender se niegue respetuosamente a cumplir con esta solicitud, explicando que el uso de ingredientes vencidos puede comprometer la calidad de las bebidas y poner en riesgo la salud de los consumidores. El bartender puede sugerir alternativas como utilizar ingredientes frescos disponibles o informar sobre la necesidad de mantener altos estándares de calidad e higiene. Si la presión del dueño persiste, el bartender podría considerar informar a las autoridades sanitarias o de salud local, ya que el uso de productos vencidos puede estar en contra de las regulaciones de seguridad alimentaria. La sugerencia sería que el bartender registre cualquier situación donde se vea comprometido, ya que esto puede tener repercusiones legales tanto para el bar como para él mismo. En estos casos, el dueño del establecimiento debe ser informado sobre las posibles consecuencias de actuar de manera negligente y la importancia de cumplir con las normativas de seguridad alimentaria.

Sugerencia para Bartender

El bartender debe negarse rotundamente a preparar bebidas con ingredientes vencidos, ya que esto viola las normas de seguridad alimentaria (como el Reglamento UE 852/2004 y la Ley 17/2011 en España) y pone en riesgo la salud de los clientes. Si el dueño insiste, el trabajador puede y debe reportar la situación a las autoridades sanitarias o a la inspección de consumo de su comunidad autónoma, ya que es su derecho y obligación garantizar prácticas higiénicas. Además, puede buscar asesoría legal o sindical, ya que ningún empleador puede obligarle a cometer una infracción sanitaria, y en caso de represalias, podría recurrir a un procedimiento laboral por despido improcedente o coacciones. La prioridad es proteger la salud pública y sus propios derechos laborales.

---

226. ¿CÓMO DEBE ACTUAR UN TRABAJADOR SI EL EMPLEADOR LE OBLIGA A ACEPTAR PROPINAS DE CLIENTES A CAMBIO DE FAVORES INDEBIDOS?

Respuesta: Si un empleador presiona a un trabajador para aceptar propinas de clientes a cambio de favores indebidos, el trabajador debe rechazar categóricamente esta situación. Este tipo de prácticas puede ser considerada una violación a las normas éticas y legales de trabajo, además de poner en riesgo tanto la integridad del trabajador como la reputación de la empresa. El trabajador debe mantener una postura firme de respeto por las normas y rechazar cualquier acción que implique coacción o abuso de poder. El trabajador también debe documentar cualquier incidente de este tipo, ya sea tomando nota de los hechos, conservando evidencia de mensajes o correos electrónicos donde se haga la solicitud, o incluso siendo testigo de lo sucedido. Esta documentación puede ser útil en caso de necesitar presentar una denuncia ante las autoridades laborales o en un tribunal, si el comportamiento del empleador continúa.

Sugerencia para Trabajador

Es importante que, en este tipo de situaciones, el trabajador no se sienta presionado ni tenga miedo de actuar legalmente. La práctica de aceptar propinas a cambio de favores indebidos no solo es ilegal, sino que también puede traer consecuencias graves tanto para el trabajador como para la empresa. Mantener un comportamiento ético y transparente es fundamental para preservar tu integridad personal y profesional. De manera clara y firme, comunícale al empleador que no aceptarás ni participarás en ninguna práctica de este tipo. *Busca apoyo*: Si el empleador persiste, busca la orientación de un abogado laboral o del sindicato (si perteneces a uno), para recibir asesoría sobre cómo manejar legalmente la situación. *Denuncia la situación*: Si la situación no mejora y se convierte en una presión constante, considera presentar una denuncia formal ante las autoridades laborales o la Inspección del Trabajo para proteger tus derechos. *Documenta todo*: Guarda pruebas como correos electrónicos, mensajes o cualquier otro tipo de comunicación que pueda servir como evidencia si se llega a una instancia legal o administrativa.

227. ¿QUÉ PUEDE HACER UN PORTERO SI EL BAR LE EXIGE PERMITIR EL INGRESO DE MENORES DE EDAD PARA AUMENTAR LAS VENTAS?

Respuesta: El portero tiene la responsabilidad legal de velar por el cumplimiento de las normativas de seguridad y la ley, por lo que permitir el ingreso de menores de edad en un establecimiento que no esté habilitado para ello podría implicar un incumplimiento de la ley. Es ilegal permitir el acceso de menores a bares o lugares donde se sirvan bebidas alcohólicas, sin importar los fines comerciales. Si el empleador le exige contravenir esta normativa, el portero tiene varias opciones: *Negarse a cumplir la orden*: El portero puede negarse a seguir la orden del gerente o propietario si considera que va en contra de las leyes locales o de las políticas del establecimiento, como la protección de menores. *Denunciar la situación*: Si la presión persiste, el portero puede presentar una queja formal ante las autoridades competentes en materia de seguridad o de protección de menores, o incluso ante un sindicato o un abogado laboralista si teme represalias. *Exigir una solución por escrito*: En caso de que el empleador insista, el portero puede pedir que se le entregue la instrucción por escrito, de manera que quede constancia de la orden. Esto sirve como protección en caso de que surjan consecuencias legales o disciplinarias.

Sugerencia para Portero

Es importante que el portero se mantenga firme en el cumplimiento de las leyes y directrices del establecimiento, aun cuando la presión por parte de la gerencia o los propietarios sea fuerte. A continuación, algunos consejos para manejar esta situación: *Conocer la ley*: Asegúrate de conocer las leyes locales sobre la edad mínima para ingresar a bares y establecimientos que sirven alcohol.

Esto te dará la base para argumentar tu negativa. *Comunicar con diplomacia*: Si te piden hacer algo ilegal, intenta explicar la situación de manera profesional y clara. Argumenta que el incumplimiento podría acarrear sanciones legales tanto para el establecimiento como para ti como trabajador. *Protección personal*: En caso de que se te presione para realizar algo ilegal, asegúrate de tener un respaldo documental (como un correo electrónico o mensaje escrito) que respalde tu postura, en caso de que se generen problemas más adelante. *Buscar apoyo*: Si el conflicto persiste y crees que podrías estar en riesgo, considera hablar con un sindicato o buscar asesoría legal para proteger tu trabajo y tus derechos.

228. ¿Cómo debe proceder un mesero si el empleador le ordena cobrar precios diferentes según el cliente?

Respuesta: Un mesero debe rechazar firmemente cualquier instrucción de su empleador que implique discriminar a los clientes basándose en precios diferentes. Este tipo de prácticas no solo son injustas, sino que además pueden ser ilegales, ya que generan un trato desigual y violatorio de los principios de equidad comercial. En primer lugar, el mesero debería intentar conversar de manera discreta con el empleador, explicando que esa práctica va en contra de los principios de la ley y las buenas prácticas comerciales. Si la situación persiste o el empleador insiste, el mesero debe considerar denunciar la situación a las autoridades competentes, como la Inspección del Trabajo, ya que es una práctica que puede acarrear serias implicaciones legales tanto para el trabajador como para el empleador.

Sugerencia para Mesero

Si alguna vez te encuentras en esta situación, te recomiendo que actúes con profesionalismo y mantengas la calma. No te sientas presionado a aceptar órdenes que van en contra de las leyes o de tu ética profesional. En primer lugar, intenta discutir de manera respetuosa con tu empleador sobre la importancia de seguir precios fijos y transparentes para todos los clientes. Si el empleador insiste, te sugiero que guardes cualquier prueba de esta instrucción para tener respaldo si es necesario presentar una queja ante las autoridades correspondientes. La ley está de tu lado, y aunque puede ser incómodo, lo más importante es actuar con integridad para protegerte legalmente y preservar la equidad en el servicio que brindas.

229. ¿QUÉ PUEDE HACER UN TRABAJADOR SI EL DUEÑO DEL BAR LO OBLIGA A FIRMAR UN CONTRATO CON CONDICIONES DISTINTAS A LAS ACORDADAS?

Respuesta: Si el dueño del bar obliga al trabajador a firmar un contrato con condiciones distintas a las acordadas previamente, el trabajador debe tomar las siguientes acciones: *Revisar el contrato original*: Verificar el acuerdo previo y asegurarse de que las condiciones acordadas se reflejen en el contrato. *Solicitar una explicación*: Pedir al empleador una aclaración sobre los cambios en las condiciones. Es posible que haya un malentendido que se pueda resolver mediante la conversación. *No firmar bajo presión*: Si el trabajador no está de acuerdo con las modificaciones, debe evitar firmar el nuevo contrato hasta que se resuelva la discrepancia. Firmar bajo presión o en desacuerdo puede tener consecuencias legales.

230. ¿CÓMO DEBE ACTUAR UN TRABAJADOR SI EL BAR LE EXIGE OCULTAR UN INCIDENTE DE VIOLENCIA PARA EVITAR SANCIONES?

Respuesta: Un trabajador debe actuar conforme a la ley y la ética profesional. Si el bar le pide ocultar un incidente de violencia, el trabajador tiene la obligación de reportar el incidente a las autoridades correspondientes, como la policía o los organismos de seguridad laboral. Ignorar o encubrir un incidente de violencia no solo pone en riesgo su integridad física y emocional, sino que también podría exponerlo a consecuencias legales y disciplinarias. Además, el trabajador tiene derecho a denunciar cualquier tipo de acoso o violencia sin temor a represalias. La ley establece protecciones para quienes informan sobre estos incidentes, especialmente si se encuentran en un entorno de trabajo.

Sugerencia para Trabajador

El trabajador debe negarse rotundamente a ocultar cualquier incidente de violencia, ya que esto podría implicar complicidad legal y poner en riesgo su propia seguridad y la de los clientes. Lo correcto es denunciar el hecho de manera inmediata: si hubo agresión física o amenazas, se debe llamar a la policía (091 o 112) y levantar un atestado; además, hay que reportarlo formalmente a la Inspección de Trabajo, ya que el empresario está obligado a garantizar un entorno seguro (Ley 31/1995 de Prevención de Riesgos Laborales). También es clave dejar constancia escrita al empleador (por email o burofax) para protegerse ante posibles represalias. Si el trabajador sufre acoso, despido o presión por no callar el incidente, podrá demandar por vulneración de derechos fundamentales o despido nulo, con el respaldo de un abogado laboralista, un sindicato o los juzgados sociales. En casos graves, incluso podría interponer una querella penal por coacciones o encubrimiento.

CAPITULO VI
CAFETERÍAS - ÓRDENES ILEGALES DEL EMPLEADOR

231. ¿QUÉ PUEDE HACER UN BARISTA SI EL DUEÑO DE LA CAFETERÍA LE ORDENA USAR LECHE CADUCADA PARA PREPARAR BEBIDAS?

Respuesta: Si el dueño de la cafetería ordena que se utilice leche caducada para preparar bebidas, el barista debe actuar con responsabilidad y firmeza, priorizando la salud de los clientes y su propia ética profesional. Lo primero es negarse a utilizar un producto en mal estado, argumentando los riesgos para la salud pública y las consecuencias legales que esto puede acarrear para el negocio. El barista debe informar de la situación de manera clara y respetuosa, sugiriendo la compra de leche fresca de inmediato. Si el dueño se mantiene en su postura, se recomienda documentar la orden recibida (por ejemplo, en mensajes o correos electrónicos) y considerar denunciar la situación ante las autoridades sanitarias competentes. Además, si el establecimiento cuenta con un supervisor o gerente, es recomendable escalar el problema para que tomen las medidas correspondientes. En última instancia, si el dueño sigue exigiendo que se usen productos en mal estado, el barista debe evaluar si desea continuar trabajando en un lugar que pone en riesgo a los clientes y a su propia reputación profesional.

Sugerencia para Barista

Prioriza la seguridad: Nunca comprometas la salud de los clientes ni tu ética profesional. Si la leche está caducada, no la utilices en ninguna circunstancia. *Explica con firmeza*: Hazle saber al dueño los riesgos legales y sanitarios de su orden. Puedes mencionar que los establecimientos pueden ser sancionados por usar productos en mal estado. *Documenta la situación*: Si el dueño insiste, guarda evidencia de la instrucción recibida (mensajes, notas o testigos). Esto puede servir en caso de una inspección o denuncia. *Busca apoyo*: Si hay otros empleados o un gerente, compárteles la situación para que juntos puedan tomar una decisión.

232. ¿CÓMO DEBE ACTUAR UN TRABAJADOR SI EL EMPLEA-DOR LE EXIGE FALSEAR LAS FECHAS DE CADUCIDAD EN LOS PRODUCTOS VENDIDOS?

Respuesta: Si el empleador le ordena alterar las fechas de caducidad de los productos, el trabajador debe negarse, ya que esta práctica es ilegal y puede acarrear sanciones tanto para el negocio como para él mismo. La falsificación de fechas de vencimiento puede constituir un delito contra la salud pública y la protección al consumidor. El trabajador debe documentar la orden recibida y, si es posible, contar con pruebas como correos electrónicos, mensajes o testigos. Luego, puede reportar la situación ante las autoridades competentes, como las oficinas de defensa del consumidor o sanidad. Si la negativa a cumplir con esta práctica genera represalias o despido, el trabajador tiene derecho a presentar una denuncia por despido injustificado o coacción laboral.

Sugerencia para Trabajador

El trabajador debe negarse categóricamente a falsear fechas de caducidad, ya que constituye un delito contra la salud pública y una infracción grave de la normativa alimentaria (Reglamento UE 852/2004 y Ley 17/2011), pudiendo enfrentar sanciones penales y administrativas; debe documentar la exigencia del empleador (guardando emails, mensajes o testigos) y denunciar el hecho ante la Autoridad Sanitaria de su comunidad autónoma, la Inspección de Trabajo o incluso la Guardia Civil (SEPRONA), ya que está protegido por la Ley de Protección de Denunciantes (Ley 2/2023); si sufre represalias laborales (despido, amenazas o discriminación), podrá interponer una demanda por despido nulo o vulneración de derechos fundamentales ante los Juzgados Sociales, con el apoyo de un abogado laboralista o sindicato, pudiendo reclamar indemnización y readmisión.

233. ¿QUÉ PUEDE HACER UN MESERO SI EL DUEÑO DE LA CAFETERÍA LE IMPONE TURNOS DE TRABAJO SIN RESPETAR LOS DESCANSOS LEGALES?

Respuesta: El mesero debe verificar cuántas horas está trabajando y compararlas con la legislación laboral vigente. Existen límites de horas de trabajo diarias y semanales, además de períodos de descanso obligatorios. Si el empleador no respeta estos derechos, el trabajador puede: *Dialogar con el dueño*: Explicar la situación y solicitar que se ajusten los horarios conforme a la ley. *Revisar su contrato*: Confirmar si hay acuerdos sobre turnos y descansos. *Registrar sus horarios*: Llevar un control escrito de sus horas trabajadas, descansos omitidos y cualquier irregularidad. *Soli-*

citar asesoría laboral: Puede consultar con un abogado o un ente de defensa del trabajador. *Denunciar ante la autoridad competente*: Si el problema persiste, puede acudir al organismo de inspección laboral para presentar una denuncia formal.

Sugerencia para Trabajador

Si notas que los turnos asignados no respetan los descansos legales, lo primero es hablar con el dueño de la cafetería de manera profesional y con evidencia de tus horarios. Explica cómo afecta tu rendimiento y bienestar, ya que un trabajador cansado no puede ofrecer un buen servicio. Si la situación no mejora, es clave que mantengas un registro detallado de tus turnos y descansos omitidos. Con esta información, puedes acudir a una asesoría legal para conocer tus derechos y posibles acciones. No dudes en presentar una denuncia si es necesario, ya que el descanso es un derecho fundamental y su incumplimiento puede acarrear sanciones para el empleador.

---

234. ¿CÓMO DEBE PROCEDER UN TRABAJADOR SI EL EMPLEADOR LE ORDENA NO REPORTAR UNA INTOXICACIÓN ALIMENTARIA DE UN CLIENTE?

Respuesta: Si un empleador ordena a un trabajador que no reporte una intoxicación alimentaria de un cliente, el trabajador debe actuar con responsabilidad y priorizar la seguridad del afectado, así como el cumplimiento de la normativa sanitaria. En primer lugar, debe asegurarse de que el cliente reciba la atención médica necesaria, informándole de sus derechos y recomendándole buscar asistencia de inmediato. Luego, debe seguir el protocolo del establecimiento para estos casos, si lo hubiera, y en caso de que no exista, reportar la situación a las autoridades sanitarias correspondientes. La omisión de un reporte de intoxicación puede acarrear consecuencias legales tanto para el trabajador como para el empleador, ya que, en muchos países, incluyendo España, la seguridad alimentaria es un asunto regulado por la ley. Si el trabajador siente que su puesto está en riesgo por cumplir con su obligación, debe documentar lo sucedido y, de ser necesario, denunciar la situación ante las autoridades competentes o sindicatos.

Sugerencia para Trabajador

Prioriza la salud del cliente: No ignores una posible intoxicación. Si el cliente presenta síntomas como vómitos, diarrea o mareos después de consumir alimentos en el establecimiento, repórtalo de inmediato y sugiérele que busque ayuda médica. *Cumple con la normativa sanitaria*: Las leyes de salud pública exigen que estos casos sean informados a las autoridades para evitar problemas mayores y prevenir riesgos a otros clientes. Ignorar la situación puede hacerte cómplice de una infracción grave. *Documenta la orden del empleador*: Si el empleador insiste en ocultar la situación, anota lo sucedido, incluyendo fecha, hora y testigos. Esto te servirá como respaldo en caso de represalias o investigaciones. *Denuncia si es necesario*: Si el establecimiento se niega a actuar de forma responsable, puedes informar a las autoridades sanitarias. Existen organismos de protección al consumidor y entes reguladores que pueden tomar cartas en el asunto. *Protege tu empleo y tus derechos*: Si recibes amenazas o represalias por hacer lo correcto, busca asesoría legal o apoyo de un sindicato. Nadie puede obligarte a violar la ley ni poner en riesgo la salud de otras personas.

235. ¿Qué puede hacer un trabajador si el dueño de la cafetería lo obliga a limpiar el local con productos peligrosos sin protección?

Respuesta: Si el dueño de la cafetería obliga al trabajador a limpiar con productos peligrosos sin la debida protección, el trabajador tiene derecho a negarse a realizar la tarea hasta que se le proporcionen los equipos de seguridad adecuados. De acuerdo con la normativa de prevención de riesgos laborales, es obligación del empleador garantizar un entorno seguro y proveer los implementos necesarios para evitar daños a la salud. El trabajador debe comunicar la situación de inmediato a su superior o, si es ignorado, elevar una queja formal por escrito. También puede acudir a la inspección laboral para denunciar la falta de medidas de seguridad y, si fuera necesario, buscar asesoría legal para respaldar su reclamo.

Sugerencia para Trabajador

El trabajador debe negarse a realizar la limpieza sin las medidas de protección adecuadas, ya que el empleador está obligado a proporcionar equipos de seguridad y formación sobre riesgos químicos según la Ley 31/1995 de Prevención de Riesgos Laborales; si el dueño insiste, el trabajador puede paralizar su actividad (derecho de paralización) y denunciar el hecho ante la Inspección de Trabajo y el Servicio de Prevención de Riesgos Laborales de su comunidad autónoma, además de comunicarlo por escrito al empleador para dejar constancia. En caso de sufrir represalias (despido, sanción o acoso), podrá demandar al empleador por vulneración de derechos fundamentales o despido, con el apoyo de un abogado laboralista o sindicato, e incluso presentar una denuncia penal por poner en peligro su salud.

236. ¿CÓMO DEBE ACTUAR UN TRABAJADOR SI EL EMPLEADOR LE EXIGE ATENDER A LOS CLIENTES CON ACTITUDES DISCRIMINATORIAS?

Respuesta: Si el empleador impone conductas discriminatorias, el trabajador tiene derecho a negarse, ya que dichas exigencias van en contra de la dignidad, la ética y la legislación vigente. En primer lugar, el trabajador debe expresar su desacuerdo de manera respetuosa y documentar cualquier instrucción que reciba en ese sentido. Además, puede comunicar la situación a los superiores o a Recursos Humanos, si la empresa cuenta con ese departamento. Si la situación persiste, el trabajador tiene la opción de denunciar ante los organismos competentes, como la inspección laboral o instancias de derechos humanos, dependiendo de la jurisdicción. En algunos casos, esta exigencia puede considerarse una causa justificada para la terminación del contrato con derecho a indemnización.

Sugerencia para Trabajador

El trabajador debe negarse rotundamente a participar en conductas discriminatorias, ya que la Constitución Española y la Ley 15/2022 contra la Discriminación prohíben toda forma de exclusión por raza, género, religión u otras causas; debe documentar la exigencia del empleador (guardando pruebas como mensajes, correos o testigos) y denunciar el hecho ante la Inspección de Trabajo, el Defensor del Pueblo o los juzgados, ya que la discriminación puede constituir un delito; si sufre represalias laborales (despido, acoso o cambio de condiciones), podrá interponer una demanda por vulneración de derechos fundamentales o despido injustificado ante los Juzgados Sociales, con el apoyo de un abogado laboralista, sindicato o asociaciones especializadas, pudiendo reclamar indemnización, readmisión y medidas correctivas contra el establecimiento.

237. ¿QUÉ PUEDE HACER UN BARISTA SI EL DUEÑO DE LA CAFETERÍA LE OBLIGA A COBRAR PRECIOS MÁS ALTOS A CIERTOS CLIENTES SIN RAZÓN VÁLIDA?

Respuesta: Si el dueño de la cafetería exige cobrar precios más altos a ciertos clientes sin justificación válida, el barista debe actuar con prudencia y ética profesional. La primera acción es solicitar una aclaratoria por escrito sobre la política de precios para entender si hay una justificación legal o comercial detrás de la instrucción. Si la orden es claramente discriminatoria o irregular, el trabajador puede negarse a aplicarla y documentar la situación, incluyendo fechas y detalles de la solicitud. También es recomendable plantear la situación con otros compañeros o supervisores si los hay. Si el dueño persiste en su exigencia y esta vulnera derechos de los clientes o del trabajador, el barista puede denunciar ante las autoridades competentes en defensa del consumidor o en materia laboral, dependiendo de la legislación aplicable. Es importante recordar que acatar órdenes ilegales puede acarrear sanciones, por lo que se debe actuar con criterio y buscando respaldo legal.

Sugerencia para Barista
Registra la situación: Toma nota de las instrucciones recibidas, incluyendo fecha, hora y testigos, en caso de ser necesario

demostrar la irregularidad. *Solicita una aclaración formal*: Pide que la instrucción de cobro diferenciado sea por escrito para que el dueño asuma responsabilidad directa. *Consulta con un abogado o sindicato*: Si la orden atenta contra principios legales, busca asesoría para conocer tus derechos y los pasos a seguir. *Negativa fundamentada*: Explica con respeto al dueño que no puedes aplicar una política discriminatoria o sin respaldo legal, ya que puede perjudicar tanto a los clientes como al establecimiento y hasta al propio trabajador. *Evalúa alternativas*: Si la presión se vuelve insostenible y la práctica es claramente injusta, considera la posibilidad de presentar una denuncia o buscar un nuevo empleo en un entorno más ético.

238. ¿CÓMO DEBE PROCEDER UN TRABAJADOR SI EL EMPLEADOR LE ORDENA NO REGISTRAR LAS HORAS EXTRAS TRABAJADAS?

Respuesta: El trabajador debe actuar con cautela y priorizar siempre su derecho a recibir una compensación justa por el tiempo trabajado. Si el empleador le ordena no registrar las horas extras, el trabajador está en su derecho de hacerlo, ya que el registro adecuado de las horas trabajadas es un derecho legal que permite asegurar que se le pague correctamente por su labor. El trabajador debe registrar las horas extras trabajadas de manera transparente y, si es necesario, dejar un registro por escrito de la instrucción dada por el empleador y su incumplimiento, para que no se vea perjudicado en caso de futuras disputas. Es recomendable que el trabajador conserve evidencias de las horas trabajadas, como mensajes, correos electrónicos, o registros de entrada y salida, que puedan servir de prueba si se presentan problemas con la compensación de las horas extras. Si el trabajador se siente incómodo o teme represalias, podría considerar consultar con un abogado laboralista o presentar una queja ante las autoridades laborales correspondientes.

Sugerencia para Trabajador

Si el empleador persiste en la instrucción de no registrar las horas extras, el trabajador debe tomar los siguientes pasos para proteger sus derechos: *Guardar registros personales*: Lleve un control de las horas extras de forma independiente, anotando la fecha, hora de inicio y fin de la jornada, y cualquier otro detalle relevante. *Comunicación clara y escrita*: Si la situación persiste, lo ideal es comunicarle por escrito al empleador que está registrando las horas extras y que está dispuesto a presentar la situación ante las autoridades laborales si fuera necesario. *No aceptar presiones*: Recuerde que ningún empleador puede obligarlo a renunciar a sus derechos laborales, incluidos los pagos por horas extras trabajadas.

---

239. ¿QUÉ PUEDE HACER UN TRABAJADOR SI EL DUEÑO DE LA CAFETERÍA LE EXIGE PAGAR DE SU BOLSILLO PRODUCTOS DAÑADOS POR ACCIDENTE?

Respuesta: En España, el empleador no puede exigir a un trabajador que asuma los costos de los productos dañados accidentalmente durante el desempeño de su trabajo. Según el Estatuto de los Trabajadores, cualquier daño que un trabajador cause en el ejercicio de su función, debido a negligencia o mal proceder, no puede implicar que el trabajador deba hacerse responsable económicamente del mismo, salvo que exista un acuerdo previo, que en este caso sería legalmente discutido. Los daños o pérdidas generadas en el establecimiento, por lo general, deben ser cubiertos por la empresa, como parte de su gestión del negocio. El trabajador tiene derecho a negarse a pagar por daños causados de forma accidental. En situaciones como esta, el trabajador puede comunicar al empleador que dicha práctica va en contra de sus derechos laborales. Si el empleador insiste, el trabajador tiene la opción de presentar una queja ante la Inspección de Trabajo o buscar el asesoramiento de un abogado laboralista para que se le respeten sus derechos.

Sugerencia para Trabajador

El trabajador debe negarse a pagar los productos dañados, ya que según el Estatuto de los Trabajadores el empleador no puede descontar de su salario estos conceptos salvo que exista un acuerdo por escrito y el daño sea imputable a dolo o negligencia grave del trabajador; si el empleador insiste, el trabajador puede denunciar la situación ante la Inspección de Trabajo (que puede imponer sanciones por esta práctica abusiva) y, en caso de que le retengan el sueldo, reclamar judicialmente el reintegro de las cantidades indebidamente descontadas, con el apoyo de un abogado laboralista o sindicato, pudiendo incluso solicitar la nulidad del despido si es sancionado por este motivo, ya que constituiría una vulneración de sus derechos laborales fundamentales.

---

240. ¿CÓMO DEBE ACTUAR UN TRABAJADOR SI LA CAFETE-RÍA LE PROHÍBE DENUNCIAR CONDICIONES LABORA-LES INSEGURAS BAJO AMENAZA DE DESPIDO?

Respuesta: Si un empleado se encuentra en una situación en la que la cafetería le prohíbe denunciar condiciones laborales inseguras bajo amenaza de despido, debe recordar que la ley protege su derecho a la salud y seguridad laboral. Según la normativa española, como la Ley de Prevención de Riesgos Laborales, cualquier trabajador tiene el derecho a informar sobre riesgos en el trabajo sin sufrir represalias. No ceder ante amenazas: El empleado debe resistir la presión y recordar que está protegido por la ley. Recopilar evidencia: Es útil que el trabajador documente cualquier tipo de amenaza o intimidación, así como las condiciones laborales inseguras que se estén viviendo. Informar al comité de seguridad y salud laboral: Si el establecimiento cuenta con uno, el trabajador debe reportar la situación a este comité. Denunciar a la Inspección de Trabajo: Si el trabajador considera que sus derechos están siendo vulnerados, puede presentar una denuncia ante la Inspección de Trabajo, quien tiene la facultad de investigar la situación.

Sugerencia para Trabajador

El trabajador debe denunciar las condiciones laborales inseguras ante la Inspección de Trabajo y, si corresponde, ante los servicios de prevención de riesgos laborales, ya que tiene derecho a un entorno seguro según la Ley 31/1995 de Prevención de Riesgos Laborales y está protegido por la Constitución Española contra represalias; si el empleador lo amenaza con despido, debe documentar las amenazas (guardando mensajes, correos o grabaciones si es legal) y buscar asesoría legal inmediata, ya que un despido por este motivo sería nulo y podría reclamar su readmisión con indemnización, además de interponer una denuncia por coacciones, si las amenazas persisten.

TITULO V
CLIENTES

.

CAPITULO I
HOTELES - DERECHOS DEL CLIENTE

241. ¿QUÉ PUEDE HACER UN HUÉSPED SI EL HOTEL LE COBRA CARGOS ADICIONALES NO ESPECIFICADOS AL MOMENTO DE LA RESERVA?

Respuesta: Si un huésped se encuentra con cargos adicionales no especificados al momento de la reserva, debe actuar de la siguiente manera: *Solicitar Clarificación*: El primer paso es pedir una explicación detallada al hotel sobre los cargos adicionales. Es importante pedir que se especifique en qué se basan estos cargos y por qué no se informaron con antelación durante la reserva. *Revisar la Reserva*: El huésped debe revisar los términos y condiciones de la reserva que realizó, así como los correos electrónicos de confirmación o la plataforma de reserva (si fue a través de una agencia externa) para verificar si estos cargos adicionales están mencionados. *Negociar una Solución*: Si el cargo adicional es injustificado, el huésped debe intentar negociar con el hotel para que estos cargos sean eliminados o reducidos, explicando que no fueron informados previamente. *Reclamar Formalmente*: Si el problema persiste, el cliente tiene derecho a presentar una queja formal al hotel. Debe documentar la situación (incluyendo la correspondencia) y, en caso de no obtener una respuesta satisfactoria, recurrir a organismos como la Agencia Española de Consumo, Seguridad Alimentaria y Nutrición o presentar una queja ante las autoridades locales de turismo.

242. **¿Cómo debe proceder un cliente si al llegar al hotel le asignan una habitación de categoría inferior a la reservada?**

Respuesta: Si un cliente se encuentra con una habitación de categoría inferior a la que reservó, lo primero que debe hacer es notificar al personal del hotel, específicamente en la recepción. El cliente debe explicar de manera clara y educada que ha sido asignado a una habitación que no corresponde con la categoría reservada. Se recomienda que el cliente tenga a mano la confirmación de su reserva, ya sea en formato digital o impresa, para respaldar su reclamo. Es importante que el cliente sea paciente y dé oportunidad al personal para revisar la situación. En muchos casos, puede tratarse de un error administrativo o una sobreventa de habitaciones, por lo que el hotel podría ofrecer una solución, como un cambio a la habitación correcta, un descuento en el precio de la estancia, o algún beneficio adicional. Si el problema persiste o no se ofrece una solución adecuada, el cliente puede solicitar hablar con un supervisor o el gerente del hotel para resolver la situación de manera más satisfactoria. En casos extremos, si no se puede llegar a una solución, el cliente podría considerar presentar una queja formal ante la autoridad correspondiente.

Sugerencia para Cliente

Actuar con calma y respeto: Evite confrontaciones agresivas. La mayoría de los problemas pueden resolverse de manera efectiva con una conversación tranquila. *Documentación*: Tenga a la mano la confirmación de su reserva o cualquier prueba que demuestre la categoría reservada. *Buscar soluciones alternativas*: Si no se puede solucionar en el momento, pregunte por alternativas como descuentos, upgrades gratuitos, o compensaciones. *Escalar el problema*: Si el servicio no mejora, escale el asunto a un supervisor o gerente, que pueda tomar decisiones más allá del personal de recepción.

---

243. ¿QUÉ PUEDE HACER UN HUÉSPED SI ENCUENTRA SU HABITACIÓN SUCIA O EN CONDICIONES INADECUADAS DE HIGIENE?

Respuesta: Si un huésped se encuentra con una habitación sucia o en condiciones inadecuadas de higiene, debe comunicarlo de inmediato al personal del hotel o al encargado de la recepción. El establecimiento tiene la obligación de brindar un ambiente limpio y cómodo, por lo que el huésped tiene derecho a exigir que se le proporcione otra habitación o que se realice una limpieza exhaustiva de la habitación en cuestión. Es importante que el huésped documente la situación, si es posible, tomando fotos de las áreas sucias o mal mantenidas, para respaldar su reclamo.

Sugerencia para Cliente

Si se encuentra en una situación así, actúe rápidamente informando al personal de la recepción o a la persona encargada, de manera clara y educada. Exija una solución inmediata, ya sea cambiando de habitación o exigiendo una limpieza adecuada. Si la respuesta no es satisfactoria o si la situación persiste, solicite hablar con un superior o responsable para resolver la queja de manera formal. Recuerde mantener la calma, ya que la situación puede resolverse de manera más efectiva con una comunicación adecuada y profesional.

---

244. ¿CÓMO DEBE ACTUAR UN CLIENTE SI EL HOTEL NO RESPETA LA POLÍTICA DE CANCELACIÓN Y SE NIEGA A DEVOLVER SU DINERO?

Respuesta: Si el hotel no respeta la política de cancelación y se niega a devolver el dinero, lo primero que debe hacer el cliente es revisar cuidadosamente las condiciones de la política de cancelación que aceptó al momento de realizar la reserva. Si se encuentra dentro del período establecido para la cancelación gratuita, debe comunicar nuevamente su solicitud por escrito (preferentemente por correo electrónico) al hotel, explicando la situación y citando la política de cancelación que se está violando. Si no recibe respuesta o el hotel persiste en su negativa, el cliente tiene el derecho de presentar una queja formal ante organismos de protección al consumidor, como el Ministerio de Comercio o la autoridad correspondiente en su comunidad autónoma. También puede contactar a su banco para revisar la posibilidad de una disputa sobre el pago, especialmente si se realizó mediante tarjeta de crédito. En algunos casos, los clientes pueden llevar el caso ante un tribunal de consumo para exigir el reembolso de lo pagado.

Sugerencia para Cliente

El cliente debe solicitar por escrito (email o burofax) la devolución del dinero según las condiciones de cancelación establecidas en su reserva, adjuntando copia del contrato o confirmación de la política; si el hotel se niega, puede presentar una reclamación formal ante la Oficina Municipal de Consumo de la localidad o ante el Instituto Nacional de Consumo (a través del sistema arbitral de consumo), y si la cantidad es significativa, interponer una demanda civil por incumplimiento de contrato, pudiendo reclamar además los intereses legales (Ley 16/2011 de contratos de crédito al consumo). En casos de mala fe comercial, puede denunciar ante la Agencia Española de Consumo (AECOSAN) para que investiguen posibles prácticas abusivas.

---

245. ¿QUÉ PUEDE HACER UN HUÉSPED SI EL HOTEL NO RESPETA LA PRIVACIDAD DE SU HABITACIÓN Y EL PERSONAL ENTRA SIN AUTORIZACIÓN?

Respuesta: Los huéspedes tienen derecho a la privacidad y al disfrute tranquilo de su estancia en el hotel. La entrada no autorizada del personal en su habitación constituye una violación de estos derechos. Si se encuentra en esta situación, puede tomar las siguientes acciones: *Comunicación inmediata*: Informe al personal de recepción o a la dirección del hotel sobre el incidente, expresando su preocupación y solicitando una explicación. *Revisión de políticas*: Solicite al hotel una copia de sus políticas internas o reglamento de hospedaje, donde deberían detallarse las circunstancias bajo las cuales el personal puede ingresar a las habitaciones. *Documentación del incidente*: Anote la fecha, hora y circunstancias de la intrusión, así como cualquier comunicación relacionada, para tener un registro detallado. *Propuesta de solución*: Dependiendo de la gravedad del incidente, considere solicitar una compensación, el cambio a otra habitación o, en casos extremos, la cancelación de su estancia sin penalización. *Contacto con autoridades*: Si el hotel no aborda adecuadamente la situación, puede presentar una queja formal ante las autoridades competentes, como la Agencia Española de Protección de Datos o las fuerzas de seguridad, especialmente si considera que se ha vulnerado su derecho a la privacidad.

Sugerencia para Cliente

Para proteger su privacidad durante su estancia en hoteles, considere las siguientes recomendaciones: *Bloqueo de la puerta*: Asegúrese de que la cerradura de la habitación funcione correctamente y utilice los dispositivos de seguridad disponibles, como los cerrojos o cadenas. *No molestar*: Utilice el cartel de "*No molestar*" en la puerta para indicar que prefiere no ser interrumpido. *Comunicación clara*: Informe al personal del hotel sobre sus preferencias respecto a la limpieza de la habitación o cualquier otro servicio que requiera programación. *Revisión de políticas*: Familiarícese con las políticas del hotel relacionadas con la privacidad y el acceso a las habitaciones, las cuales suelen estar

---

disponibles en la información proporcionada al momento del check-in o en la página web del establecimiento. *Contacto de emergencia*: Tenga a mano los números de contacto de la dirección del hotel y de las autoridades locales en caso de necesitar asistencia inmediata. Al seguir estas recomendaciones, podrá disfrutar de su estancia con mayor tranquilidad y seguridad, asegurando que su privacidad sea respetada durante su visita.

246. ¿Cómo debe proceder un cliente si sufre un robo dentro del hotel y la administración se niega a asumir responsabilidad?

Respuesta: Si un cliente sufre un robo dentro del hotel y la administración se niega a asumir responsabilidad, es importante que el cliente siga los siguientes pasos: *Notificar el robo inmediatamente*: El cliente debe informar al personal del hotel sobre el robo lo antes posible, asegurándose de que quede constancia de la denuncia. *Recopilar evidencia*: El cliente debe intentar obtener pruebas del robo, como imágenes de las cámaras de seguridad si están disponibles, así como testigos que hayan observado el incidente. *Solicitar un informe*: Debe solicitar al hotel un informe escrito sobre el incidente, detallando las circunstancias y la falta de responsabilidad asumida por la administración. *Contactar a las autoridades*: El cliente tiene derecho a denunciar el robo a la policía. Es recomendable que realice la denuncia formal ante las autoridades locales. *Revisar los términos y condiciones*: El cliente debe revisar el contrato o acuerdo que haya firmado con el hotel, especialmente las cláusulas relacionadas con la responsabilidad en caso de robo o pérdida de bienes. *Consultar con un abogado*: Si la administración del hotel sigue negándose a asumir responsabilidad, el cliente puede buscar asesoramiento legal para determinar las opciones disponibles y si es necesario emprender acciones legales.

Sugerencia para Cliente

Mantener la calma: Aunque puede ser frustrante enfrentarse a la negación de responsabilidad del hotel, es crucial mantener la calma y seguir los procedimientos adecuados. *Ser firme pero respetuoso*: Cuando se comunique con el hotel, sea claro en expresar su expectativa de recibir una solución justa. Insista en la importancia de que se resuelva el problema de manera profesional. *Documentar todo*: Mantenga registros de todas las comunicaciones con el hotel, como correos electrónicos, informes escritos y conversaciones, para respaldar cualquier acción legal futura. *Considerar la opción de dejar una reseña*: Si la situación no se resuelve de manera satisfactoria, considere dejar una reseña en línea para advertir a otros clientes y, a veces, esto puede generar una respuesta más rápida por parte de la administración del hotel.

---

247. ¿QUÉ PUEDE HACER UN HUÉSPED SI EL HOTEL LE CO-BRA POR SERVICIOS QUE NUNCA SOLICITÓ O UTILIZÓ?

Respuesta: En situaciones donde el huésped detecta que se le ha cobrado por servicios no solicitados ni utilizados, lo primero es que el huésped debe comunicarse de inmediato con el personal de recepción del hotel para expresar la discrepancia y solicitar una revisión detallada de los cargos en su factura.

Es fundamental mantener la calma y presentar de forma clara cualquier evidencia que respalde su reclamación, como registros de su estancia, recibos, o detalles de servicios previamente acordados. Si el hotel no ofrece una solución satisfactoria en el lugar, el huésped puede pedir hablar con el gerente del establecimiento para resolver el asunto de manera más directa. En caso de que la disputa no se resuelva de forma amigable, el huésped tiene la opción de presentar una queja formal ante las autoridades competentes de turismo o protección al consumidor de la localidad. Estos organismos en la mayoría de los casos tienen un proceso de mediación o arbitraje para resolver este tipo de conflictos. Además, el huésped podría considerar dejar una reseña pública en plataformas de opinión, señalando la experiencia, lo que podría presionar al hotel a tomar medidas correctivas.

Sugerencia para Cliente

Mantén la calma y organiza la información: Si notas un cargo incorrecto, verifica tu factura y todos los servicios que realmente utilizaste durante tu estancia. *Solicita una aclaración formal*: Dirígete al personal del hotel o al gerente para explicar la situación y buscar una solución. Ten preparado cualquier documento que pueda respaldar tu caso. *Conoce tus derechos*: Familiarízate con las leyes locales sobre protección al consumidor o servicios turísticos, ya que esto te ayudará a negociar de manera más efectiva si decides escalar la queja. *Considera dejar una reseña detallada*: En caso de no obtener solución, compartir tu experiencia en plataformas públicas puede ser una herramienta para que el hotel considere ajustar sus prácticas y evitar futuros incidentes con otros huéspedes.

248. ¿CÓMO DEBE ACTUAR UN CLIENTE SI EL HOTEL SE NIEGA A ACEPTAR UNA RECLAMACIÓN SOBRE UN PROBLEMA EN SU ESTANCIA?

Respuesta: Si un cliente se encuentra en una situación donde el hotel se niega a aceptar una reclamación, es importante seguir los pasos adecuados para asegurarse de que su queja sea escuchada. En primer lugar, el cliente debe intentar discutir el problema directamente con el gerente o responsable del establecimiento. Es recomendable que se enfoque en describir el inconveniente de manera clara y objetiva, con evidencia si es posible, como fotografías o correos electrónicos previos que respalden la reclamación. Si la resolución directa con el hotel no es satisfactoria, el cliente puede elevar la queja a las autoridades competentes, como la Oficina de Protección al Consumidor o a una entidad de arbitraje de servicios turísticos, si fuera el caso. Además, es importante que el cliente conserve todos los documentos relacionados con la reclamación y el servicio recibido, como recibos, comunicaciones escritas y cualquier detalle que pueda ser útil en una disputa.

Sugerencia para Cliente

El cliente debe documentar el problema con pruebas (fotos, vídeos, testigos o informes del personal) y presentar una reclamación formal por escrito al hotel mediante email o burofax, exigiendo una solución conforme a sus derechos bajo la Ley 7/1998 de Condiciones Generales de la Contratación; si el hotel persiste en su negativa, puede acudir a la Oficina Municipal de Consumo de la localidad o al Sistema Arbitral de Consumo (adherido a la Junta Arbitral de Consumo de su comunidad autónoma) para iniciar un procedimiento gratuito de mediación, y en casos graves (como estafas o daños significativos), interponer

una denuncia ante la Agencia Española de Consumo
(AECOSAN) o una demanda civil por incumplimiento de
contrato, con la opción de reclamar indemnización por los
perjuicios sufridos.

249. ¿QUÉ PUEDE HACER UN HUÉSPED SI LA PISCINA U
OTRAS INSTALACIONES DEL HOTEL NO ESTÁN DISPO-
NIBLES PESE A HABER SIDO PUBLICITADAS?

Respuesta: Si durante su estancia en un hotel descubre que la
piscina u otras instalaciones que fueron publicitadas y que usted
esperaba utilizar no están disponibles, tiene derecho a tomar las
siguientes acciones: *Notificar al personal del hotel:* Informe inmediatamente a la recepción o al departamento correspondiente sobre la ausencia o inoperatividad de las instalaciones prometidas.
Solicite información sobre las razones de su no disponibilidad y
si existe alguna alternativa o solución propuesta. *Solicitar servicios
alternativos:* Si las instalaciones no están operativas, pregunte si
hay servicios o instalaciones similares disponibles en el hotel o
en establecimientos cercanos con los que el hotel tenga acuerdos.
Negociar una compensación: Dependiendo de la situación, puede
solicitar una reducción en el precio de su estancia o, en casos más
graves, el reembolso de una parte del importe pagado. La Ley General para la Defensa de los Consumidores y Usuarios establece
que, si el servicio ofrecido no se presta en las condiciones acordadas, el consumidor tiene derecho a una compensación adecuada.
Presentar una queja formal: Si el hotel no ofrece una solución
satisfactoria, tiene derecho a presentar una queja formal. Solicite
la hoja de reclamaciones; el hotel está obligado a proporcionarla.
En caso de negativa, puede acudir a las autoridades competentes
de consumo de su comunidad autónoma o al Sistema Arbitral de

Consumo para resolver la disputa de manera extrajudicial. *Evaluar la posibilidad de desistimiento*: Si la falta de las instalaciones afecta significativamente su experiencia y no se ofrece una solución adecuada, podría considerar la opción de desistir del contrato de alojamiento. Según la normativa vigente, en ciertos casos, el consumidor tiene derecho a rescindir el contrato y obtener el reembolso de las cantidades abonadas.

Sugerencias para Cliente

Revisión de la información antes de la reserva: Antes de realizar una reserva, asegúrese de que las instalaciones que desea utilizar están disponibles en las fechas de su estancia. Verifique la información en la página web del hotel, en las condiciones de reserva y en las comunicaciones previas. *Comunicación clara durante la estancia*: Mantenga una comunicación abierta con el personal del hotel. Si nota que alguna instalación no está disponible o presenta problemas, notifíquelo de inmediato para buscar soluciones. *Documentación de incidencias*: Registre por escrito cualquier incidencia relacionada con la falta de servicios o instalaciones. Esto le servirá como respaldo en caso de que necesite presentar una queja formal o buscar una compensación. *Conocimiento de sus derechos*: Infórmese sobre sus derechos como consumidor en el ámbito turístico. Las autoridades de consumo y organizaciones de defensa del consumidor pueden proporcionarle orientación y apoyo en caso de conflictos con servicios turísticos. Recuerde que, como consumidor, tiene derecho a recibir los servicios contratados en las condiciones acordadas. Si estos no se cumplen, está en su derecho buscar soluciones y, de ser necesario, reclamar una compensación adecuada.

---

250. ¿Cómo debe proceder un cliente si el hotel discrimina a personas por su nacionalidad, género, orientación sexual o discapacidad?

Respuesta: El cliente que sufra discriminación por nacionalidad, género, orientación sexual o discapacidad en un hotel debe, en primer lugar, recoger todas las pruebas posibles grabaciones siempre que sea legal, fotos, correos, testigos o documentos que acrediten el trato discriminatorio), y acto seguido presentar una denuncia formal por escrito ante la gerencia del establecimiento, exigiendo el cese inmediato de la conducta y la reparación del daño moral causado; si el hotel no responde adecuadamente, el cliente puede y debe denunciar los hechos ante las autoridades competentes, como la Agencia Española de Protección de Datos (si hubo tratamiento ilegítimo de datos personales), la Inspección de Trabajo (si los empleados fueron cómplices), el Defensor del Pueblo o los juzgados de lo social, ya que este tipo de discriminación está expresamente prohibida por la Constitución Española, la Ley 15/2022 Integral para la Igualdad de Trato y la Ley General de Derechos de las Personas con Discapacidad, pudiendo incluso constituir un delito de odio tipificado en el Código Penal, con penas de prisión y multas para los responsables; además, el cliente afectado tiene derecho a interponer una demanda civil para reclamar una indemnización por los daños y perjuicios sufridos, así como a solicitar la imposición de sanciones administrativas al establecimiento a través de la Oficina de Consumo correspondiente o de la AECOSAN, organismos que pueden ordenar la apertura de expedientes sancionadores que podrían llegar a suponer el cierre temporal del negocio; en todo este proceso, es recomendable contar con el asesoramiento de asociaciones especializadas en lucha contra la discriminación o con un abogado experto en derechos fundamentales, quienes podrán guiar al cliente sobre la mejor estrategia legal a seguir en cada caso concreto.

Sugerencia para Cliente

El cliente debe recopilar pruebas de la discriminación (testigos, grabaciones si es legal, o documentos del hotel) y presentar una denuncia inmediata ante el Instituto Nacional de Discriminación (INADI) o el Defensor del Pueblo, ya que la discriminación por nacionalidad, género, orientación sexual o discapacidad está prohibida por la Ley 15/2022 Integral para la Igualdad de Trato y No Discriminación y puede constituir un delito; además, puede interponer una reclamación ante la Oficina de Consumo de la comunidad autónoma o la AECOSAN para que investiguen al establecimiento, y si ha sufrido daños morales o materiales, presentar una demanda civil por vulneración de derechos fundamentales previsto en la Constitución, con el fin de obtener una indemnización y la rectificación pública del hotel.

CAPITULO II
Resorts - Derechos del cliente

251. ¿Qué puede hacer un huésped si el resort no cumple con las condiciones de todo incluido y cobra extras inesperados?

Respuesta: Si un huésped se encuentra con cargos adicionales en un resort que supuestamente ofrece un servicio *"todo incluido"*, lo primero que debe hacer es revisar los términos y condiciones de su reserva. Muchos resorts detallan en la letra pequeña qué servicios están realmente incluidos y cuáles generan costos adicionales. Los pasos por seguir incluyen: *Solicitar aclaraciones en la recepción*: Pedir una explicación detallada sobre los cargos adicionales y verificar si están especificados en la reserva. *Mostrar pruebas*: Si la oferta publicitada decía claramente *"todo incluido"*, presentar capturas de pantalla, correos electrónicos o cualquier documento de la reserva. *Negociar directamente con la administración*: Si los cargos son injustificados, solicitar una corrección en la factura antes de pagar. *Exigir una factura desglosada*: Para verificar cada cargo y asegurarse de que no haya cobros indebidos. *Presentar una reclamación formal*: Si el resort no da una solución satisfactoria, se puede redactar una queja escrita dirigida a la administración del hotel. *Denunciar ante las autoridades de consumo*: Se puede acudir a la oficina de protección al consumidor o turismo para denunciar la situación. *Publicar una reseña honesta*: Si no hay solución, compartir la experiencia en plataformas de viajes para advertir a otros huéspedes.

252. ¿Cómo debe proceder un cliente si el personal del resort lo trata de forma grosera o poco profesional?

Respuesta: Si el personal del resort trata al cliente de forma grosera o poco profesional, el cliente debe mantener la calma y documentar la situación. Lo recomendable es: Identificar al trabajador involucrado, su nombre o descripción. Registrar los hechos, anotando fecha, hora y detalles específicos del incidente. Solicitar hablar con un supervisor o gerente para reportar la conducta. Presentar una queja formal en la recepción o a través de los canales oficiales del resort (correo, formulario en línea). Si la respuesta del resort no es satisfactoria, dejar un comentario en redes sociales o plataformas de reseñas para alertar a otros clientes.

la situación de manera respetuosa pero firme: primero, comunicar el incidente directamente al gerente o al departamento de atención al cliente del resort para solicitar una solución inmediata. Si la respuesta no es satisfactoria, el cliente puede documentar los hechos (fechas, nombres y detalles) y presentar una queja formal ante el libro de reclamaciones del establecimiento, tal como establece la normativa española, o contactar a la Oficina de Consumo correspondiente para recibir asesoramiento legal. En casos graves, considerar dejar una reseña detallada en plataformas digitales puede ayudar a que la empresa tome medidas correctivas.

253. ¿QUÉ PUEDE HACER UN HUÉSPED SI EL RESORT OFRECE ACTIVIDADES QUE RESULTAN PELIGROSAS O SIN LAS MEDIDAS DE SEGURIDAD ADECUADAS?

Respuesta: Si el resort ofrece actividades que resultan peligrosas o no cumplen con las medidas de seguridad adecuadas, el huésped debe actuar de inmediato para proteger su integridad. Lo primero es evitar participar en la actividad y advertir a otros huéspedes si existe un riesgo evidente. Luego, debe reportar la situación a la administración del resort, solicitando una explicación sobre las medidas de seguridad implementadas. Si el resort no toma medidas correctivas o la respuesta no es satisfactoria, el huésped puede denunciar el hecho ante las autoridades competentes, como organismos de turismo, protección al consumidor o entes de regulación de seguridad. También puede dejar una reseña detallada en plataformas de opinión para advertir a futuros huéspedes y presionar al resort a mejorar sus protocolos.

254. ¿Cómo debe actuar un cliente si el resort cancela su reserva sin previo aviso y sin darle alternativas?

Respuesta: Si un resort cancela una reserva sin previo aviso y sin ofrecer alternativas, el cliente debe actuar de inmediato para proteger sus derechos. Primero, es recomendable solicitar una explicación formal y una compensación por la cancelación imprevista. También debe revisar los términos y condiciones de la reserva para determinar si el resort está incumpliendo alguna política. Si el pago ya fue efectuado, es importante exigir un reembolso inmediato y, en caso de negativa, contactar con la entidad bancaria o plataforma de pago para solicitar una reversión del cargo. Si el resort no responde de manera adecuada, el cliente puede presentar una queja ante organismos de defensa del consumidor o explorar acciones legales si corresponde.

> **Sugerencia para Cliente**
> Si el resort cancela su reserva sin previo aviso ni alternativas, el cliente debe solicitar de inmediato una explicación por escrito y exigir el reembolso total o una solución equivalente (como alojamiento en otro establecimiento de igual o mayor categoría). Si el resort no responde adecuadamente, puede presentar una reclamación formal en el *Libro de Reclamaciones* y contactar con la *Oficina Municipal de Consumo* o la *Junta Arbitral de Consumo* de la comunidad autónoma correspondiente para iniciar un procedimiento de mediación. En casos de incumplimiento contractual, podría valorar acciones legales con asesoramiento de un abogado o asociación de consumidores (como FACUA u OCU).

255. ¿QUÉ PUEDE HACER UN HUÉSPED SI EL RESORT NO RESPETA SUS SOLICITUDES DE ALIMENTACIÓN ESPECIAL POR ALERGIAS O DIETAS MÉDICAS?

Respuesta: Si un resort no cumple con las solicitudes de alimentación especial debido a alergias o dietas médicas, el huésped debe actuar de inmediato para evitar cualquier riesgo para su salud. Primero, debe comunicar la situación al personal del restaurante o servicio de atención al cliente, recordando la importancia de sus restricciones alimentarias. Si la respuesta no es satisfactoria, debe solicitar hablar con un responsable, como el jefe de cocina o el gerente del resort. En España, los establecimientos hoteleros y de restauración están obligados a cumplir con la normativa de información sobre alérgenos según el Reglamento (UE) Nº 1169/2011, que exige que los clientes sean informados sobre la presencia de ingredientes que puedan causar alergias. Si el resort incumple esta normativa y pone en riesgo la salud del huésped, se puede presentar una hoja de reclamaciones, exigir una solución inmediata y, si es necesario, elevar la queja a las autoridades de consumo o incluso a los tribunales.

Sugerencia para Cliente

Documenta la solicitud: Desde el momento de la reserva, informa por escrito sobre tus necesidades alimentarias y confirma que el resort las ha recibido. Si es posible, obtén una respuesta por correo electrónico para tener evidencia. *Solicita hablar con un responsable*: Si el personal de servicio no atiende tu solicitud, pide directamente al gerente o jefe de cocina que garantice la preparación segura de tus comidas. *Verifica la carta de alérgenos*: En España, todos los establecimientos deben proporcionar información clara sobre los alérgenos en sus platos. Solicita ver la lista de ingredientes si tienes dudas. *Exige una hoja de reclamaciones*: Si el resort no atiende tu solicitud o pone en riesgo tu salud, pide una hoja de reclamaciones oficial. Es un derecho del consumidor y un medio legal para hacer valer tu queja. *Denuncia ante las autoridades*: Si el problema es grave y afecta a tu salud, puedes presentar una denuncia ante la Agencia Española de Consumo, Seguridad Alimentaria y Nutrición (AECOSAN) o ante la oficina de consumo correspondiente en la comunidad autónoma donde se ubique el resort. *Evalúa cambiar de establecimiento*: Si el resort persiste en la negativa de ofrecer opciones seguras para tu alimentación, considera cambiar de hotel y exigir la devolución de tu dinero si la alimentación especial era una condición fundamental de tu reserva.
Recuerda: La salud es prioritaria, y los establecimientos tienen la obligación de respetar las necesidades de los clientes en

materia de alergias y dietas médicas. Actuar con firmeza y conocimiento de tus derechos te ayudará a evitar situaciones de riesgo y a exigir un trato adecuado.

256. ¿Cómo debe proceder un cliente si el servicio de transporte del resort no cumple con los horarios ni las condiciones prometidas?

Respuesta: Si el servicio de transporte del resort no cumple con los horarios establecidos o no ofrece las condiciones prometidas (como comodidad, puntualidad o disponibilidad), el cliente debe: Reclamar directamente en la recepción o con el personal encargado del transporte, explicando el problema y solicitando una solución inmediata. Pedir una alternativa, como un reembolso del servicio si fue contratado aparte o una compensación en caso de que el retraso afecte otras reservas o actividades. Solicitar el libro de reclamaciones, si el resort no ofrece una solución adecuada. En España, los establecimientos turísticos están obligados a disponer de un libro de reclamaciones para quejas formales. Guardar pruebas, como capturas de pantalla de horarios, correos electrónicos, fotos o videos que respalden la queja. Elevar la queja a la autoridad de consumo en caso de que el resort no atienda la reclamación. Puede presentarse ante la oficina de consumo de la comunidad autónoma o a través de la web de la Dirección General de Consumo de España.

Sugerencia para Cliente

Si el transporte del resort es un servicio esencial para su estancia y no cumple con lo prometido, actúe rápidamente para evitar que afecte su experiencia. Lo mejor es dirigirse directamente al personal del resort y exigir una solución inmediata. Si no recibe respuesta, pida una compensación y deje constancia de su queja en el libro de reclamaciones. También es recomendable revisar las condiciones de la reserva y verificar si el resort tiene alguna política de compensación por este tipo de inconvenientes. En caso de no obtener respuesta, puede acudir a las autoridades de consumo para hacer valer sus derechos.

257. ¿Qué puede hacer un huésped si las fotos del resort en la web no coinciden con la realidad y se siente engañado?

Respuesta: En caso de que un huésped considere que las fotos del resort en la web no coinciden con la realidad, y se sienta engañado por la discrepancia, el primer paso es comunicar la situación directamente con el establecimiento, preferentemente con el gerente o encargado del servicio al cliente. Es recomendable documentar cualquier evidencia, como capturas de pantalla de la web, fotografías actuales del resort, y cualquier otra prueba visual que pueda respaldar su queja. El huésped puede presentar una reclamación formal solicitando una solución, como un reembolso parcial, un cambio de habitación o algún tipo de compensación, según la política del establecimiento. Si el problema no se resuelve de manera satisfactoria dentro del resort, el huésped tiene derecho a interponer una queja ante las autoridades competentes en España, como la Oficina Municipal de Información al Consumidor (OMIC) o la Dirección General de Turismo de la Comunidad Autónoma correspondiente. Además, si el huésped realizó la reserva a través de una agencia online (como Booking, Expedia, etc.), puede contactar con ellos para presentar una queja sobre el servicio recibido, ya que estas plataformas suelen ofrecer algún tipo de protección al consumidor.

Sugerencia para Cliente

Documentación y pruebas: Es clave que el huésped tome fotos o grabe videos del estado real de las instalaciones que difieren de lo mostrado en la web. Esto fortalecerá su caso si decide hacer una reclamación. *Reclamación formal*: Si la situación no se resuelve de manera amistosa, presentar una reclamación formal al servicio al cliente del resort puede ser eficaz. Asegúrese de incluir todas las pruebas y exponer claramente la situación. *Solicitar una compensación razonable*: Dependiendo del nivel de discrepancia entre la oferta y la realidad, el huésped puede solicitar una compensación adecuada, ya sea un reembolso parcial, cambio de habitación o algún tipo de descuento en futuras estancias. *Pedir intervención de organismos oficiales*: Si la respuesta no es satisfactoria, no dude en acudir a entidades oficiales de protección al consumidor para que intervengan y medien en la situación. Esto puede aumentar la presión sobre el establecimiento para llegar a una solución justa. En resumen, al estar preparado con documentación y un enfoque claro y respetuoso al presentar una queja, el huésped puede aumentar las probabilidades de una resolución favorable.

258. ¿CÓMO DEBE ACTUAR UN CLIENTE SI EL RESORT SE NIEGA A DEVOLVER UN DEPÓSITO SIN JUSTIFICACIÓN VÁLIDA?

Respuesta: Si el resort se niega a devolver el depósito sin una justificación válida, el cliente debe proceder de la siguiente manera: *Solicitar una explicación clara por escrito*: El cliente debe pedir una justificación formal por escrito sobre por qué no se está devolviendo el depósito. Es importante que este documento detalle los motivos y esté firmado por la administración del resort. *Revisar los términos y condiciones*: El cliente debe revisar el contrato o las políticas del resort, ya que allí suelen especificarse las condiciones bajo las cuales se realiza la devolución del depósito. En este caso, es fundamental que el cliente verifique si el resort ha incumplido alguna de esas condiciones. *Intentar resolver el problema de manera amigable*: A veces, un enfoque amigable y directo puede solucionar el problema. El cliente puede intentar contactar con la gerencia o el departamento de atención al cliente para tratar de llegar a una solución. *Presentar una queja formal*: Si el resort sigue negándose a devolver el depósito sin una justificación razonable, el cliente puede presentar una queja formal ante las autoridades competentes, como la Oficina de Atención al Consumidor o la Agencia Española de Consumo, Seguridad Alimentaria y Nutrición (AECOSAN). *Considerar acciones legales*: Si la situación no se resuelve de manera amistosa, el cliente tiene derecho a interponer una demanda ante los tribunales, ya que la negativa a devolver el depósito sin una justificación válida podría constituir un incumplimiento de contrato.

Sugerencia para Cliente

Si te encuentras en esta situación, es recomendable que mantengas un registro detallado de todas las comunicaciones con el resort, incluyendo correos electrónicos, mensajes y cualquier documento relevante. Esto puede ser de gran ayuda en caso de que decidas llevar el asunto ante las autoridades competentes o, si fuera necesario, iniciar una acción legal. También es importante que tengas claro el monto del depósito y las condiciones exactas bajo las cuales se debería haber realizado la devolución. Si el resort no está cumpliendo con lo pactado, no dudes en hacer valer tus derechos, ya que las leyes de protección al consumidor en España están diseñadas para evitar que los consumidores sean tratados injustamente.

259. ¿QUÉ PUEDE HACER UN HUÉSPED SI SU HABITA-CIÓN EN EL RESORT TIENE PLAGAS O CONDICIONES ANTIHIGIÉNICAS?

Respuesta: Si un huésped encuentra que su habitación en el resort tiene plagas o condiciones antihigiénicas, lo primero que debe hacer es comunicar la situación al personal de recepción o al gerente del establecimiento de inmediato. Es importante que el huésped actúe rápidamente para que el problema sea atendido lo antes posible. El hotel tiene la obligación de mantener sus instalaciones en condiciones adecuadas de higiene y seguridad para sus huéspedes. Si el problema persiste o no se le da una solución inmediata, el huésped tiene derecho a solicitar un cambio de habitación o, si es necesario, la cancelación de la reserva con un reembolso total.

Sugerencia para Cliente
Si un huésped encuentra plagas o condiciones antihigiénicas en su habitación, debe informar inmediatamente a la dirección del resort y solicitar un cambio de habitación o la solución del problema en el acto; si no recibe una respuesta adecuada, debe documentar el incidente (fotos/vídeos) y presentar una reclamación formal en el *Libro de Reclamaciones*, además de contactar con la *Oficina de Consumo* de la localidad o la *Junta Arbitral de Consumo* de su comunidad autónoma para exigir una compensación

o la resolución del problema, pudiendo incluso reclamar una reducción en el precio o la terminación anticipada del contrato sin penalización.

260. ¿CÓMO DEBE PROCEDER UN CLIENTE SI EL RESORT NO INTERVIENE ANTE CONDUCTAS INAPROPIADAS DE OTROS HUÉSPEDES QUE AFECTAN SU ESTANCIA?

Respuesta: El cliente debe informar de inmediato al personal del resort sobre las conductas inapropiadas de los demás huéspedes, proporcionando detalles claros de la situación. Si el resort no responde de manera adecuada, el cliente debe insistir educadamente y pedir hablar con un gerente o supervisor para abordar el asunto. Es fundamental que el cliente exprese de manera calmada cómo la situación está afectando su estancia y solicite una solución, como el cambio de habitación o la intervención del personal de seguridad si es necesario. Si la situación no mejora, el cliente puede registrar una queja formal ante la administración del resort o incluso considerar la opción de dejar una reseña negativa que detalle su experiencia.

Sugerencia para Cliente

Si te encuentras en una situación en la que otros huéspedes están teniendo conductas inapropiadas que afectan tu estancia y el resort no interviene, sigue estos pasos: *Mantén la calma:* Trata de manejar la situación de forma tranquila y objetiva. *Comunica tu preocupación*: Dirígete a la recepción o al encargado del resort de manera clara y detallada sobre lo que está ocurriendo. *Solicita una solución concreta*: Indica de qué manera te gustaría que se resolviera la situación.

Por ejemplo, solicitando que se cambie de habitación, se cambien los horarios de actividades, o que se tome alguna medida correctiva hacia los huéspedes infractores. *Haz un seguimiento*: Si no recibes una respuesta adecuada, solicita hablar con un supervisor o gerente y asegúrate de que tu queja sea atendida correctamente. *Documenta lo ocurrido*: Si la situación persiste, guarda evidencia de las incidencias, como fotografías, capturas de pantalla o una descripción detallada de los eventos para respaldar un eventual reclamo.

CAPITULO III
Vivienda Vacacional - Derechos del cliente

261. ¿Qué puede hacer un cliente si al llegar a la vivienda vacacional el anfitrión le dice que la reserva fue cancelada sin aviso?

Respuesta: Si al llegar a la vivienda vacacional te informan que tu reserva ha sido cancelada sin previo aviso, lo primero que debes hacer es pedir una explicación inmediata sobre la cancelación. Revisa tu correo electrónico, mensajes o cualquier comunicación que hayas recibido para verificar si hubo algún intento de notificación. Si no hay justificación válida o si no fuiste informado adecuadamente, puedes reclamar de manera formal al anfitrión, exigiendo una solución alternativa o una compensación por la cancelación inesperada. Es importante conocer tus derechos, y si la cancelación fue injustificada, podrías buscar opciones legales o realizar una queja en plataformas de reserva que puedan intervenir en situaciones de este tipo.

Sugerencia para Anfitrión

Si un cliente llega y se encuentra con la sorpresa de que su reserva fue cancelada sin previo aviso, es fundamental mantener la calma y ofrecer una solución rápida y profesional. Primero, asegúrate de verificar si la

---

cancelación fue un error administrativo o si realmente hubo una notificación previa que el cliente no recibió. Si fue un error de tu parte, trata de ofrecer una alternativa adecuada, como una nueva reserva en una propiedad similar o una compensación económica, dependiendo de la situación. La comunicación clara y rápida es clave para resolver este tipo de inconvenientes, y siempre es recomendable mantener una relación abierta con los clientes a través de plataformas de comunicación confiables para evitar malentendidos.

262. ¿Cómo debe proceder un huésped si la vivienda vacacional no tiene las condiciones básicas de habitabilidad y seguridad?

Respuesta: Si un huésped se encuentra en una vivienda vacacional que no cumple con las condiciones básicas de habitabilidad y seguridad, tiene derecho a presentar una queja inmediata al propietario o encargado del lugar. Primero, el huésped debe documentar cualquier irregularidad observada, como condiciones de higiene deficientes, falta de servicios básicos (agua potable, electricidad, calefacción, etc.), o problemas de seguridad evidentes. De ser posible, tomar fotos o videos que respalden la queja puede ser útil. El huésped debería solicitar que se resuelvan los problemas de manera urgente o, si esto no es posible, exigir un reembolso parcial o completo, dependiendo de la gravedad de la situación. Si el propietario o encargado no responde adecuadamente, el huésped puede acudir a instancias legales o presentar una queja ante las autoridades competentes, como organismos de protección al consumidor o entidades de turismo.

Sugerencia para Propietario

Como propietario, es crucial mantener las condiciones básicas de habitabilidad y seguridad en la vivienda vacacional. Esto incluye realizar mantenimientos preventivos regulares y asegurarse de que todos los servicios funcionen correctamente. Si un huésped plantea una queja válida sobre las condiciones de la vivienda, es fundamental abordarla de manera rápida y profesional. Primero, escuche al huésped, verifique la situación y ofrezca soluciones adecuadas, como cambiarlo de alojamiento o reparar de inmediato los problemas identificados. En caso de que no sea posible resolver el inconveniente, considere la opción de ofrecer una compensación, ya sea un reembolso parcial o total. Esto no solo previene disputas legales, sino que también mejora la reputación del establecimiento y la satisfacción de los huéspedes.

263. **¿Qué puede hacer un cliente si el propietario se niega a devolverle la fianza sin razón justificada?**

Respuesta: Si un cliente se enfrenta a la negativa del propietario de devolverle la fianza sin justificación, debe primero revisar el contrato de alquiler o la política acordada al momento de realizar el pago. De ser posible, el cliente debe solicitar por escrito una explicación formal del propietario sobre la retención de la fianza. En caso de que el propietario no brinde una razón válida o si no se acuerda una fecha de devolución según el contrato, el cliente tiene derecho a llevar el asunto a las autoridades competentes, como una entidad de defensa al consumidor en el país o región correspondiente. Si la disputa persiste, el cliente también puede recurrir a la vía judicial, presentando una demanda por incumplimiento de contrato o apropiación indebida.

Sugerencia para Propietario

Es fundamental mantener una comunicación abierta y transparente con el cliente sobre las razones de la retención de la fianza. La clave está en ser específico en el contrato respecto a las condiciones de la fianza y proporcionar evidencia suficiente si se requiere retener parte o la totalidad del monto. Como propietario, considera utilizar un formato detallado de inspección al final de la estancia para evitar malentendidos, y mantener siempre un enfoque conciliador en caso de disputas. Si la situación no se resuelve de manera amigable, es recomendable buscar asesoría legal para garantizar que se respeten los derechos tanto del propietario como del cliente.

---

264. ¿Cómo debe actuar un huésped si descubre que la vivienda vacacional tiene cámaras ocultas sin su consentimiento?

Respuesta: Si un huésped descubre que la vivienda vacacional tiene cámaras ocultas sin su consentimiento, debe actuar con rapidez para proteger su privacidad y seguridad. Primero, debe documentar la situación, tomando fotos o grabaciones del área donde se encuentran las cámaras. A continuación, debe informar inmediatamente al propietario o al gerente de la propiedad, solicitando una explicación y exigiendo que se retire cualquier equipo de vigilancia no autorizado. Es recomendable que el huésped también presente una queja formal, bien sea por escrito o a través de una plataforma de reservas, especificando la situación y solicitando una compensación o reembolso si corresponde. En caso de no recibir una respuesta adecuada, puede considerar presentar una denuncia ante las autoridades competentes por invasión a la privacidad.

Sugerencia para Propietario

Como propietario de la vivienda vacacional, es fundamental garantizar que las propiedades se mantengan en total conformidad con las leyes de privacidad y protección de datos. Las cámaras de seguridad solo deben colocarse en áreas públicas y siempre con el consentimiento informado de los huéspedes. Si un huésped descubre cámaras ocultas sin su consentimiento, es crucial que respondas de manera inmediata y profesional, ofreciendo una disculpa, retirando cualquier equipo de vigilancia ilegal y explicando que fue un error o malentendido. Además, revisa las políticas de privacidad de la propiedad para asegurarte de que cumplen con todas las regulaciones locales y evita cualquier infracción. Si la situación se agrava, estar preparado para ofrecer compensaciones o reembolsos puede ayudar a mantener una relación de confianza con los huéspedes.

265. ¿QUÉ PUEDE HACER UN CLIENTE SI EL PROPIETA-
RIO DE LA VIVIENDA VACACIONAL LE IMPONE REGLAS
ABUSIVAS DESPUÉS DE HABER HECHO LA RESERVA?

Respuesta: Si un cliente considera que el propietario de
la vivienda vacacional le está imponiendo reglas abusivas que
no se mencionaron al momento de hacer la reserva, lo primero que debe hacer es revisar los términos y condiciones
de la reserva. Si las reglas impuestas no están especificadas
previamente, el cliente tiene derecho a solicitar una explicación al propietario de la vivienda y discutir cualquier cambio
de condiciones. En caso de que no se llegue a un acuerdo, el
cliente podría considerar la posibilidad de cancelar la reserva
y solicitar un reembolso, siempre que las políticas del establecimiento lo permitan. Si el propietario se niega a aceptar la cancelación, el cliente podría presentar una queja ante
plataformas de reseñas o agencias de turismo que lo hayan
reservado, o incluso, si la situación es grave, evaluar la opción de tomar acciones legales basadas en el incumplimiento
de contrato.

Sugerencia para Propietario

Es fundamental que, como propietario, sea transparente
en todo momento sobre las reglas de la vivienda
vacacional, especificándolas claramente en el contrato de
reserva. Evitar imponer reglas inesperadas y excesivas una
vez que la reserva ha sido confirmada no solo previene
posibles conflictos con los huéspedes, sino que también
mejora la reputación del establecimiento. Si decides
hacer ajustes en las normas, asegúrate de informar a
los huéspedes con suficiente antelación y de buscar un
acuerdo amistoso. Para prevenir disputas, incluye una

cláusula en el contrato que permita modificaciones razonables en las condiciones de la estancia y ofrece soluciones flexibles si surge algún inconveniente con los huéspedes.

266. ¿Cómo debe proceder un huésped si el aloja-miento no tiene el número de habitaciones o servicios indicados en la oferta?

Respuesta: Si al llegar al alojamiento notas que el número de habitaciones o servicios que se ofrecen no coincide con lo que se indicaba en la oferta, lo primero es expresar tu preocupación al personal del establecimiento. Debes comunicar el problema de inmediato, preferentemente por escrito, solicitando una solución. Si el alojamiento no puede proporcionarte los servicios ofrecidos o las habitaciones indicadas, puedes exigir un reembolso parcial o completo, dependiendo de las circunstancias y de lo que se haya acordado en el contrato o en la política del establecimiento. En caso de que no llegues a una solución amigable, puedes recurrir a las autoridades locales de protección al consumidor o presentar una queja formal ante la entidad correspondiente, ya que el in-cumplimiento de los términos acordados puede ser considerado una falta grave.

Sugerencia para Propietario

Si un huésped se queja de que el alojamiento no tiene el número de habitaciones o servicios indicados en la oferta, es crucial que tomes medidas inmediatas para resolver la situación de manera satisfactoria. Primero, verifica que la oferta esté correctamente especificada y, en caso de que haya un error o falta en la información, actúa de inmediato para corregirlo. Si el huésped tiene razón en su reclamo, ofrece una solución viable, como un reembolso parcial, un cambio de habitación o un upgrade si es posible. Es importante que se mantenga la transparencia y comunicación abierta con el huésped en todo momento, ya que una resolución eficiente y cordial puede evitar problemas legales y mejorar la reputación del establecimiento. Además, asegúrate de revisar tus métodos de promoción y actualiza las ofertas de manera precisa, para evitar futuros conflictos relacionados con desinformación.

267. ¿QUÉ PUEDE HACER UN CLIENTE SI EL ANFITRIÓN DE LA VIVIENDA VACACIONAL LO DISCRIMINA POR SU RAZA, RELIGIÓN U ORIENTACIÓN SEXUAL?

Respuesta: Si un cliente experimenta discriminación por parte del anfitrión de la vivienda vacacional debido a su raza, religión u orientación sexual, debe documentar el incidente de inmediato. Esto incluye tomar notas sobre lo sucedido, guardar cualquier comunicación relacionada (como mensajes o correos electrónicos) y, si es posible, obtener testigos que puedan corroborar lo ocurrido. El cliente debe reportar el incidente a la plataforma de alquiler de viviendas vacacionales, si se trata de un servicio como Airbnb o similar, ya que estas plataformas suelen tener políticas contra la discriminación y pueden ofrecer apoyo al cliente. Además, si la discriminación es grave o el cliente siente que sus derechos han sido violados, puede presentar una denuncia formal ante las autoridades locales o incluso ante organizaciones que luchan por los derechos humanos.

Sugerencia para Anfitrión

Si eres anfitrión de una vivienda vacacional, es fundamental crear un ambiente de inclusión y respeto para todos los huéspedes. Discriminar a un cliente por su raza, religión u orientación sexual no solo es ilegal en muchos países, incluido España, sino que también puede afectar gravemente la reputación de tu propiedad y tu acceso a plataformas de alquiler. Asegúrate de conocer y seguir las políticas de no discriminación de la plataforma en la que publicas tu propiedad. Además, en caso de que surja una situación delicada, mantén la calma y busca una solución respetuosa, evitando comentarios o actitudes que puedan ser interpretadas como discriminatorias. La empatía y el respeto por la diversidad son claves para mantener un entorno de hospedaje seguro y acogedor.

268. ¿CÓMO DEBE ACTUAR UN HUÉSPED SI LA VIVIENDA VACACIONAL NO TIENE AGUA, ELECTRICIDAD O SERVICIOS ESENCIALES DURANTE SU ESTANCIA?

Respuesta: Si te encuentras en una vivienda vacacional y no tienes acceso a servicios esenciales como agua, electricidad o gas, es importante que notifiques de inmediato al propietario o al encargado de la propiedad. En primer lugar, verifica si el problema es temporal o si es algo que puede solucionarse rápidamente. Si el problema persiste, solicita una solución alternativa, como el reembolso parcial o total de tu estancia, o bien, busca un cambio de alojamiento si la situación no se resuelve de manera eficiente.

Sugerencia para Propietario

Si un huésped informa que no tiene acceso a servicios esenciales, debes actuar de inmediato para solucionar el problema. Primero, verifica si la falta de servicios es un problema externo, como cortes de agua o electricidad, o si se debe a un problema interno de la vivienda. En cualquier caso, es esencial comunicarte de manera clara con el huésped y ofrecer alternativas como el cambio de alojamiento o, si es necesario, el reembolso proporcional del tiempo afectado. Además, es recomendable revisar y mantener regularmente los servicios de la propiedad para evitar inconvenientes durante las estancias de futuros huéspedes.

269. ¿QUÉ PUEDE HACER UN CLIENTE SI EL PROPIETARIO LO ACUSA FALSAMENTE DE DAÑAR LA PROPIEDAD Y LE COBRA CARGOS INDEBIDOS?

Respuesta: Si el propietario acusa falsamente al cliente de dañar la propiedad y le cobra cargos indebidos, el cliente debe mantener la calma y solicitar una prueba clara del daño, como fotografías, informes o cualquier evidencia que respalde la acusación. Es importante documentar todos los detalles relacionados con el incidente y, si es posible, obtener testigos que puedan respaldar su versión de los hechos. En caso de que no se llegue a un acuerdo, el cliente puede solicitar la intervención de una autoridad competente, como una oficina de protección al consumidor, o incluso iniciar una demanda legal por cargos indebidos y difamación. En España, es posible también hacer uso de plataformas de resolución de disputas, como aquellas ofrecidas por sitios de alquiler a corto plazo.

270. ¿CÓMO DEBE PROCEDER UN HUÉSPED SI LA PLATA-FORMA DE RESERVAS NO LE OFRECE SOLUCIÓN ANTE UN PROBLEMA GRAVE CON LA VIVIENDA VACACIONAL?

Respuesta: Si la plataforma de reservas no le ofrece solución ante un problema grave con la vivienda vacacional, lo primero que debe hacer el cliente, es contactar directamente con el propietario o el gerente de la propiedad, ya que ellos tienen la autoridad para tomar decisiones rápidas en estos casos. Si no recibe una respuesta satisfactoria, puede solicitar un reembolso parcial o total, dependiendo de la naturaleza del problema, y en algunos casos, podría solicitar una compensación. Es recomendable documentar cualquier incidente, ya sea con fotos, videos o mensajes escritos, como evidencia de la situación que está experimentando.

Además, es importante revisar los términos y condiciones de la plataforma de reservas para entender los derechos del huésped en estos casos y las posibles opciones legales.

Sugerencia para Propietario

Como propietario de la vivienda vacacional, es crucial tener una comunicación clara y directa con los huéspedes en caso de problemas o inconvenientes que surjan durante su estancia. Asegúrate de tener un protocolo para resolver situaciones de emergencia o problemas graves rápidamente, para evitar que los huéspedes recurran a la plataforma de reservas. Establece canales de atención directa, como un número de teléfono o correo electrónico específico para incidencias urgentes, para que los huéspedes sientan que tienen un soporte inmediato. Además, asegúrate de que la vivienda esté en las condiciones óptimas que promete en la plataforma, realizando un mantenimiento constante y detallado. Si se presenta una queja, ofrece una solución justa y satisfactoria para evitar que el huésped recurra a una reclamación formal o a una mala reseña en la plataforma.

CAPITULO IV
RESTAURANTES - DERECHOS DEL CLIENTE

271. ¿QUÉ PUEDE HACER UN CLIENTE SI EL RESTAURANTE LE COBRA UN PRECIO SUPERIOR AL INDICADO EN EL MENÚ?

Respuesta: Si un cliente se da cuenta de que se le está cobrando un precio superior al que aparece en el menú, lo primero que debe hacer es expresar educadamente la discrepancia al personal del restaurante. El cliente puede mostrar el menú donde aparece el precio indicado y solicitar una corrección en la factura. En la mayoría de los casos, los restaurantes realizan ajustes si se presentan errores en los precios cobrados, ya que se trata de una práctica que no está permitida. Si la discrepancia no se resuelve de manera inmediata, el cliente tiene derecho a solicitar hablar con el gerente o responsable del establecimiento para llegar a una solución. En algunos casos, si la situación no se soluciona adecuadamente, el cliente podría optar por presentar una queja formal ante las autoridades competentes.

Sugerencia para Gerente del Restaurante
Es esencial que el gerente maneje esta situación de manera profesional y rápida para evitar que el cliente se sienta insatisfecho. El restaurante debe asegurarse de que los precios en el menú sean actualizados y coincidan con los

---

cargos en la factura. Si un cliente señala una discrepancia, el gerente debe disculparse por el error, revisar el precio correcto y ajustar la factura en consecuencia. En este tipo de situaciones, es importante ser transparente y brindar una solución rápida para mantener la buena relación con el cliente. Además, se debe revisar el sistema de facturación para evitar futuros incidentes similares.

272. ¿CÓMO DEBE PROCEDER UN CLIENTE SI EL RESTAURANTE SE NIEGA A ACEPTAR UNA RECLAMACIÓN SOBRE UN PLATILLO MAL PREPARADO?

Respuesta: Si el restaurante se niega a aceptar una reclamación sobre un platillo mal preparado, lo primero es mantener la calma y actuar de manera respetuosa. Explica nuevamente de forma clara y concisa el problema con el platillo, destacando los detalles específicos (como la preparación incorrecta o el mal estado de los ingredientes). Si el personal sigue sin atender tu queja, puedes solicitar hablar con un encargado o gerente. En muchos establecimientos, los gerentes tienen la autoridad para resolver situaciones como esta. Si el restaurante sigue sin aceptar la reclamación, puedes considerar dejar una reseña detallada o contactar con las autoridades de protección al consumidor, si la situación lo amerita.

Sugerencia para Gerente del Restaurante

Como gerente, es esencial gestionar este tipo de situaciones con profesionalismo y empatía para preservar la relación con el cliente y evitar conflictos innecesarios. Escucha la queja del cliente sin interrumpir, mostrando disposición para resolver el problema. Si el platillo realmente tiene fallos, ofrece una solución rápida, como la reposición del platillo o un descuento en la cuenta. Si la queja no es válida, explícale amablemente la política del restaurante y propón alternativas, como una compensación simbólica. Asegúrate de que el equipo de servicio esté bien capacitado para manejar reclamaciones de manera eficaz y que se mantenga un ambiente cordial y respetuoso en todo momento.

273. ¿QUÉ PUEDE HACER UN CLIENTE SI LE SIRVEN UN PLATILLO CON INGREDIENTES A LOS QUE ES ALÉRGICO, A PESAR DE HABERLO INFORMADO PREVIAMENTE?

Respuesta: Si un cliente es servido con un platillo que contiene ingredientes a los que es alérgico, a pesar de haber informado previamente de su alergia, el cliente debe informar al personal de inmediato sobre la situación. El primer paso es dejar claro al camarero o gerente que ha recibido un platillo con ingredientes no deseados, y que esta situación es potencialmente peligrosa para su salud. El cliente debe solicitar una solución rápida, que puede incluir la preparación de un nuevo platillo sin los ingredientes alérgenos, o bien la cancelación de la orden. Además, el cliente debe asegurarse de que su alergia esté claramente registrada en el sistema para evitar futuros incidentes similares.

Sugerencia para Gerente del Restaurante
Es crucial que el gerente actúe con rapidez y seriedad ante esta situación para garantizar la salud y seguridad del cliente, además la reputación del restaurante. El primer paso es disculparse sinceramente con el cliente y reconocer el error.

Luego, se debe retirar el platillo inmediatamente y ofrecer un reemplazo adecuado sin los ingredientes alérgenos. Es recomendable que el gerente revise los procedimientos internos de comunicación sobre alergias alimentarias para asegurarse de que todos los miembros del personal estén adecuadamente informados y entrenados. Además, se debe ofrecer una compensación al cliente, como un descuento o un postre gratis, para garantizar su satisfacción y evitar que la situación afecte la percepción del servicio del restaurante.

274. ¿Cómo debe actuar un cliente si el restaurante le niega el acceso sin una razón válida?

Respuesta: Si un cliente es negado el acceso al restaurante sin una razón válida, lo primero que debe hacer es mantener la calma y solicitar una explicación clara por parte del personal o el gerente. Es importante escuchar atentamente la justificación que se le dé, ya que en algunos casos podría haber motivos legítimos, como cuestiones de capacidad o políticas internas. Si no se le ofrece una razón válida, el cliente tiene derecho a solicitar hablar con el gerente para aclarar la situación. En caso de no obtener una solución satisfactoria, el cliente podría considerar presentar una queja formal ante la dirección del establecimiento, o incluso ante las autoridades de defensa del consumidor si lo considera apropiado.

Sugerencia para Gerente del Restaurante

El gerente debe asegurarse de que el personal esté bien entrenado para manejar situaciones como esta de manera profesional y respetuosa. En primer lugar, debe escuchar atentamente la queja del cliente y ofrecer una explicación clara y razonable del motivo por el cual se le ha negado el acceso. Si la negativa es injustificada, el gerente debe disculparse por la inconveniencia y ofrecer una solución, como permitir el acceso o compensar al cliente de alguna manera, si fuera el caso. El gerente debe evitar confrontaciones y mantener siempre un enfoque conciliador. También es fundamental que se revise la política interna del restaurante para asegurar que situaciones como estas no se repitan en el futuro, y se establezcan protocolos claros para la atención al cliente en este tipo de casos.

275. ¿QUÉ PUEDE HACER UN CLIENTE SI ENCUENTRA UN OBJETO EXTRAÑO EN SU COMIDA Y EL RESTAURANTE NO ASUME RESPONSABILIDAD?

Respuesta: Si un cliente encuentra un objeto extraño en su co-mida y el restaurante no asume responsabilidad, lo primero que debe hacer es mantener la calma y solicitar hablar con el gerente. El cliente debe explicar la situación con detalle y, si es posible, mostrar eviden-cia del objeto encontrado. Es recomendable que se registre la queja por escrito, indicando la fecha, el objeto encontrado, y la reacción del restaurante ante la situación. Si el restaurante sigue sin asumir res-ponsabilidad, el cliente tiene la opción de presentar una queja formal ante las autoridades competentes de salud o de protección al consu-midor de la comunidad autónoma respectiva, como una oficina de protección del consumidor o una agencia de sanidad.

Sugerencia para Gerente del Restaurante
Como gerente, es fundamental manejar este tipo de situaciones con tacto y profesionalismo. Primero, asegúrate de escuchar al cliente de manera empática,

asumiendo la responsabilidad por la situación sin admitir culpabilidad inmediatamente. Ofrece una disculpa y explica el proceso de verificación que se realizará para investigar el incidente. Además, ofrece una solución inmediata, como un cambio de plato, una compensación o un descuento, dependiendo de la gravedad de la situación. Si el restaurante sigue sin asumir responsabilidad, se transparente con el cliente sobre los pasos a seguir, incluyendo la posibilidad de un reembolso parcial o total, si fuera necesario, y mantén un registro de la queja por si se requieren medidas adicionales en el futuro.

276. ¿CÓMO DEBE PROCEDER UN CLIENTE SI EL SERVICIO EN EL RESTAURANTE ES EXTREMADAMENTE LENTO Y AFECTA SU EXPERIENCIA?

Respuesta: Si el servicio en el restaurante está siendo extremadamente lento y está afectando tu experiencia como cliente, lo primero que debes hacer es mantener la calma y tratar de abordar la situación de manera educada. Puedes llamar al camarero o al encargado de la mesa para expresar amablemente tu preocupación por la demora, mencionando que tu experiencia se está viendo afectada por la espera prolongada. Es importante ser específico sobre el tiempo que has estado esperando, pero evitando culpar o generar un conflicto innecesario. Si no recibes una respuesta adecuada, puedes solicitar hablar con el gerente para exponer tu queja y buscar una solución satisfactoria. *Recuerda* que mantener una actitud tranquila y educada puede contribuir a que tu problema se resuelva de manera más efectiva.

Sugerencia para Gerente del Restaurante

Cuando un cliente se queja de un servicio lento, es crucial actuar con prontitud y empatía. Primero, escucha al cliente de manera atenta, reconociendo su frustración y pidiendo disculpas por la demora, independientemente de las razones. Asegúrate de ofrecer una solución inmediata, como una mejora en el servicio (por ejemplo, priorizar su pedido u ofrecer algún detalle adicional como una bebida gratuita, si es apropiado). En caso de que la demora sea generalizada, considera ofrecer un descuento en la cuenta o algún tipo de compensación, dependiendo de la situación. Además, revisa internamente si hay procesos que puedan ser mejorados para evitar que este tipo de situaciones se repitan. Un cliente que se siente escuchado y respetado, incluso en momentos de inconvenientes, es más probable que continúe siendo leal al restaurante.

277. ¿QUÉ PUEDE HACER UN CLIENTE SI EL RESTAURANTE SE NIEGA A PROPORCIONARLE LA FACTURA O UN COMPROBANTE DE PAGO?

Respuesta: Si un restaurante se niega a proporcionarle al cliente la factura o un comprobante de pago, tiene derecho a solicitarlo de manera firme y educada. Según la legislación vigente, todos los establecimientos están obligados a entregar un recibo o factura que respalde la transacción realizada. Si la situación persiste, puede: Solicitar la factura nuevamente, mencionando que es un derecho del consumidor. Si el establecimiento sigue negándose, puede presentar una queja ante la autoridad de consumo local o la administración de hacienda correspondiente. Como último recurso, puede considerar hacer un reclamo formal por escrito, destacando la negativa a emitir un comprobante de pago.

Sugerencia para Gerente del Restaurante

Es fundamental que el restaurante cumpla con la normativa fiscal y brinde a todos los clientes los comprobantes de pago correspondientes. Si un cliente solicita la factura o un recibo y por alguna razón no se ha emitido correctamente, el gerente debe: Ofrecer una disculpa por el inconveniente y corregir la situación de inmediato. Asegurarse de que todo el personal esté capacitado para emitir facturas y recibos de manera eficiente y conforme a la ley. Si el cliente persiste en su solicitud y el restaurante no puede cumplir con ella, recomendaría facilitar una solución alternativa, como emitir el comprobante de pago de forma digital o entregar la información por otros medios que respalden la transacción. Implementar procedimientos claros que aseguren que este tipo de situaciones no vuelva a ocurrir, para evitar malentendidos y garantizar una experiencia satisfactoria para los clientes.

278. **¿CÓMO DEBE ACTUAR UN CLIENTE SI EL PERSONAL DEL RESTAURANTE LO TRATA DE FORMA DISCRIMINATORIA O IRRESPETUOSA?**

Respuesta: Si el personal del restaurante trata a un cliente de forma discriminatoria o irrespetuosa, lo primero es mantener la calma y tratar de manejar la situación de manera constructiva. Puede intentar comunicarse directamente con el gerente del establecimiento, exponiendo el trato recibido, detallando la situación de manera clara y objetiva. Si no se resuelve de manera satisfactoria, se recomienda dejar una queja formal por escrito al restaurante, especificando los hechos, para que puedan tomar las medidas adecuadas. En casos graves, puede recurrir a las autoridades competentes o a organismos de defensa de los derechos del consumidor.

279. ¿QUÉ PUEDE HACER UN CLIENTE SI EL RESTAURANTE COBRA UN CARGO OBLIGATORIO POR SERVICIO SIN HABERLO INFORMADO PREVIAMENTE?

Respuesta: Si el cliente se encuentra con un cargo por servicio que no le fue informado previamente, debe pedir una aclaración al gerente o al personal del restaurante. Es importante que el cliente se asegure de que el restaurante esté siguiendo las regulaciones locales en cuanto a la transparencia de precios y cargos adicionales. Si el cargo fue incluido sin el debido aviso, el cliente puede solicitar que se elimine o se ajuste el monto, explicando que no fue informado de dicho cargo al momento de la orden. Si la situación no se resuelve, el cliente puede presentar una queja formal ante las autoridades de protección al consumidor, si corresponde.

280. ¿CÓMO DEBE PROCEDER UN CLIENTE SI SU RESERVA EN EL RESTAURANTE FUE CANCELADA SIN PREVIO AVISO Y SIN OFRECERLE UNA SOLUCIÓN ALTERNATIVA?

Respuesta: Si un cliente experimenta que su reserva ha sido cancelada sin previo aviso y sin que se le ofrezca una solución alternativa, lo primero que debe hacer es comunicarse con el establecimiento de inmediato para obtener una explicación detallada sobre la cancelación. Debe solicitar una compensación apropiada por los inconvenientes causados, que podría ser una reserva en otra fecha disponible, un descuento o algún otro tipo de beneficio que satisfaga sus expectativas. Es importante también pedir por escrito la confirmación de cualquier nuevo acuerdo que se establezca. Si no se obtiene una solución adecuada, el cliente puede acudir a las autoridades competentes o presentar una queja formal ante las plataformas de reserva si la cancelación se realizó a través de ellas.

Sugerencia para Gerente de Restaurante

Es fundamental que, como gerente manejes este tipo de situaciones con rapidez y profesionalismo para evitar que la situación escale. Asegúrate de tener un sistema claro para confirmar y notificar las reservas a los clientes. En el caso de cancelaciones, ofrece una solución alternativa inmediata, como reubicar al cliente en otro horario o en otro establecimiento si es posible. Si la cancelación fue un error del restaurante, ofrece disculpas sinceras y plantea una compensación justa, que podría incluir una futura reserva con un descuento o un servicio gratuito. Mantén siempre una comunicación clara y abierta con el cliente para mostrar disposición a resolver el problema.

CAPITULO V
BARES - DERECHOS DEL CLIENTE

281. ¿QUÉ PUEDE HACER UN CLIENTE SI EL BAR LE SIRVE UNA BEBIDA ADULTERADA O EN MAL ESTADO?

Respuesta: Si un cliente se encuentra en una situación en la que sospecha que la bebida que le han servido está adulterada o en mal estado, lo primero que debe hacer es informar inmediatamente al personal del bar de manera educada y calmada. El cliente puede señalar la situación y solicitar un cambio de la bebida o un reembolso, dependiendo de la política del establecimiento. Además, si el problema persiste o se siente que no ha recibido una respuesta adecuada, el cliente puede presentar una queja formal al gerente o propietario del bar para que se tome una acción correspondiente.

Sugerencia para Gerente del Bar

Es importante manejar la queja con seriedad, actuando con rapidez y empatía. Como gerente, debes verificar la calidad de la bebida de inmediato, ofrecer al cliente una sustitución o un reembolso si es necesario, y disculparte por el inconveniente. Además, realiza una revisión de los procedimientos internos para garantizar que no se repitan incidentes similares. Es recomendable contar con un protocolo claro para manejar este tipo de quejas y

---

capacitar al personal para actuar profesionalmente frente a situaciones de este tipo, lo que ayudará a mantener la satisfacción del cliente y la reputación del bar.

282. ¿Cómo debe proceder un cliente si el bar le cobra por bebidas que no pidió?

Respuesta: Si te cobran por bebidas que no has pedido, lo primero que debes hacer es mantener la calma y acercarte al personal o al gerente del bar para aclarar la situación. Es importante explicar amablemente que las bebidas cobradas no fueron solicitadas ni consumidas. Asegúrate de mencionar cualquier detalle que pueda ayudar, como la falta de confirmación al momento de hacer el pedido o si hubo algún error en la carta o en la entrega. Solicita la corrección de la factura y pide que te retiren los cargos indebidos.

Sugerencia para Gerente del Bar

Como gerente, es fundamental que atiendas la queja de manera rápida y eficiente, sin confrontaciones. Escucha al cliente, revisa la factura y verifica los detalles del pedido con el personal para entender si fue un error de comunicación o de sistema. Si se confirma el error, rectifica la factura inmediatamente y ofrece una disculpa al cliente, mostrando empatía por la situación. Para evitar futuros inconvenientes, asegúrate de que el personal esté bien entrenado en el manejo de los pedidos y que el sistema de cobros esté correctamente configurado para prevenir errores similares.

283. ¿QUÉ PUEDE HACER UN CLIENTE SI EL PERSONAL DE
SEGURIDAD DEL BAR LO EXPULSA SIN JUSTIFICACIÓN
VÁLIDA?

Respuesta: Si un cliente es expulsado de un bar por el personal de seguridad sin justificación válida, debe pedir una explicación clara sobre el motivo de la expulsión. Si no recibe una respuesta razonable, puede solicitar el contacto con el gerente del bar para presentar su queja de manera formal. En algunos casos, también puede optar por denunciar el incidente ante una autoridad competente si considera que la expulsión fue arbitraria o si hubo algún tipo de abuso. Si el bar tiene presencia en redes sociales o una página web, el cliente puede considerar dejar una reseña detallando su experiencia, siempre manteniendo la objetividad y la cortesía.

Sugerencia para Gerente del Bar

Cuando un cliente se queja de haber sido expulsado sin justificación, es crucial que como gerente se actúe con rapidez y profesionalismo. Debe escuchar el relato del cliente con empatía y revisar las circunstancias del incidente. Investigar los motivos de la expulsión con el personal de seguridad y, si es necesario, revisar las grabaciones de las cámaras de seguridad para aclarar la situación. Si se confirma que la expulsión fue injustificada, el gerente debe disculparse con el cliente, ofrecer una compensación si es apropiado y garantizar que se tomen medidas correctivas para evitar que se repita un incidente similar. Mantener un ambiente justo y respetuoso para todos los clientes es esencial para la reputación del bar.

284. ¿CÓMO DEBE ACTUAR UN CLIENTE SI EL BAR NO RES-
PETA SU DERECHO A UNA CONSUMICIÓN SIN ALCO-
HOL EN UN EVENTO CON ENTRADA PAGA?

Respuesta: Si el bar no respeta tu derecho a una consumición sin alcohol en un evento con entrada paga, lo primero
es expresar tu inquietud de manera clara y educada al personal del bar, indicándoles que estás al tanto de las políticas del
evento y que te corresponde recibir una opción sin alcohol. Si
no obtienes una respuesta satisfactoria, puedes pedir hablar
con el encargado o gerente del establecimiento para que se
resuelva la situación. Si aun así el problema persiste, podrías
considerar presentar una queja formal a través de las redes
sociales del establecimiento o en algún órgano regulador local,
si es necesario.

Sugerencia para Gerente del Bar

Como gerente, es crucial garantizar que todos los
clientes reciban el servicio que corresponde de acuerdo
con las políticas del evento. Debes asegurarte de que
el personal esté al tanto de las opciones disponibles
para los clientes que prefieren bebidas sin alcohol,
especialmente en eventos con entradas pagas. Es
recomendable capacitar a tu equipo en el manejo
adecuado de estos casos y ofrecer una alternativa
satisfactoria en caso de que surjan conflictos. Además,
debes gestionar las quejas de manera profesional y
buscar una solución rápida y efectiva para evitar que la
situación se agrave.

---

285. ¿QUÉ PUEDE HACER UN CLIENTE SI EL BAR NO CUMPLE CON LA PROMOCIÓN QUE ANUNCIABA EN SU PUBLICIDAD?

Respuesta: Si un cliente se encuentra en una situación en la que el bar no cumple con una promoción anunciada, lo primero que debe hacer es acercarse al personal o al gerente y explicar la discrepancia de manera educada, mostrando la publicidad o los detalles de la promoción, si es posible. Es importante mantener la calma y dar la oportunidad de que el establecimiento ofrezca una solución, como el cumplimiento de la promoción o un acuerdo alternativo. Si el bar no tiene una solución satisfactoria en el momento, el cliente puede solicitar la información de contacto del encargado o gerente para continuar con la queja por canales formales. Si la situación persiste, también puede presentar una queja ante las autoridades locales de defensa al consumidor, dado que las promociones deben cumplirse según lo anunciado.

Sugerencia para Gerente del Bar

En situaciones como esta, es fundamental que el gerente se mantenga calmado y busque una solución rápida y eficiente. Debe verificar los detalles de la promoción en cuestión y, si efectivamente hay un error o incumplimiento, ofrecer al cliente una compensación justa, ya sea completando la promoción como se había anunciado o brindando un beneficio adicional. Además, es recomendable revisar los procesos internos del establecimiento para asegurar que las promociones sean claras y que el personal esté bien informado sobre cómo implementarlas correctamente. De igual manera, el gerente debe asegurarse de que las promociones se actualicen adecuadamente en la publicidad para evitar futuras confusiones.

286. ¿Cómo debe proceder un cliente si su tarjeta de crédito es cargada varias veces por error y el bar se niega a corregirlo?

Respuesta: Si te encuentras en esta situación, lo primero que debes hacer es intentar resolver el problema de manera amistosa. Acércate al personal del bar y explica la discrepancia en los cobros. Asegúrate de tener a la mano los recibos o cualquier comprobante de las transacciones erróneas. Si el personal del bar se niega a corregirlo o no te da una respuesta satisfactoria, solicita hablar con el gerente para intentar solucionar la situación. Si la solución aún no es viable, el siguiente paso es contactar a tu banco o la entidad emisora de la tarjeta de crédito para disputar el cargo. Proporciona todos los detalles y evidencias de los cargos duplicados y sigue los procedimientos que te indiquen para resolver el problema.

Sugerencia para Gerente del Bar

Como gerente, es importante que tomes en serio cualquier reclamo relacionado con cargos erróneos, ya que pueden afectar la confianza de los clientes y la reputación del establecimiento. Revisa de inmediato las transacciones involucradas para verificar si efectivamente hubo un cobro doble. Si es el caso, ofrece una solución rápida y satisfactoria, como la devolución inmediata del importe erróneo. Si el problema persiste, contacta al proveedor del sistema de pagos para corregir cualquier error técnico. Además, asegúrate de tener un protocolo claro de atención a reclamos de este tipo para evitar malentendidos y quejas adicionales.

287. ¿QUÉ PUEDE HACER UN CLIENTE SI EL BAR NO LE
PERMITE PAGAR CON TARJETA, A PESAR DE ANUNCIAR-
LO COMO MÉTODO DE PAGO?

Respuesta: Si te encuentras en una situación en la que el bar
no te permite pagar con tarjeta, a pesar de que previamente han
anunciado ese método de pago, lo primero que puedes hacer es
solicitar una explicación clara sobre por qué no está disponible
el pago con tarjeta en ese momento. Si no recibes una respuesta
satisfactoria, tienes derecho a expresar tu molestia, ya que la información del método de pago debería ser precisa y respetada.
En caso de que el establecimiento se niegue a permitirte pagar
con tarjeta y no te ofrezcan una solución, puedes pedir un recibo
o constancia de que no se aceptó la tarjeta y tomar nota de la
situación. Si el bar ha hecho pública que acepta tarjeta de débito
o crédito, podrías considerar presentar una queja ante la entidad
reguladora del comercio, ya que podría tratarse de una práctica
comercial engañosa. Como último recurso, puedes informar a las
redes sociales o a plataformas de reseñas sobre la experiencia que
tuviste, para que otros clientes estén al tanto de la situación.

Sugerencia para Gerente del Bar

Como gerente de bar, es importante que la política de pagos
esté claramente comunicada tanto al personal como a los
clientes. Si el bar anuncia que acepta pagos con tarjeta,
debes asegurarte de que esta opción esté disponible en todo
momento, salvo situaciones excepcionales o problemas
técnicos. Si por alguna razón la opción de pagar con tarjeta no
está funcionando (por ejemplo, problemas con el sistema de
pagos), es crucial que los clientes sean informados de manera
inmediata al llegar, evitando malentendidos o molestias.
También es recomendable tener un plan alternativo de

pagos (transferencia o bizum) o al menos ofrecer un descuento o compensación si el cliente no puede pagar de la forma acordada. Si el cliente expresa su molestia, escucha atentamente y ofrécele una solución rápida, demostrando profesionalismo y preocupación por la experiencia del cliente. En caso de que esto ocurra de manera frecuente, revisa con el equipo de administración el sistema de pagos y asegúrate de que el servicio se esté gestionando de manera eficiente. Esto ayudará a evitar futuras quejas y a mantener la buena reputación del establecimiento.

288. ¿CÓMO DEBE ACTUAR UN CLIENTE SI EL BAR PERMITE FUMAR EN UN ÁREA CERRADA SIN CUMPLIR CON LA NORMATIVA?

Respuesta: Si te encuentras en un bar donde se permite fumar en un área cerrada sin cumplir con la normativa vigente, lo primero que debes hacer es intentar hablar amablemente con el personal o el encargado del lugar. Explica que, según las leyes de salud pública y las normativas locales sobre el tabaquismo, fumar en espacios cerrados está prohibido para proteger la salud de los clientes y el personal. Si no obtienes una respuesta adecuada o el problema persiste, puedes presentar una queja formal directamente a la gerencia o incluso contactar con las autoridades locales encargadas del control de normas sanitarias.

Sugerencia para Gerente del Bar
Como gerente, es crucial que cumplas con las leyes locales y nacionales sobre el tabaquismo en espacios cerrados. Te sugiero que revises las normativas vigentes en tu área,

asegúrate de señalizar claramente las áreas donde está permitido fumar (si existe alguna zona habilitada para ello), y refuerces el entrenamiento de tu personal sobre las políticas del bar respecto al tabaco. Además, es importante tomar medidas inmediatas si un cliente está violando las normas. Evita que esto se convierta en una fuente de conflictos, ya que el incumplimiento de estas regulaciones puede generar sanciones o dañar la reputación de tu establecimiento.

289. ¿QUÉ PUEDE HACER UN CLIENTE SI EL BAR SE NIEGA A SERVIRLE AGUA POTABLE GRATUITA, A PESAR DE ESTAR OBLIGADO A HACERLO POR NORMATIVA?

Respuesta: En caso de que un bar se niegue a ofrecer agua potable gratuita, el cliente tiene derecho a solicitarla basándose en la normativa vigente que obliga a los establecimientos a brindar agua potable sin costo adicional. Si el bar insiste en no cumplir con esta obligación, el cliente puede pedir hablar con el gerente o responsable del establecimiento para expresar su inconformidad de manera educada, solicitando que se cumpla con la normativa. En caso de no obtener respuesta, el cliente puede optar por dejar una reseña en las plataformas del bar o presentar una queja formal ante la autoridad competente de protección al consumidor.

Sugerencia para Gerente del Bar
Es fundamental que el bar cumpla con las normativas locales, que exigen ofrecer agua potable gratuita a los clientes, especialmente en establecimientos de consumo. Como gerente, asegúrate de capacitar al personal sobre esta obligación y establece una política clara que permita

cumplir con la ley de manera coherente y eficiente. Además, proporciona dispensadores de agua o vasos de agua disponibles en el área para que los clientes puedan servirse. Si surge una queja, atiéndela con rapidez y ofrece una solución amable para evitar conflictos y mejorar la imagen del bar.

290. ¿Cómo debe proceder un cliente si el bar retiene su documento de identidad sin justificación legal?

Respuesta: Si un cliente se encuentra en la situación en la que el bar retiene su documento de identidad sin justificación legal, lo primero que debe hacer es solicitar de manera educada y firme la devolución del documento. Es importante que el cliente explique que no existe una justificación legal para retener dicho documento y que tiene derecho a recuperarlo de inmediato. Si el personal se niega a devolverlo, el cliente debe pedir hablar con el gerente o responsable del establecimiento para resolver la situación de forma directa. En caso de que la situación no se resuelva en el lugar, el cliente puede considerar reportar el incidente a las autoridades locales o realizar una denuncia formal, ya que la retención de documentos sin consentimiento es una práctica ilegal.

Sugerencia para Gerente del Bar

Como gerente del bar, es crucial que se sigan los procedimientos legales en todo momento, respetando los derechos de los clientes. Retener documentos de identidad sin justificación puede ser considerado un abuso de autoridad. Si un cliente se queja de que su documento ha sido retenido sin razón legal, el primer paso es disculparse por el inconveniente y proceder a devolver el documento de inmediato. Además, debe investigar el motivo por el cual se retuvo el documento para evitar que situaciones similares ocurran en el futuro. Es recomendable que todo el personal esté capacitado en las normas legales sobre la retención de objetos personales, especialmente los de identificación, para evitar conflictos con los clientes y proteger la reputación del bar.

CAPITULO VI
CAFETERÍAS - DERECHOS DEL CLIENTE

291. ¿QUÉ PUEDE HACER UN CLIENTE SI LA CAFETERÍA LE SIRVE UN CAFÉ FRÍO O EN CONDICIONES NO APTAS PARA EL CONSUMO?

Respuesta: Si un cliente recibe un café frío o en condiciones no aptas para el consumo, lo primero que debe hacer es alertar al personal del establecimiento de inmediato. Debe explicar de manera educada el problema, indicando que el café no está a la temperatura correcta o que presenta alguna otra falla en su preparación, como sabor o textura inadecuados. El cliente tiene derecho a recibir un servicio de calidad y puede solicitar un reemplazo de la bebida o incluso un reembolso si el error no se puede corregir satisfactoriamente. En caso de que el establecimiento no responda de forma adecuada, el cliente puede considerar presentar una queja formal ante la administración o en las redes sociales del establecimiento.

> **Sugerencia para Gerente de Cafetería**
> Es fundamental que como gerente te asegures de que todo el personal de la cafetería esté debidamente entrenado en el manejo de la calidad de las bebidas, garantizando que cada café se sirva a la temperatura correcta y con la calidad esperada. Si un cliente presenta una queja sobre un café

frío o defectuoso, debes responder con cortesía y rapidez, ofreciendo un reemplazo inmediato o un reembolso si es necesario. Además, te recomiendo que implementes un sistema de control de calidad más riguroso para evitar que estas situaciones se repitan. Es esencial manejar la situación con profesionalismo, mostrando empatía hacia el cliente, para no solo solucionar el inconveniente, sino también reforzar la fidelidad del cliente hacia el establecimiento.

292. ¿CÓMO DEBE PROCEDER UN CLIENTE SI LA CAFETERÍA NO LE RESPETA UNA OFERTA O DESCUENTO ANUNCIADO?

Respuesta: Si la cafetería no respeta una oferta o descuento que ha sido debidamente anunciado, el cliente tiene derecho a exigir que se le aplique dicha oferta. Primero, es recomendable que el cliente informe educadamente al personal sobre la oferta o descuento en cuestión, mostrando cualquier publicidad o prueba del anuncio. Si la situación no se resuelve de manera satisfactoria, el cliente puede solicitar hablar con el gerente o responsable del establecimiento para aclarar el asunto. En caso de que el problema persista, el cliente puede presentar una queja formal a través de los canales de atención al cliente del establecimiento, o incluso recurrir a una entidad de defensa del consumidor si considera que se ha vulnerado su derecho a acceder a las condiciones anunciadas.

Sugerencia para Gerente de Cafetería
Es importante que como gerente gestiones este tipo de situaciones con rapidez y de manera profesional para

evitar que se dañe la reputación del establecimiento. Te recomiendo que verifiques la oferta o descuento anunciado y te asegures de que todo el personal esté bien informado sobre las promociones vigentes. Si se confirma que la oferta debe ser respetada, debes asegurarte de que se aplique el descuento o se realice la corrección necesaria de forma inmediata. En caso de que no se pueda cumplir con la oferta por alguna razón, debes ofrecer una solución alternativa o compensación al cliente, como un descuento adicional o un producto de cortesía, para mantener una experiencia positiva. Además, es clave que revises los métodos de comunicación y publicidad para evitar futuros inconvenientes.

293. ¿QUÉ PUEDE HACER UN CLIENTE SI LA CAFETERÍA LE NIEGA EL ACCESO AL BAÑO SIN JUSTIFICACIÓN VÁLIDA?

Respuesta: Si te niegan el acceso al baño en una cafetería sin una justificación válida, es importante abordar la situación con calma. Primero, solicita hablar con el gerente o encargado del establecimiento para expresar tu preocupación de manera respetuosa. Explica que el acceso al baño es un derecho básico para los clientes y que la negativa te ha causado inconvenientes. Si no obtienes una respuesta satisfactoria, puedes considerar presentar una queja formal ante la autoridad de protección al consumidor o el organismo regulador de la zona. En algunos casos, dependiendo de la legislación local, podría haber sanciones o procesos legales que garanticen el acceso a los baños para los clientes en lugares de consumo. Si la situación persiste, la opción de buscar asistencia legal podría ser una alternativa.

Sugerencia para Gerente de Cafetería

Es esencial que tu personal comprenda que la negativa al acceso al baño debe estar justificada por razones excepcionales, como problemas de seguridad o falta de higiene. Para evitar conflictos, asegúrate de que todos los trabajadores estén capacitados sobre las políticas claras del establecimiento respecto al acceso a las instalaciones, incluyendo los baños. La comunicación con los clientes debe ser siempre respetuosa y educada. Si un cliente solicita usar el baño, es recomendable permitirlo siempre que no haya una razón legítima para no hacerlo. En casos de malentendidos o quejas, la intervención del gerente debe ser rápida para calmar la situación y explicar la política del establecimiento de manera clara.

294. ¿Cómo debe actuar un cliente si la cafetería se niega a devolverle el dinero tras un error en su pedido?

Respuesta: Si la cafetería se niega a devolverle el dinero tras un error en su pedido, el cliente debe primero intentar resolver la situación de manera amistosa con el personal. Debería explicar el error y solicitar una solución, ya sea un reembolso, un reemplazo del pedido o alguna compensación adecuada. Es importante que se mantenga calmado y educado durante la conversación. Si la respuesta del personal no es satisfactoria, el cliente puede solicitar hablar con el gerente para que se analice el caso de manera más detallada y, de ser necesario, reclamar formalmente, apoyándose en los derechos de los consumidores.

> **Sugerencia para Gerente de Cafetería**
> Como gerente de la cafetería, es fundamental manejar estos tipos de situaciones con profesionalismo y empatía, siempre asegurando que el cliente se sienta escuchado y valorado. En caso de un error en el pedido, se debe ofrecer una solución rápida y adecuada. Si el cliente solicita un reembolso, revisa el caso y, si corresponde, proporciona el reembolso o una compensación apropiada. Además, es importante que se revise el proceso para evitar futuros errores en los pedidos. Mantener una política clara de atención al cliente y devoluciones puede ayudar a gestionar estos conflictos de manera más efectiva y prevenir quejas.

295. ¿QUÉ PUEDE HACER UN CLIENTE SI EL PERSONAL DE LA CAFETERÍA LO OBLIGA A CONSUMIR PARA PODER SENTARSE, AUNQUE NO HAY AVISO PREVIO?

Respuesta: En España, no existe una ley nacional que obligue a consumir para sentarse en una cafetería, pero los establecimientos tienen derecho a establecer sus propias normas internas (como exigir consumo para ocupar una mesa), siempre que no sean discriminatorias. Muchos locales, especialmente en zonas turísticas o con alta demanda, colocan carteles con frases como *"Solo para clientes"* o *"Consumo obligatorio"*. Si no se cumple, pueden pedirte amablemente que consumas o que abandones el local. En caso de negarse, el negocio podría invocar su *derecho de admisión* (si está debidamente señalizado y no se aplica de forma arbitraria o discriminatoria). Si consideras que el trato fue abusivo, puedes denunciarlo ante la *Oficina de Consumo* de tu comunidad autónoma, aunque si el local avisó claramente (con carteles o verbalmente), tendrán la razón. Si solo quieres descansar sin consumir, es mejor buscar bancos públicos o espacios abiertos para evitar conflictos.

> **Sugerencia para Gerente de Cafetería**
> Como gerente, es esencial tener una política clara y visible en el establecimiento que especifique las condiciones de uso de las mesas y el consumo mínimo requerido, si es que existe alguna. Si no hay una política formal que obligue a los clientes a consumir para poder sentarse, ejemplo, exponiendo carteles o letreros que lo indiquen, es recomendable no aplicar esta medida de forma arbitraria, ya que podría generar una mala experiencia para los clientes y afectar la reputación del negocio. En caso de que esta situación se presente, es importante resolverla con cortesía y explicaciones claras, ofreciendo alternativas o un trato amable que garantice la satisfacción del cliente sin generar conflictos innecesarios.

296. ¿CÓMO DEBE PROCEDER UN CLIENTE SI LA CAFETERÍA LE COBRA UN RECARGO POR USAR LA TERRAZA SIN PREVIO AVISO?

Respuesta: Si un cliente se encuentra con un recargo inesperado por usar la terraza sin haber sido informado previamente, lo primero que debe hacer es preguntar amablemente al personal sobre la política de precios y recargos del establecimiento. Es posible que la información no haya sido comunicada de manera efectiva o que haya un malentendido. Solicitar que se le explique claramente la razón del recargo y, si considera que no fue informado adecuadamente al momento de hacer el pedido, puede solicitar hablar con el encargado para aclarar la situación. En caso de que no se llegue a un acuerdo satisfactorio, el cliente puede considerar dejar una queja formal o recurrir a las redes sociales para exponer su experiencia, si considera que la situación fue injusta.

Sugerencia para Gerente de Cafetería

Es fundamental que como gerente garantices que todos los recargos, tarifas adicionales o políticas especiales, como el uso de la terraza, sean claramente comunicados a los clientes antes de que tomen una decisión. Esto puede incluir señalar el recargo en el menú, en la pizarra de la entrada o mencionarlo al momento de tomar el pedido. Asegúrate de entrenar a tu equipo para que expliquen estos cargos de manera transparente y sin ambigüedades. Si un cliente se queja de un recargo inesperado, resuelve la situación de manera profesional, ofrece una disculpa si es necesario y busca un acuerdo justo. Además, revisa si la política de recargos está claramente visible para evitar malentendidos en el futuro.

---

297. ¿QUÉ PUEDE HACER UN CLIENTE SI LA CAFETERÍA PERMITE LA ENTRADA DE ANIMALES SIN CUMPLIR CON LAS NORMAS SANITARIAS?

Respuesta: Si un cliente observa que la cafetería permite la entrada de animales sin cumplir con las normas sanitarias, tiene derecho a expresar su preocupación de manera educada y solicitar que se tomen las medidas adecuadas para garantizar la seguridad e higiene del establecimiento. El cliente puede hablar directamente con el gerente, exponer su inquietud sobre la situación y pedir que se sigan las normativas de salud pública. Consultar si existen leyes que regulen la entrada de animales en establecimientos de alimentos y bebidas, y en caso de que el establecimiento esté violando estas normas, el cliente puede plantear una queja ante las autoridades sanitarias locales. En caso de que se perciba algún riesgo para la salud o si el cliente se siente incómodo, puede pedir que el animal sea retirado del lugar.

Sugerencia para Gerente de Cafetería

Revisar y cumplir las normativas: Es fundamental que la cafetería cumpla con las normativas sanitarias locales relacionadas con la entrada de animales. Asegúrate de que los animales sean permitidos solo en espacios habilitados para ello y que se tomen medidas de higiene para evitar riesgos para la salud de los clientes. *Establecer políticas claras*: Si la cafetería permite la entrada de animales, debes contar con políticas claras sobre el tipo de animales permitidos (por ejemplo, solo animales de servicio) y sobre las medidas sanitarias que se deben seguir (uso de correas, acceso a zonas restringidas, etc.). *Capacitación del personal*: Instruya al personal sobre cómo manejar situaciones relacionadas con la presencia de animales en el establecimiento, para garantizar una respuesta rápida y educada ante posibles quejas de los clientes. *Mantener un ambiente seguro*: Si la presencia de un animal genera un riesgo sanitario o molestias a los demás clientes, el gerente debe actuar de manera rápida y profesional para resolver la situación, garantizando la seguridad de todos en el establecimiento.

298. ¿Cómo debe actuar un cliente si la cafetería no respeta su derecho a recibir un ticket de compra?

Respuesta: Si un cliente se encuentra en una situación en la que la cafetería no le entrega un ticket de compra, debe de manera educada y firme solicitarlo al personal del establecimiento. Es importante que el cliente insista en que, como consumidor, tiene derecho a recibir dicho ticket como comprobante de la transacción, ya que es una obligación legal en muchos países, incluido España. Si la respuesta del personal es negativa o evasiva, el cliente puede pedir hablar con el encargado o gerente para resolver la situación de manera adecuada. En algunos casos, si la cafetería persiste en no emitir el ticket, el cliente puede considerar realizar una queja formal ante las autoridades competentes, como la oficina de protección al consumidor o autoridades de hacienda.

Sugerencia para Gerente de Cafetería

Como gerente de la cafetería, es esencial garantizar que todos los empleados respeten la legislación vigente y emitan los recibos correspondientes por todas las ventas. No emitir tickets puede resultar en sanciones legales para el establecimiento. Asegúrate de que todos los trabajadores reciban formación sobre la importancia de proporcionar un recibo a cada cliente, como parte de una práctica transparente y conforme a la ley. Además, mantén un sistema claro y eficiente para la emisión de tickets, ya sea de manera electrónica o impresa, y supervisa que se cumpla de manera consistente.

299. ¿Qué puede hacer un cliente si su pedido en la cafetería tarda demasiado en servirse y no recibe ninguna explicación?

Respuesta: Si experimentas una espera excesiva y no recibes ninguna explicación sobre el retraso, lo primero es mantener la calma y dirigirte al personal de servicio de manera cortés. Puedes preguntar educadamente por el estado de tu pedido, expresando tu preocupación por el tiempo de espera. Si el problema persiste, puedes pedir hablar con el encargado o el gerente para aclarar la situación. En algunos casos, es posible que te ofrezcan una compensación por las molestias, como un descuento o una bebida adicional. Si el retraso en la atención te produjo molestia o inconveniente desagradables, evalúa la opción de colocar una reseña adecuada en las redes sociales o portal web del establecimiento, a los fines que otros clientes estén informados de la mala experiencia obtenida y evitar que les ocurra en una eventual visita al establecimiento.

Sugerencia para Gerente de Cafetería

Como gerente, es fundamental asegurarte de que el servicio al cliente sea siempre eficiente y de alta calidad. Si un cliente se queja de un retraso, ofrece disculpas de inmediato y una explicación clara sobre las razones de la demora, si es posible. Además, plantea una solución concreta, como una compensación o un ajuste en el servicio. Para evitar situaciones similares en el futuro, evalúa los tiempos de preparación en la cocina y refuerza la comunicación con el personal para que se mantengan informados sobre los pedidos y puedan anticipar retrasos.

---

300. ¿CÓMO DEBE PROCEDER UN CLIENTE SI LA CAFETERÍA NO CUMPLE CON LAS CONDICIONES HIGIÉNICAS MÍNIMAS Y SU COMIDA O BEBIDA PRESENTA RIESGOS PARA LA SALUD?

Respuesta: Si un cliente considera que la cafetería no cumple con las condiciones higiénicas mínimas y que su comida o bebida presenta riesgos para la salud, debe actuar con cautela y responsabilidad. Lo primero es notificar al personal de inmediato sobre la situación, indicando claramente los problemas observados. Si la situación persiste o no se resuelve satisfactoriamente, se debe solicitar hablar con el gerente del establecimiento para exponer la queja formalmente. Es recomendable que el cliente documente, en la medida de lo posible, la situación (con fotos o notas) y, si lo considera necesario, presentar una denuncia ante las autoridades de salud o el ente correspondiente para que investiguen las condiciones del establecimiento.

Sugerencia para Gerente de Cafetería

Si se presenta una queja de esta índole, como gerente debes actuar rápidamente para evitar que la situación se agrave. Lo primero es ofrecer disculpas al cliente y tomar medidas inmediatas para corregir cualquier irregularidad o malentendido que haya generado la queja. Es esencial plantear una solución rápida y satisfactoria, como reembolsar el importe de la comida o bebida en cuestión y ofrecer una compensación simbólica si la situación lo amerita. Debes revisar las condiciones higiénicas del lugar con detalle y tomar acciones correctivas inmediatas si es necesario. Esto puede incluir mejorar los procesos de limpieza, asegurar que el personal esté correctamente capacitado y que se sigan las normativas de salud y seguridad. Además, es crucial mantener un ambiente de trabajo abierto donde los trabajadores se sientan responsables de mantener altos estándares de higiene para evitar futuros problemas.

TITULO VI
Empleador

CAPITULO I
LAVANDERÍAS INDUSTRIALES -
CONDUCTAS INAPROPIADAS DE TRABAJADORES

301. ¿CÓMO DEBE ACTUAR EL EMPLEADOR SI DESCUBRE QUE UN TRABAJADOR ESTÁ USANDO LAS MÁQUINAS DE LA LAVANDERÍA PARA LAVAR SU ROPA PERSONAL SIN PERMISO, AFECTANDO LA OPERATIVIDAD DEL SERVICIO?

Respuesta: Si el empleador descubre que un trabajador está utilizando las máquinas de la lavandería para fines personales, lo primero es tener una conversación directa con el trabajador para aclarar la situación. El empleador debe recordar al trabajador que las máquinas y recursos de la empresa están destinados exclusivamente al uso laboral y que la utilización personal sin autorización afecta el servicio y la operatividad del negocio. Es fundamental explicar la política interna de la empresa sobre el uso de los recursos, hacerle entender las consecuencias de este tipo de acciones (como la sanción por incumplimiento de las normas), y advertir que este comportamiento no se tolerará en el futuro. Si la conducta persiste, el empleador debe aplicar medidas disciplinarias acordes a la gravedad de la infracción.

Sugerencia para Trabajador

Es fundamental que el trabajador entienda que los recursos de la empresa, como las máquinas de lavandería, están destinados a su uso exclusivo para el servicio de la empresa y no para fines personales. El trabajador debe pedir autorización antes de utilizar cualquier recurso fuera del horario laboral o con fines que no sean directamente relacionados con su tarea. En caso de necesidad personal, lo recomendable es discutirlo con su empleador y encontrar una solución acordada. El uso indebido de recursos de la empresa puede generar consecuencias legales y laborales, por lo que es esencial actuar con responsabilidad y respeto hacia las normativas establecidas.

302. ¿QUÉ MEDIDAS PUEDE TOMAR EL EMPLEADOR SI UN TRABAJADOR MANIPULA INDEBIDAMENTE LOS PRODUCTOS QUÍMICOS DE LAVADO, PONIENDO EN RIESGO LA CALIDAD DEL SERVICIO Y LA SEGURIDAD DEL EQUIPO?

Respuesta: Si un empleador descubre que un trabajador está manipulando indebidamente los productos químicos de lavado, poniendo en riesgo tanto la calidad del servicio como la seguridad del equipo, es crucial actuar rápidamente para prevenir consecuencias graves. En primer lugar, se debe revisar si el trabajador tiene la capacitación adecuada sobre el manejo de productos químicos y si está siguiendo los procedimientos de seguridad establecidos en el lugar de trabajo. El empleador debe tomar las siguientes acciones: *Investigar el incidente*: Realizar una investigación interna para comprender si el trabajador actuó de manera intencional o si fue un descuido debido a la falta de formación adecuada. *Evaluar los riesgos*: Evaluar los daños potenciales que podrían derivarse de esta mala manipulación, tanto en términos de calidad del servicio como de riesgos para la salud y seguridad del equipo de trabajo. *Aplicar sanciones*: Si el trabajador no tiene una justificación válida para su comportamiento o no ha seguido los protocolos de seguridad, el empleador debe aplicar las sanciones correspondientes, las cuales podrían incluir una amonestación, suspensión temporal o incluso la terminación de la relación laboral si la infracción es grave. *Reforzar la capacitación*: Asegurarse de que todos los trabajadores reciban formación constante sobre el uso seguro de productos químicos y la importancia de seguir los procedimientos establecidos.

Sugerencia para Trabajador

Si un trabajador es responsable de manipular productos químicos, es fundamental seguir estrictamente las instrucciones de seguridad para evitar cualquier tipo de accidente o problema en el servicio. La sugerencia sería: *Capacitarse adecuadamente*: Asegúrate de recibir formación y capacitación sobre el uso adecuado de los productos químicos. Si no entiendes completamente las instrucciones o procedimientos, busca orientación de un supervisor o solicita formación adicional. *Seguir los procedimientos de seguridad*: Siempre respeta los protocolos de seguridad establecidos en el establecimiento. Esto no solo protege la calidad del servicio, sino también tu propia seguridad y la de tus compañeros. *Informar sobre cualquier irregularidad*: Si te encuentras con productos o procedimientos que no entiendes o que consideras inseguros, comunícalo de inmediato a un supervisor o al responsable de seguridad. *Responsabilidad en el trabajo*: Recuerda que cualquier manipulación indebida de productos químicos puede tener

---

consecuencias graves para el ambiente de trabajo y para los clientes. *Actúa siempre con responsabilidad y precaución.*

303. ¿CÓMO PROCEDER SI UN TRABAJADOR REPETIDA-MENTE NO CLASIFICA CORRECTAMENTE LA ROPA SU-CIA, OCASIONANDO DAÑOS EN LAS PRENDAS DE LOS CLIENTES?

Respuesta: Ante un trabajador que reiteradamente clasifica mal la ropa sucia, causando daños a prendas de clientes, *actúe de forma escalonada*: primero, verifique si el problema surge por falta de formación, exceso de trabajo o negligencia. Ofrezca *capacitación adicional*, proporcione herramientas claras (guías visuales, protocolos escritos) y supervise el proceso de cerca. Si los errores persisten, aplique un *correctivo formal* (amonestación verbal o escrita, según la gravedad), documentando cada incidencia. En casos extremos, valore medidas disciplinarias, siempre respetando el Estatuto de los Trabajadores y el procedimiento sancionador. Priorice la mejora continua, pero proteja los intereses del negocio y la satisfacción del cliente. *La combinación de apoyo y firmeza es clave para resolver el problema.*

Sugerencia para Trabajador
Si has tenido incidentes recurrentes al clasificar mal la ropa sucia, causando daños a prendas de clientes, reflexiona sobre las posibles causas (falta de formación, distracciones, exceso de carga laboral) y toma medidas correctivas. Solicita una revisión de los procedimientos con tu supervisor, infórmate con compañeros de trabajo, pide capacitación adicional si es necesario,

y utiliza herramientas como guías visuales o listas de control para evitar errores. Comunica cualquier dificultad operativa (ej.: etiquetas ilegibles, lavadoras defectuosas) para que se solucione. Si el problema es organizacional (ritmo acelerado, falta de personal), plantéalo en equipo para mejorar procesos. Demostrar iniciativa y compromiso con la mejora puede evitar reclamaciones, pérdidas económicas y sanciones, protegiendo tanto tu empleo como la reputación del negocio. *La prevención y la comunicación proactiva son esenciales.*

304. ¿QUÉ DEBE HACER EL EMPLEADOR SI UN TRABAJA-DOR SE NIEGA A SEGUIR LOS PROTOCOLOS DE HIGIE-NE Y DESINFECCIÓN ANTES DE MANIPULAR LA ROPA DE LOS CLIENTES?

Respuesta: El empleador debe actuar de inmediato para garantizar que el trabajador cumpla con los protocolos de higiene y desinfección establecidos. Primero, es necesario recordarle la obligatoriedad de estas medidas y explicarle la importancia de seguirlas para proteger la salud de los clientes y del propio equipo. Si el trabajador persiste en su negativa, se debe documentar la falta y aplicarle una advertencia formal. En caso de reincidencia, el empleador puede tomar medidas disciplinarias según lo establecido en el Estatuto de los Trabajadores y el reglamento interno. Además, si el incumplimiento representa un riesgo sanitario grave, el empleador podría considerar la terminación del contrato por causa justificada. Es recomendable reforzar la formación en protocolos de higiene y establecer controles para verificar su cumplimiento.

Sugerencia para Trabajador

Cumple con los protocolos de higiene para evitar sanciones y proteger la salud de todos. Los protocolos de higiene no son solo una norma, sino una necesidad en cualquier servicio que involucre la manipulación de ropa ajena. Negarte a cumplirlos puede generar problemas con la empresa y afectar la confianza de los clientes. Además, podrías recibir sanciones disciplinarias o incluso perder tu empleo si persistes en no acatarlos. Si tienes dudas sobre los procedimientos, consulta con tu supervisor y solicita capacitación adicional si es necesario. *Ser profesional en el cumplimiento de las normas te hará destacar como un trabajador responsable y comprometido con el servicio.*

305. ¿CÓMO DEBE MANEJAR EL EMPLEADOR UNA SITUA-CIÓN EN LA QUE UN TRABAJADOR REALIZA ENTREGAS INCOMPLETAS O CON ERRORES DE CLASIFICACIÓN, AFECTANDO LA REPUTACIÓN DE LA LAVANDERÍA?

Respuesta: Si un trabajador de la lavandería entrega pedidos incompletos o con errores en la clasificación de prendas, lo primero que se debe hacer es identificar la causa del problema. Puede tratarse de un descuido ocasional, una falta de capacitación o incluso una actitud negligente. *Revisión del caso*: Verificar los registros de pedidos y cualquier evidencia disponible (boletas, cámaras de seguridad, reportes de clientes). *Comunicación directa*: Hablar con el trabajador para entender su versión de los hechos y determinar si se trata de un error involuntario o de una mala práctica recurrente. *Capacitación*: Si el problema es por desconocimiento del procedimiento, ofrecer una capacitación inmediata para evitar más errores. *Política de corrección*: Implementar un control interno donde otro trabajador o supervisor revise los pedidos antes de la entrega. *Medidas disciplinarias*: Si los errores persisten o afectan gravemente la reputación del negocio, aplicar sanciones según lo establecido en el contrato de trabajo y la normativa laboral. *Seguimiento*: Monitorear el desempeño del trabajador tras la corrección para asegurarse de que no reincida en los errores.

Sugerencia para Trabajador

Si estás teniendo problemas con las entregas, asegúrate de seguir correctamente los procedimientos de clasificación y revisión antes de entregar los pedidos. Una lavandería se basa en la confianza de los clientes, y cada prenda entregada incorrectamente puede dañar la reputación del negocio y poner en riesgo tu empleo. Revisa dos veces cada pedido antes de entregarlo. Si tienes dudas sobre una clasificación, consulta con un supervisor antes de tomar una decisión. Usa listas de verificación o notas para asegurarte de que todo esté en orden. Sé honesto si cometes un error, y busca la forma de corregirlo antes de que llegue a manos del cliente. *Mantener un servicio de calidad no solo ayuda a la empresa, sino que también puede mejorar tu desempeño y estabilidad laboral.*

---

306. ¿QUÉ MEDIDAS TOMAR SI UN TRABAJADOR DELIBERADAMENTE REDUCE LA TEMPERATURA DE LAS SECADORAS PARA AHORRAR ENERGÍA, AFECTANDO LA CALIDAD DEL SECADO?

Respuesta: Si un trabajador modifica la temperatura de las secadoras sin autorización, comprometiendo la calidad del servicio, se deben tomar medidas inmediatas. Primero, verifique si hay reportes de clientes sobre ropa mal secada o quejas del personal. Luego, revise los controles de temperatura de las máquinas y consulte con el trabajador su motivo para realizar el ajuste. Si confirma que el cambio fue deliberado y sin permiso, aplique el procedimiento disciplinario correspondiente según el reglamento interno, el contrato de trabajo y la normativa laboral vigente. Puede iniciar con una advertencia verbal o escrita y, en caso de reincidencia, proceder con una sanción más severa, hasta una posible terminación del contrato de trabajo, si se considera una falta grave. Además, implemente controles internos para evitar futuras modificaciones indebidas, como la restricción del acceso a los ajustes de temperatura solo a personal autorizado y la capacitación del equipo sobre la importancia de seguir los procedimientos establecidos.

Sugerencia para Trabajador

Modificar el funcionamiento de las secadoras sin autorización puede generar problemas de calidad y afectar la reputación del negocio. Si consideras que la temperatura es demasiado alta o que hay formas más eficientes de ahorro energético, lo mejor es comunicarlo con tu supervisor y proponer alternativas en lugar de tomar decisiones por tu cuenta. Para evitar sanciones, sigue siempre los protocolos establecidos y consulta antes de hacer cambios en los equipos. *Un buen desempeño implica buscar mejoras sin comprometer la calidad del servicio.*

---

307. ¿CÓMO PROCEDER SI UN TRABAJADOR ES SORPRENDIDO DURMIENDO EN EL ÁREA DE TRABAJO DURANTE SU TURNO, AFECTANDO LA PRODUCTIVIDAD?

Respuesta: Si un trabajador es sorprendido durmiendo en el área de trabajo durante su turno, lo primero que debe hacer el empleador es verificar las circunstancias que llevaron a esta situación. Puede tratarse de un problema puntual, de salud o de un patrón de conducta reiterado. *Registro del incidente*: Documente la situación con pruebas (fotos, testigos, reportes). *Primera advertencia*: Hable con el trabajador para conocer si existe una causa justificable, como problemas de salud o exceso de carga laboral. *Acción disciplinaria progresiva*: Si es un caso aislado, una advertencia verbal puede ser suficiente. Si es reincidente, emita una advertencia escrita e incluya el incidente en su expediente. *Evaluación de condiciones laborales*: Si hay indicios de que la fatiga es generalizada en el equipo, revise horarios y cargas de trabajo. *Sanción conforme a la ley*: Si el comportamiento persiste, consulte la legislación laboral vigente para proceder con suspensiones o incluso el despido si hay reincidencia grave.

Sugerencia para Trabajador

Dormirse en el área de trabajo puede traer consecuencias graves, desde advertencias hasta el despido. Para evitarlo: Descansa bien antes de iniciar tu jornada. Evita turnos excesivos que comprometan tu rendimiento. Mantente en movimiento y activo para evitar somnolencia en horas laborales. Si te han sorprendido durmiendo durante tu turno, reconoce el error y evita justificaciones, salvo que existan y que sean creíbles, mostrando disposición a corregirlo; evalúa si hay causas como fatiga excesiva, horarios agotadores o problemas de salud que debas comunicar confidencialmente a RRHH para buscar soluciones (ajuste de turnos, pausas programadas). Mientras, refuerza tu concentración con técnicas como moverse periódicamente, hidratarte o priorizar tareas activas. Si el problema persiste, solicita apoyo antes de que afecte tu rendimiento o disciplina laboral, demostrando

---

profesionalismo para recuperar la confianza de tu empleador. *La transparencia y compromiso son clave para superar esta situación. Recuerda que tu desempeño impacta en la percepción de tu profesionalismo y estabilidad en el empleo.*

308. ¿QUÉ DEBE HACER EL EMPLEADOR SI UN TRABAJADOR UTILIZA LOS DETERGENTES Y SUAVIZANTES DE LA LAVANDERÍA PARA FINES PERSONALES SIN AUTORIZACIÓN?

Respuesta: En este caso, el empleador debe actuar con firmeza para proteger los intereses de la empresa y asegurar que se cumpla con las normas internas. Primero, el empleador debe hablar con el trabajador para investigar si hay una justificación para este comportamiento o si se trata de un uso indebido intencional de los recursos de la empresa. Es fundamental que se documenten las pruebas y que se haga una advertencia formal por escrito. En caso de reincidencia o si el trabajador no acepta la responsabilidad de sus actos y se evidenció su responsabilidad, se debe aplicar la sanción correspondiente según el reglamento interno de la empresa y la legislación laboral aplicable, que podría incluir amonestaciones o, si es grave, hasta la terminación del contrato laboral, dependiendo de la gravedad de la infracción.

Sugerencia para Trabajador

Si has utilizado detergentes o suavizantes de la lavandería del trabajo para uso personal sin autorización, *reconoce el error y evita repetirlo*, ya que constituye una falta de confianza y puede acarrear sanciones laborales (desde amonestaciones hasta despido, según gravedad y reincidencia). Habla con tu supervisor o RRHH con honestidad si hay una necesidad puntual que justifique tu acción, *pero nunca tomes recursos de la empresa sin permiso.* Ofrece disculpas y reparar el daño (ej.: reponiendo el material) y cumple estrictamente con los protocolos de uso de insumos. Aprovecha esta situación para reforzar tu profesionalismo y evitar consecuencias legales o disciplinarias. *La transparencia y el respeto a las normas son clave para mantener tu empleo y reputación.*

309. ¿CÓMO DEBE ACTUAR EL EMPLEADOR SI UN TRABAJADOR OCULTA O NO REPORTA EL DAÑO DE UNA MÁQUINA INDUSTRIAL PARA EVITAR SANCIONES?

Respuesta: El empleador debe actuar con firmeza ante la omisión de un trabajador en la notificación de un daño en la maquinaria, ya que esto puede poner en riesgo la seguridad de otros trabajadores y dañar aún más los equipos. La primera acción es iniciar una investigación interna para determinar las circunstancias exactas del daño y verificar si el trabajador tuvo intención de ocultarlo. Si se confirma que el trabajador actuó de manera intencional para evitar sanciones, el empleador debe aplicar las sanciones correspondientes, que pueden ir desde una advertencia escrita hasta la terminación del contrato laboral, dependiendo de la gravedad de la situación. Además, es fundamental revisar los protocolos de mantenimiento y las políticas internas para asegurarse de que todos los trabajadores comprendan la importancia de reportar cualquier daño o falla en los equipos de manera inmediata.

Sugerencia para Trabajador

Es crucial que el trabajador entienda que ocultar daños en la maquinaria no solo es una violación de las políticas laborales, sino que también puede poner en peligro la seguridad de todos. La recomendación para el trabajador es que, en caso de detectar un daño o mal funcionamiento de la maquinaria, lo reporte de inmediato a su supervisor o al encargado de mantenimiento, sin importar las posibles consecuencias. La transparencia en este tipo de situaciones demuestra responsabilidad y compromiso con el bienestar de la empresa y sus trabajadores. Además, el trabajador debe recordar que los protocolos de seguridad existen para evitar accidentes y que ocultar fallas podría resultar en sanciones severas o, en algunos casos, la pérdida del empleo.

310. ¿QUÉ MEDIDAS PUEDE TOMAR EL EMPLEADOR SI UN TRABAJADOR PRIORIZA EL LAVADO DE PRENDAS DE CIERTOS CLIENTES A CAMBIO DE PROPINAS, AFECTANDO EL ORDEN DE PRODUCCIÓN?

Respuesta: Si un trabajador prioriza el lavado de prendas de ciertos clientes a cambio de propinas, el empleador debe actuar rápidamente para resolver la situación. Primero, se debe realizar una investigación interna para confirmar los hechos, revisando registros de trabajo y posiblemente hablando con otros trabajadores o clientes involucrados. En caso de comprobar que se ha incumplido el protocolo de trabajo, el empleador debe aplicar medidas disciplinarias de acuerdo con la legislación laboral vigente y las políticas internas de la empresa. Esto puede incluir advertencias formales o, si la infracción es grave, la terminación del contrato de trabajo. Además, el empleador debe reforzar las políticas sobre el trato equitativo de todos los clientes y la importancia de seguir el orden de producción, independientemente de las propinas o cualquier otro incentivo. Es esencial que todos los trabajadores comprendan las expectativas y consecuencias de este tipo de comportamientos.

Sugerencia para Trabajador

Como trabajador, es fundamental que priorices el cumplimiento de las políticas laborales y de servicio del establecimiento. Aceptar propinas a cambio de un trato preferencial no solo es inapropiado, sino que puede tener consecuencias legales y afectar tu relación laboral. Si te encuentras en una situación en la que un cliente ofrece propinas para recibir un servicio privilegiado, es mejor rechazarla educadamente y seguir el protocolo establecido por la empresa. Si sientes presión o tentación en este sentido, es recomendable hablar con tu superior para recibir orientación y evitar caer en prácticas que puedan comprometer tu integridad y tu empleo.

---

311. **¿CÓMO DEBE PROCEDER EL EMPLEADOR SI DETECTA QUE UN TRABAJADOR ESTÁ ENTREGANDO ROPA SIN EL PROCESO ADECUADO DE PLANCHADO PARA REDUCIR SU CARGA DE TRABAJO?**

Respuesta: El empleador debe abordar la situación de inmediato, ya que el trabajador está incumpliendo el protocolo establecido. Lo primero es reunir pruebas claras del incumplimiento, como verificar la calidad del servicio que no cumple con los estándares. Luego, el empleador debe convocar al trabajador a una reunión privada para explicarle el problema y escuchar su versión. En caso de confirmarse la falta, el empleador tiene derecho a aplicar las medidas correctivas correspondientes según las políticas de la empresa, que pueden incluir una advertencia formal o, dependiendo de la gravedad de la infracción, una sanción disciplinaria más severa. Es crucial que el empleador refuerce la importancia de seguir los procedimientos establecidos para mantener la calidad del servicio y proteger la reputación de la empresa.

Sugerencia para Trabajador

Si has estado entregando ropa sin el planchado adecuado para reducir tu carga de trabajo, *reflexiona sobre el impacto de tus acciones* en la calidad del servicio y la satisfacción del cliente, ya que esto puede dañar la reputación del negocio y acarrear sanciones. Revisa tus prioridades y organiza tu tiempo de manera más eficiente, solicitando apoyo a tu supervisor si la carga laboral es excesiva. Si has cometido un error, *reconoce la situación con honestidad*, comprométete a cumplir con los estándares establecidos y aprovecha cualquier capacitación adicional que te ofrezcan. Demostrar responsabilidad y voluntad de mejorar puede ayudarte a recuperar la confianza de tu empleador y evitar consecuencias disciplinarias. *La profesionalidad y la comunicación abierta son esenciales para mantener un entorno laboral justo y eficiente.*

---

312. ¿QUÉ HACER SI UN TRABAJADOR PERMITE LA ENTRADA DE PERSONAS AJENAS A LA LAVANDERÍA, COMPROMETIENDO LA SEGURIDAD DEL ESTABLECIMIENTO?

Respuesta: Si un trabajador permite la entrada de personas ajenas a la lavandería, comprometiendo la seguridad del establecimiento, es fundamental tomar medidas inmediatas para evitar que esta situación se repita y para proteger la integridad del negocio. *Investigación interna*: Realice una investigación para determinar las circunstancias en las que la entrada no autorizada ocurrió y si hubo algún consentimiento expreso o tácito por parte del trabajador. *Advertencia o sanción*: Dependiendo de la gravedad de la situación y de si es un primer incidente o una repetición, se debe aplicar una sanción proporcional. Esto podría ser una advertencia por escrito o una sanción más severa si se determina que hubo negligencia o mala intención. *Revisión de los protocolos de seguridad*: Revise y refuerce los protocolos de seguridad en el establecimiento, asegurándose de que todos los trabajadores estén completamente al tanto de las políticas sobre acceso a áreas restringidas. *Entrenamiento adicional*: Ofrezca entrenamiento o reentrenamiento sobre la seguridad y las políticas internas para evitar que esta situación se repita. *Supervisión constante*: Asegúrese de que la seguridad del establecimiento sea supervisada adecuadamente para prevenir más incidentes.

Sugerencia para Trabajador

Si has permitido el acceso de personas ajenas a la lavandería, comprometiendo la seguridad del establecimiento, *reconoce el error y comunícalo de inmediato a tu supervisor*, explicando las circunstancias sin justificarte. Asegúrate de revisar y cumplir estrictamente los protocolos de seguridad (control de accesos, identificación de visitantes) para evitar futuros incidentes. Si fue un descuido, refuerza tu atención; si hubo presión externa o desconocimiento, solicita formación clara sobre las normas. Demuestra proactividad informando vulnerabilidades observadas y colabora en resolverlas. *Tu compromiso con la seguridad es crucial para evitar sanciones, pérdida de confianza o consecuencias legales*, protegiendo tanto tu empleo como la integridad del negocio y los clientes.

313. ¿CÓMO MANEJAR LA SITUACIÓN SI UN TRABAJADOR REPITE CONSTANTEMENTE ERRORES EN LA PROGRAMACIÓN DE LAS LAVADORAS, CAUSANDO DESPERDICIO DE AGUA Y ENERGÍA?

Respuesta: El empleador debe tomar medidas correctivas inmediatas para resolver el problema. Primero, es fundamental identificar si el trabajador está cometiendo estos errores debido a falta de capacitación o desinterés. En caso de que sea por falta de conocimiento, el empleador debe ofrecer una nueva capacitación sobre el manejo adecuado de las lavadoras y los procedimientos correctos de programación, enfocándose en la importancia del ahorro de recursos. Si el problema persiste, el empleador puede realizar un seguimiento cercano y, de ser necesario, implementar un sistema de supervisión más riguroso o incluso tomar medidas disciplinarias según lo establecido en el contrato laboral o reglamento interno. Además, podría considerar la implementación de un sistema automático de programación para minimizar el error humano.

Sugerencia para Trabajador

Es importante que el trabajador se tome el tiempo necesario para comprender completamente el funcionamiento de las lavadoras y sus configuraciones, prestando atención a los detalles y siguiendo siempre los procedimientos establecidos. Si el trabajador no está seguro de cómo programar las lavadoras correctamente, debería consultar el manual de instrucciones o pedir ayuda a un compañero más experimentado. Además, debería estar consciente de la importancia del ahorro de recursos y cómo su trabajo impacta en la eficiencia energética y el costo del servicio. *La mejora en la precisión y cuidado en su trabajo ayudará a evitar desperdicios y contribuirá a la eficiencia del lugar.*

314. ¿QUÉ DEBE HACER EL EMPLEADOR SI UN TRABAJA-
DOR SE NIEGA A USAR LOS EQUIPOS DE PROTECCIÓN
PERSONAL, PONIENDO EN RIESGO SU SALUD Y LA SE-
GURIDAD LABORAL?

Respuesta: El empleador debe tomar medidas inmediatas
para garantizar la seguridad del trabajador y de los demás en el
entorno laboral. Primero, debe dialogar con el trabajador para
comprender las razones de su negativa. Si la negativa persiste, el
empleador debe aplicar sanciones disciplinarias conforme a lo establecido en el reglamento interno de trabajo, que puede incluir
una amonestación o suspensión. Si el trabajador sigue desobede-
ciendo las normativas de seguridad, el empleador podría considerar el despido disciplinario por el incumplimiento de sus deberes
laborales en cuanto a la protección de su salud y seguridad. El
empleador también puede ofrecer un seguimiento adicional para
asegurarse de que el trabajador entienda la importancia de cumplir con estas medidas de protección.

Sugerencia para Trabajador
Si te niegas a usar los equipos de protección personal (EPIs),
reflexiona sobre el grave riesgo que esto implica tanto para
tu seguridad como para la de tus compañeros, pudiendo
derivar en accidentes laborales, sanciones o incluso despido
por incumplimiento de la Ley de Prevención de Riesgos
Laborales. *Reconsidera tu postura inmediatamente*, utiliza
correctamente los EPIs facilitados por la empresa y, si tienes
objeciones válidas (como incomodidad o problemas de
ajuste), comunícalo a tu supervisor o al departamento de PRL
para buscar alternativas seguras. Recuerda que la empresa está
obligada a garantizar tu protección, pero tú también debes
colaborar activamente. Si el problema persiste, la empresa

---

podría iniciar un expediente sancionador, tal como establece el Estatuto de los Trabajadores, por incumplimiento grave de las obligaciones laborales). *Tu salud y tu empleo dependen de cumplir con esta obligación básica.*

315. ¿CÓMO ACTUAR SI UN TRABAJADOR FALSIFICA REPORTES DE PRODUCCIÓN PARA APARENTAR UN MAYOR RENDIMIENTO DEL SERVICIO?

Respuesta: Si un trabajador es sorprendido falsificando reportes de producción, es esencial que se sigan los procedimientos establecidos en el contrato de trabajo y en el manual de la empresa para manejar situaciones de fraude. Primero, el empleador debe llevar a cabo una investigación interna detallada, revisando los reportes falsificados y hablando con el trabajador involucrado. La falsificación de documentos laborales es una violación grave de la confianza y puede constituir una falta grave que justifique el despido disciplinario. Es fundamental asegurar que toda la documentación relacionada con la falsificación sea conservada como prueba para cualquier acción legal que pueda seguir. Si la falsificación ha afectado a otros empleados o ha tenido repercusiones económicas para la empresa, el empleador también puede considerar tomar acciones legales adicionales. Además, es recomendable realizar una revisión de los procesos de auditoría y control para evitar futuras irregularidades.

Sugerencia para Trabajador
Si has falsificado reportes de producción para simular un mayor rendimiento, *detente inmediatamente y reflexiona sobre las consecuencias*: además de ser una falta grave

que puede acarrear sanciones disciplinarias (incluido el despido procedente según el Estatuto de los Trabajadores), comprometes la confianza de tu empleador y distorsionas la gestión del negocio. *Rectifica con urgencia*, informando a tu supervisor o a RRHH con transparencia sobre los datos reales, y asume la responsabilidad de corregir el error. Si la presión laboral te llevó a esta situación, busca apoyo para mejorar tu productividad mediante formación o reorganización de tareas, pero nunca recurras a prácticas deshonestas. Si detectas que hay metas imposibles o cultura de sobrecarga en tu trabajo, plantéalo formalmente para buscar soluciones, en lugar de caer en acciones fraudulentas. *La integridad y la honestidad son fundamentales para mantener tu empleo y tu reputación profesional*

TÍTULO VII
Trabajador

CAPITULO I
LAVANDERÍAS INDUSTRIALES - ÓRDENES INAPROPIADAS DEL EMPLEADOR

316. ¿QUÉ PUEDE HACER UN TRABAJADOR SI EL EMPLEADOR LE ORDENA USAR PRODUCTOS QUÍMICOS SIN LA DEBIDA PROTECCIÓN, PONIENDO EN RIESGO SU SALUD?

Respuesta: Si un trabajador se ve en la situación de ser obligado a usar productos químicos sin la debida protección, debe rechazar realizar la tarea hasta que se le proporcionen los equipos de protección personal (EPIs) necesarios, como guantes, gafas protectoras, mascarillas u otros equipos adecuados. El trabajador tiene el derecho de negarse a realizar tareas que pongan en peligro su salud y seguridad. Además, debe comunicar el incidente al supervisor o encargado y, si la situación persiste, denunciar la irregularidad ante las autoridades competentes, como la inspección de trabajo o los entes encargados de la seguridad laboral en España.

Sugerencia para Empleador
Es esencial garantizar que los trabajadores tengan acceso a los equipos de protección adecuados cuando trabajen con sustancias peligrosas. La implementación de políticas de seguridad, la capacitación periódica sobre riesgos

---

laborales y la correcta supervisión del cumplimiento de normas de seguridad son fundamentales para proteger a los trabajadores y evitar sanciones legales. Además, es crucial que se mantengan registros sobre el suministro de equipos de protección personal (EPls) y que se revisen las condiciones laborales de manera regular para asegurar el bienestar de los trabajadores. Actuar proactivamente en este sentido no solo previene problemas legales, sino que también mejora la moral y la productividad del personal.

317. ¿Cómo debe actuar un trabajador si el empleador le exige manipular prendas contaminadas sin proporcionar equipos de bioseguridad?

Respuesta: Si el empleador solicita manipular prendas contaminadas sin proporcionar los equipos de bioseguridad necesarios, el trabajador debe actuar con cautela para proteger su salud y seguridad. En primer lugar, debe informar de inmediato al empleador o al supervisor sobre la falta de protección y solicitar los insumos adecuados, como guantes, mascarillas o batas desechables. Si el empleador insiste en la tarea sin los equipos necesarios, el trabajador tiene derecho a negarse a realizar la actividad, amparado en las normativas de seguridad laboral. Además, debe dejar constancia por escrito de la situación y, si es necesario, acudir a la autoridad competente en materia de seguridad laboral para denunciar la irregularidad.

Sugerencia para Empleador
Es fundamental que el empleador cumpla con la normativa de seguridad laboral y proporcione los equipos de protección adecuados para la manipulación

de prendas contaminadas. La omisión de estas medidas puede derivar en sanciones legales, demandas laborales o incluso accidentes que afecten la operatividad del negocio. Para evitar problemas, el empleador debe: Implementar protocolos de bioseguridad claros y efectivos para el manejo de prendas contaminadas. Proveer a los trabajadores con los equipos de protección personal (EPls) adecuados, como guantes, mascarillas y batas. Capacitar al personal sobre los riesgos asociados y el uso correcto de los EPls. Cumplir con las normativas de prevención de riesgos laborales, evitando sanciones y posibles litigios. El cumplimiento de estas medidas no solo protege a los trabajadores, sino que también resguarda la reputación y la operatividad del negocio.

318. ¿QUÉ PUEDE HACER UN TRABAJADOR SI EL EMPLEA-DOR LE OBLIGA A REDUCIR TIEMPOS DE LAVADO Y SE-CADO PARA AUMENTAR LA PRODUCCIÓN, AFECTANDO LA CALIDAD DEL SERVICIO?

Respuesta: Si el empleador impone tiempos reducidos de lavado y secado que comprometen la calidad del servicio y pueden generar quejas de los clientes, el trabajador debe actuar con cautela. En primer lugar, es recomendable comunicar por escrito al empleador que dicha reducción puede afectar negativamente el resultado final, dejando constancia de su preocupación. Además, debe verificar si estos cambios infringen normativas de calidad o regulaciones sanitarias aplicables al sector. Si la presión para reducir tiempos se traduce en condiciones de trabajo inadecuadas o en incumplimiento de las responsabilidades laborales establecidas, el trabajador puede recurrir a instancias como el departamento de PRL, si existe, o a organismos de inspección laboral. Es importante contar con pruebas documentales o testigos que respalden la denuncia, en caso de que la situación deba escalarse a una instancia legal.

Sugerencia para Empleador

Reducir los tiempos de lavado y secado para aumentar la producción puede traer consecuencias negativas, como reclamos de los clientes, daños en la ropa y desgaste prematuro de las máquinas. Para optimizar la productividad sin comprometer la calidad, considera lo siguiente: *Evaluar los procesos actuales*: Analiza si hay formas de mejorar la eficiencia sin afectar la calidad, como capacitar mejor al personal o mejorar la organización del trabajo. *Incorporar tecnología*: Si es posible, invierte en maquinaria más eficiente que reduzca los tiempos de lavado y secado sin comprometer el resultado final. *Definir tiempos mínimos de calidad*: Establece estándares internos para garantizar que la reducción de tiempo no afecte el servicio y comunícalos al equipo. *Evitar riesgos legales*: Exigir una reducción extrema del tiempo puede interpretarse como una violación a los derechos laborales o incumplimiento de normas de calidad, lo que podría generar sanciones o denuncias. *Escuchar a los trabajadores*: Si el equipo advierte que la reducción de tiempos afecta el servicio, considera su opinión y busca soluciones alternativas. *Implementar medidas equilibradas entre eficiencia y calidad garantizará la satisfacción de los clientes sin afectar el desempeño del negocio.*

---

319. **¿Cómo** PROCEDER SI EL EMPLEADOR SE NIEGA A REA-
LIZAR EL MANTENIMIENTO PREVENTIVO DE LAS MÁ-
QUINAS, EXPONIENDO A LOS TRABAJADORES A RIES-
GOS MECÁNICOS?

Respuesta: Si el empleador se niega a realizar el mantenimiento preventivo de las máquinas y ello representa un riesgo
para tu seguridad, es crucial que tomes las siguientes acciones:
Informar formalmente al empleador: Comunica por escrito la situación, indicando los riesgos que pueden derivarse de la falta de
mantenimiento y solicitando que se tomen las medidas necesarias
para garantizar la seguridad de todos los trabajadores. *Denunciar
ante el Departamento de PRL*: Es su responsabilidad velar por las
condiciones laborales seguras y pueden intervenir para exigir el
cumplimiento de las normativas. *Recurrir a la Inspección de Trabajo*: Si el empleador persiste en la negativa, puedes denunciarlo
ante la Inspección de Trabajo. Ellos tienen la autoridad para inspeccionar la empresa y obligar al empleador a cumplir con las
normativas de seguridad laboral, además de aplicar sanciones si
es necesario. *Uso de equipo de protección personal (EPIs)*: Si no se
resuelven los riesgos, asegúrate de utilizar el equipo de protección
personal adecuado y sigue todos los protocolos de seguridad establecidos para protegerte hasta que se tomen medidas correctivas.

Sugerencia para Empleador
Es fundamental que el empleador cumpla con las
obligaciones legales en materia de seguridad y salud en
el trabajo, para evitar riesgos laborales. Si un trabajador
te informa de un riesgo mecánico debido a la falta de
mantenimiento de las máquinas, te sugiero tomar las
siguientes medidas inmediatas: *Realizar el mantenimiento
preventivo*: Asegúrate de que se lleve a cabo el mantenimiento

---

preventivo de todas las máquinas y equipos de acuerdo con las normativas de seguridad laboral, y documenta cada acción realizada. *Verificar los riesgos laborales*: Realiza una evaluación de riesgos laborales actualizada para detectar posibles problemas relacionados con la maquinaria y los equipos. Implementa las soluciones necesarias para mitigar estos riesgos. *Capacitación continua*: Proporciona capacitación periódica a tus trabajadores sobre el uso seguro de las máquinas, así como sobre los protocolos en caso de fallo de equipos. *Mantener comunicación abierta*: Escucha las preocupaciones de tus trabajadores y fomenta un ambiente en el que se sientan cómodos reportando problemas de seguridad. Esto no solo protege a los trabajadores, sino que también previene accidentes y problemas legales.

320. ¿QUÉ PUEDE HACER UN TRABAJADOR SI EL EMPLEADOR LO OBLIGA A TRABAJAR TURNOS EXCESIVOS SIN EL PAGO CORRESPONDIENTE DE HORAS EXTRA?

Respuesta: Si el empleador le obliga a trabajar turnos excesivos sin pagarle las horas extra correspondientes, el trabajador debe actuar de manera clara y profesional. En primer lugar, puede hablar con el empleador para expresar sus preocupaciones sobre la situación y solicitar que se realicen los pagos correspondientes por las horas extras trabajadas. Si la conversación no resuelve el problema, el trabajador puede recopilar pruebas de las horas extra realizadas (como registros de entrada y salida, correos electrónicos, mensajes, etc.) y presentar una reclamación ante la Inspección de Trabajo o iniciar una demanda por impago de horas extra. La legislación española establece que el trabajo realizado fuera del horario pactado debe ser remunerado como horas extra, a menos que se haya acordado lo contrario en el contrato de trabajo.

Sugerencia para Empleador

Como empleador, es fundamental asegurarse de que se cumpla la legislación laboral en relación con las horas extra. Si el trabajador está realizando horas extra, debe pagarse de acuerdo con lo establecido por la ley o el convenio colectivo aplicable. Para evitar conflictos y demandas, asegúrese de mantener registros claros de las horas trabajadas, incluidos los turnos y las horas extra, y establezca un sistema transparente de compensación. Si un trabajador le plantea una queja por horas extras no pagadas, escúchelo atentamente y busque una solución justa. En caso de que el trabajador haya trabajado horas extras sin el pago correspondiente, debería corregir la situación lo antes posible y, si es necesario, realizar el pago retroactivo.

---

321. ¿CÓMO DEBE ACTUAR UN TRABAJADOR SI EL EMPLEADOR LO SANCIONA POR RECHAZAR REALIZAR TAREAS QUE NO ESTÁN DENTRO DE SUS FUNCIONES?

Respuesta: Si el trabajador considera que se le está sancionando de manera injusta por negarse a realizar tareas fuera de su descripción de funciones, debe seguir los siguientes pasos: *Revisar su contrato de trabajo*: Asegúrese de que las tareas que le están siendo solicitadas estén especificadas en su contrato o en la normativa interna de la empresa. *Conversación con el empleador*: Mantenga una conversación respetuosa con su empleador para aclarar la situación, expresando que considera que las tareas solicitadas no corresponden a su función y solicitando una explicación. *Documentación*: Si la sanción persiste, el trabajador debe documentar la situación, incluyendo fechas, tareas solicitadas, comunicaciones con el empleador y cualquier otra información relevante. *Asesoría legal*: Si el conflicto persiste y el trabajador considera que la sanción es injusta o no está justificada, es recomendable que consulte con un abogado especializado en derecho laboral para evaluar las opciones legales.

Sugerencia para Empleador

Como empleador, es importante que se asegure de que las tareas solicitadas a los trabajadores estén claramente definidas en sus descripciones de funciones y en el contrato de trabajo. Si un trabajador rechaza una tarea fuera de su alcance, le recomiendo tomar las siguientes medidas: *Revisión de las funciones del puesto*: Revise que las funciones del trabajador estén debidamente establecidas y sean razonables según el puesto que ocupa. *Comunicación y transparencia*: Mantenga una comunicación clara con el trabajador sobre las tareas asignadas, indicando cuándo puede ser necesario que realice funciones adicionales, pero siempre dentro de un marco razonable y acordado previamente. *Sanciones proporcionales*: Si decide sancionar al trabajador, asegúrese de que la sanción esté debidamente justificada y sea proporcional a la falta cometida, además de ajustarse a la normativa interna y la legislación laboral. *Asesoría legal*: En caso de duda sobre la legalidad de las sanciones, consulte con un asesor legal para evitar posibles reclamaciones o disputas legales.

322. ¿Qué medidas puede tomar un trabajador si el empleador lo obliga a aceptar propinas de clientes a cambio de priorizar sus pedidos?

Respuesta: Si tu empleador te presiona para aceptar propinas de clientes a cambio de priorizar sus pedidos, *estás ante una práctica irregular que puede vulnerar principios de igualdad y transparencia*, e incluso constituir un delito de cohecho o tráfico de influencias. *Actúa con prudencia, pero firmeza*: primero, niega tu participación en este esquema y documenta cualquier exigencia (grabaciones, testigos o mensajes); luego, comunica la situación por escrito a RRHH o al comité de empresa, solicitando su intervención para garantizar un trato justo a todos los clientes. Si la presión persiste o sufres represalias, denuncia el caso ante la *Inspección de Trabajo* o busca asesoramiento legal (en sindicatos o asociaciones como CC.OO. o UGT), ya que podrías estar protegido por el *Estatuto de los Trabajadores* (derecho a no ser discriminado) y la *Ley de Prevención de Riesgos Laborales* (acoso laboral). *Prioriza tu integridad y recuerda que ninguna orden ilegal es exigible.*

Sugerencia para Empleador
Si eres el empleador y algún trabajador te menciona que se siente presionado a aceptar propinas a cambio de priorizar los pedidos, debes asegurarte de que todas las prácticas dentro de tu negocio sean transparentes y legales. Las propinas deben ser totalmente voluntarias y no pueden condicionarse a ningún tipo de beneficio o trato preferente. Además, es recomendable que informes a tus trabajadores sobre la política de propinas en el establecimiento y las normas éticas de servicio. Deberías revisar tus políticas internas y reforzar que no se permite el cobro de dinero adicional, ni siquiera en forma de propinas, por alterar

---

el orden del servicio o priorizar ciertos pedidos. Si esta situación ocurre, debes tomar medidas correctivas para evitar que se repita y garantizar que todos los trabajadores puedan desempeñar su labor sin coacciones externas.

323. ¿CÓMO DEBE PROCEDER UN TRABAJADOR SI EL EMPLEADOR LE EXIGE OCULTAR ERRORES EN LA ENTREGA DE ROPA PARA EVITAR RECLAMOS DE LOS CLIENTES?

Respuesta: Si el empleador le solicita ocultar errores en la entrega de ropa, es importante que el trabajador actúe con ética profesional y cumpla con las normativas laborales. En este caso, el trabajador debe: *Notificar el error*: Si se detecta un error en la entrega, lo más adecuado es informarlo al empleador o supervisor para que se tomen las medidas correctivas. *Evitar ocultar el error*: El trabajador no debe ser cómplice de un comportamiento que podría dañar la reputación del negocio y poner en riesgo la satisfacción del cliente. *Mantener la transparencia*: Si el empleador insiste en ocultar el error, el trabajador puede manifestar de manera respetuosa que esto no es una práctica adecuada y podría tener consecuencias negativas para la empresa. *Consultar las leyes laborales*: Si el trabajador siente que la situación es inapropiada o que se está poniendo en peligro su integridad o su trabajo, puede consultar el convenio colectivo, el contrato de trabajo o acudir a un sindicato para recibir orientación.

Sugerencia para Empleador

Si un trabajador está siendo solicitado para ocultar errores en la entrega de ropa o en cualquier otro servicio, esto puede generar consecuencias negativas tanto para la empresa como para su reputación. Como empleador, se debe fomentar la transparencia y la ética laboral, estableciendo prácticas que prioricen la solución de problemas en lugar de encubrirlos. Las sugerencias incluyen: *Implementar un protocolo de corrección*: Desarrollar un proceso claro para gestionar errores y reclamos de clientes que permita a los trabajadores resolver los problemas de manera rápida y efectiva sin temor a represalias. *Capacitar a los trabajadores en ética y resolución de conflictos*: Proporcionar formación continua para que los trabajadores estén capacitados para manejar errores de forma ética y profesional. *Fomentar la comunicación abierta*: Crear un ambiente donde los trabajadores se sientan cómodos al comunicar problemas o errores, y asegurarles que serán apoyados en la resolución de estos. *Tomar medidas correctivas sin ocultar la verdad*: Si se presenta un error, se debe reconocer el problema ante el cliente y tomar las acciones correctivas correspondientes, lo que puede generar mayor confianza en la marca. *Revisar las políticas de calidad*: Asegurarse de que la empresa tiene medidas adecuadas para evitar estos errores, y si ocurren, que existan mecanismos claros y transparentes para la resolución.

324. ¿QUÉ HACER SI EL EMPLEADOR PROHÍBE AL TRABAJADOR REPORTAR FALLOS EN LAS MÁQUINAS INDUSTRIALES PARA EVITAR COSTES DE REPARACIÓN?

Respuesta: Si tu empleador te prohíbe reportar fallos en las máquinas industriales para evitar costes de reparación, *estás ante una grave negligencia que pone en riesgo tu seguridad, la de tus compañeros y la calidad del trabajo*, además de contravenir la *Ley 31/1995 de Prevención de Riesgos Laborales* (derecho a un entorno seguro) y el *Estatuto de los Trabajadores* (protección ante riesgos). *Actúa con responsabilidad*: documenta los fallos técnicos (fotos, informes, emails) y las órdenes recibidas (grabaciones o testigos si es posible), comunica por escrito los riesgos a tu supervisor o al departamento de PRL (Prevención de Riesgos Laborales), y si persiste la prohibición, denúncialo ante la *Inspección de Trabajo* (puedes hacerlo de forma anónima) o acude a tu sindicato (como CC.OO. o UGT) para asesoramiento legal. *Nunca silencies un peligro*: un accidente podría tener consecuencias legales para ti y tu empleador, e incluso derivar en responsabilidad penal por omisión. *Tú vida y tu integridad están por encima de cualquier orden empresarial.*

Sugerencia para Empleador

Es fundamental que el empleador fomente una cultura de seguridad y reporte adecuado de cualquier fallo en las máquinas industriales. Prohibir que los trabajadores informen fallos podría poner en riesgo la seguridad de los trabajadores y podría implicar consecuencias legales. El empleador debe crear un canal claro y accesible para que los trabajadores puedan reportar fallos sin temor a represalias. Ignorar este procedimiento puede ser perjudicial no solo para la seguridad, sino también para el funcionamiento a largo plazo del negocio. Además, fomentar la prevención de problemas mediante la reparación adecuada de las máquinas podría ser más rentable que afrontar las consecuencias de un accidente o un daño mayor en el futuro.

---

325. ¿Cómo actuar si el empleador presiona al trabajador para falsificar registros de producción y reportar datos que no son reales?

Respuesta: Si un trabajador se encuentra en una situación donde el empleador lo presiona para falsificar registros de producción o reportar datos falsos, debe actuar con cautela y tomar medidas para protegerse. En primer lugar, es fundamental no ceder a la presión y rechazar cualquier solicitud que implique realizar una actividad ilegal o ética inapropiada. Es importante documentar todo lo relacionado con esta solicitud, como correos electrónicos, mensajes o conversaciones que puedan probar que el empleador está ejerciendo presión para realizar actos fraudulentos. El trabajador puede comunicar esta situación al departamento de recursos humanos, o en su caso, a un superior, para que la situación se maneje dentro de los límites legales y se puedan tomar acciones dentro de la empresa. Si no se recibe respuesta adecuada, el trabajador tiene el derecho de denunciar esta situación ante la Inspección de Trabajo o la autoridad competente, ya que falsificar registros puede constituir un delito de fraude y falsedad documental.

Sugerencia para Empleador

Como empleador, es esencial que fomente un entorno de trabajo transparente, honesto y ético. La presión para falsificar registros de producción o cualquier otro dato puede acarrear consecuencias legales graves tanto para la empresa como para los individuos involucrados. Si alguna vez considera que los registros deben ser ajustados o corregidos, debe hacerlo siguiendo los procedimientos establecidos y de acuerdo con la normativa vigente. Los empleadores deben educar a sus trabajadores sobre la importancia de la honestidad y la ética profesional. En lugar de presionar para que se realicen prácticas ilegales, deben establecer políticas claras de cumplimiento y promover un ambiente laboral en el que la integridad sea una prioridad. Si un trabajador denuncia una presión inapropiada, debe tomar medidas correctivas rápidamente para evitar consecuencias legales y proteger la reputación de la empresa.

326. ¿QUÉ PUEDE HACER UN TRABAJADOR SI EL EMPLEADOR SE NIEGA A PROPORCIONARLE PAUSAS DURANTE SU JORNADA LABORAL, AFECTANDO SU BIENESTAR FÍSICO?

Respuesta: Si el empleador se niega a proporcionarte las pausas durante tu jornada laboral, lo primero que debes hacer es revisar el convenio colectivo o el contrato de trabajo que rige tu relación laboral, ya que, en España, el Estatuto de los Trabajadores establece que los trabajadores tienen derecho a una pausa entre jornadas en el mismo día. Si el empleador sigue sin proporcionar las pausas correspondientes, puedes comunicarlo por escrito (preferentemente con acuse de recibo) y presentar una reclamación interna para que quede constancia del incumplimiento. Si la situación no se resuelve a nivel interno, puedes acudir a la Inspección de Trabajo para denunciar esta infracción y pedir una intervención. Además, es importante que guardes toda la documentación y pruebas que demuestren que el empleador no está cumpliendo con sus obligaciones legales.

Sugerencia para Empleador
Es fundamental que cumplas con las normativas laborales, especialmente en lo que respecta a las pausas y descansos.

Negarse a proporcionar las pausas necesarias puede tener consecuencias negativas para la salud de los trabajadores y, por ende, afectar su rendimiento y bienestar en el trabajo. Asegúrate de que todos tus trabajadores tengan acceso a las pausas estipuladas por la ley, respetando los tiempos y las condiciones necesarias para que puedan descansar y recuperar energía. Esto no solo mejora el ambiente laboral, sino que también ayuda a evitar posibles sanciones o demandas por parte de los trabajadores. Si algún trabajador te señala esta situación, actúa con rapidez y corrige cualquier posible incumplimiento para garantizar un entorno de trabajo saludable y conforme a la normativa vigente.

327. ¿Cómo proceder si el empleador amenaza con despedir a un trabajador por negarse a operar una máquina dañada que representa un riesgo?

Respuesta: Si el empleador amenaza con despedirte por negarte a operar una máquina dañada, es importante que tomes las siguientes acciones: *Mantén la calma*: Explica de manera respetuosa al empleador que te niegas a operar la máquina por motivos de seguridad. La Ley de Prevención de Riesgos Laborales en España te otorga el derecho a negarte a realizar tareas que pongan en peligro tu salud o seguridad. *Documenta el estado de la máquina*: Si es posible, toma fotografías o realiza una nota escrita detallando el estado de la máquina y cómo podría suponer un riesgo. *Comunicación escrita*: Si la situación persiste, envía un correo electrónico o carta dirigida al empleador explicando tu negativa y la razón, mencionando específicamente la normativa de seguridad laboral que ampara tu decisión. *Consulta con el Departamento* *de Riesgos Laborales (PRL)*: Informa sobre la situación, ya que ellos son los encargados de velar por las condiciones de trabajo seguras. *Acude a un abogado laboralista*: En caso de que la amenaza de despido sea concreta, te recomendamos consultar con un abogado especializado para que te asesore y te indique los pasos a seguir.

Sugerencia para Empleador

Es fundamental que el empleador tome en cuenta las obligaciones legales en cuanto a seguridad laboral y la protección de los derechos de los trabajadores. En este caso, te sugiero lo siguiente: *Revisa la seguridad del equipo*: Verifica inmediatamente el estado de la máquina mencionada para asegurarte de que cumple con las normas de seguridad. Si la máquina está defectuosa, debería ser reparada o retirada de servicio hasta que esté en condiciones óptimas. *Asegura la formación del trabajador*: Si el trabajador tiene dudas sobre cómo operar la máquina de manera segura, ofrécele la formación adecuada para evitar riesgos. *Fomenta un ambiente de comunicación abierta*: Escucha las preocupaciones del trabajador de manera activa. Si el trabajador se niega a operar la máquina por razones de seguridad, debes valorar su postura y la posibilidad de resolver la situación de manera adecuada, sin recurrir a amenazas. *Evita represalias*: Amenazar con el despido por negarse a realizar una tarea peligrosa podría ser considerado un despido improcedente. Te sugiero que sigas los procedimientos legales adecuados y consultes con un abogado especializado antes de tomar cualquier medida drástica.

328. ¿QUÉ MEDIDAS PUEDE TOMAR UN TRABAJADOR SI EL EMPLEADOR LE EXIGE LAVAR SU ROPA PERSONAL FUERA DEL HORARIO LABORAL SIN COMPENSACIÓN ADICIONAL?

Respuesta: Si el empleador te exige realizar tareas fuera de tu jornada laboral, como lavar su ropa personal sin compensación, estás en tu derecho de rechazar dicha solicitud. Según la legislación laboral española, el tiempo trabajado debe ser remunerado, y cualquier actividad fuera del contrato laboral no debe ser impuesta sin acuerdo previo. Puedes hablar directamente con tu empleador para aclarar que este tipo de tareas no forma parte de tus responsabilidades laborales y que, de acuerdo con la normativa laboral, cualquier trabajo extra debe ser remunerado. Si la situación persiste o si el empleador persiste en estas demandas sin compensación, podrías plantearte presentar una queja formal a través de los canales internos de la empresa o contactar con los servicios de Inspección de Trabajo.

Sugerencia para Empleador

Es importante que reconozcas y respetes los derechos de tus trabajadores conforme a la legislación laboral. Obligar a un empleado a realizar tareas fuera de su jornada laboral sin la debida compensación es una práctica que puede generar problemas legales. Debes asegurarte de que todas las tareas fuera de la jornada laboral sean voluntarias y remuneradas adecuadamente. En el caso específico de solicitarle a un trabajador lavar tu ropa personal, esto no debería formar parte de sus responsabilidades laborales, salvo que se establezca claramente en el contrato, y debe ser tratado con la debida compensación si se le requiere realizar estas tareas fuera del horario acordado.

329. ¿CÓMO DEBE ACTUAR UN TRABAJADOR SI EL EMPLEA-
DOR LO OBLIGA A USAR PRODUCTOS DE LIMPIEZA
VENCIDOS PARA AHORRAR COSTOS?

Respuesta: Si un trabajador se encuentra en la situación en
la que el empleador le exige usar productos de limpieza vencidos, lo primero que debe hacer es expresar de forma respetuosa
su preocupación sobre el uso de estos productos, señalando los
posibles riesgos para la salud y la seguridad. Es importante que el
trabajador no acceda a utilizar productos que puedan poner en
peligro su bienestar o el de otros. Si el empleador persiste en su
solicitud, el trabajador debe documentar la situación de manera
detallada (fechas, conversaciones, acciones del empleador) y, si
es necesario, elevar la denuncia a la Inspección de Trabajo o a un
sindicato, ya que el uso de productos vencidos puede infringir la
normativa de seguridad laboral.

Sugerencia para Empleador
Como empleador, es fundamental que garantices el
cumplimiento de la normativa en materia de seguridad
y salud laboral, lo que incluye proporcionar productos
de limpieza que no estén vencidos y que sean aptos para
su uso. Obligar a los trabajadores a utilizar productos
caducados puede generar problemas legales y poner en
riesgo la seguridad de los trabajadores, lo que a su vez
puede acarrear sanciones administrativas. Si un trabajador
plantea este tipo de inquietud, es crucial escuchar y actuar
rápidamente para evitar posibles denuncias o sanciones.
Asegúrate de que los productos de limpieza y cualquier
otro material de trabajo sean siempre seguros y adecuados
para su uso, manteniendo un ambiente laboral conforme
con las regulaciones.

---

330. ¿QUÉ HACER SI EL EMPLEADOR REDUCE EL SALARIO DEL TRABAJADOR SIN JUSTIFICACIÓN ALEGANDO SUPUESTAS PÉRDIDAS EN LA LAVANDERÍA?

Respuesta: Si el empleador reduce tu salario sin justificación válida, debes actuar de inmediato para proteger tus derechos. La reducción salarial debe ser acordada entre ambas partes, y en ningún caso puede hacerse unilateralmente sin la aceptación del trabajador. Es importante que sigas estos pasos: *Solicitar una explicación formal por escrito*: Pide al empleador una justificación detallada sobre la reducción salarial, incluyendo las razones económicas, y por qué se afecta específicamente tu salario. Consultar el contrato de trabajo: *Revisa las condiciones pactadas en tu contrato*. Cualquier modificación en tu salario debe ser acordada, y la reducción no puede ser arbitraria. *Revisar la legislación laboral*: La Ley del Estatuto de los Trabajadores en España establece que una modificación sustancial de las condiciones de trabajo, incluida la reducción salarial, debe ser acordada con el trabajador o, en su caso, notificada con antelación. *Buscar asesoría legal*: Si el empleador no ofrece una justificación válida y la situación no se resuelve, puedes recurrir a un abogado especializado en derecho laboral para evaluar la posibilidad de iniciar una reclamación formal.

Sugerencia para Empleador

Como empleador, debes ser transparente y respetar los derechos laborales de tus trabajadores, especialmente en lo que respecta a la remuneración. En caso de que enfrentes problemas económicos, como las *"pérdidas en la lavandería"*, es fundamental manejar la situación con cautela y según la ley. *Justificación adecuada*: Si decides hacer una modificación salarial, asegúrate de que esté debidamente justificada y que se base en motivos objetivos, como una disminución real

---

y documentada en los ingresos de la empresa. *Negociación previa con el trabajador:* La reducción salarial debe ser acordada previamente con el trabajador, en cumplimiento con la legislación laboral. Realiza una propuesta y llega a un acuerdo claro y por escrito. *Cumplir con el marco legal:* Si la reducción salarial es inevitable debido a la situación económica, asegúrate de que se ajuste a lo estipulado en el Estatuto de los Trabajadores, que regula las modificaciones sustanciales de las condiciones de trabajo. *Comunicación clara:* Mantén una comunicación abierta con el trabajador para evitar malentendidos y promover una resolución consensuada. Esto evitará conflictos laborales y protegerá la relación laboral en el futuro.

CONCLUSIONES

La gestión de un negocio en el sector de la hostelería, la restauración y los alojamientos turísticos en España no es solo una cuestión de ofrecer un buen servicio, sino también de saber afrontar con rapidez e inteligencia las múltiples situaciones que surgen en la rutina laboral. Este manual ha buscado proporcionar respuestas claras, prácticas y aplicables a problemas que, aunque poco frecuentes, pueden presentarse en cualquier momento y poner a prueba la capacidad de reacción de empleadores, trabajadores y propietarios.

La experiencia demuestra que la clave del éxito en este sector no radica únicamente en la calidad del producto o del servicio ofrecido, sino, sobre todo, en la capacidad de prevenir y resolver conflictos de manera eficaz. Situaciones como clientes insatisfechos, empleados que no respetan las normas, problemas con proveedores o imprevistos operativos pueden afectar directamente la rentabilidad y la reputación de un negocio. Por ello, es fundamental conocer no solo las buenas prácticas de gestión, sino también los derechos y obligaciones establecidos en la normativa vigente, desde el Estatuto de los Trabajadores hasta la legislación en materia de turismo y seguridad laboral.

Uno de los aspectos fundamentales que se destacan en este manual es la importancia de la comunicación. La transparencia con el cliente, el diálogo con el personal y la gestión adecuada de las expectativas son herramientas clave para prevenir problemas. Un cliente que comprende la razón de una espera más larga de lo habitual, un trabajador que se siente escuchado y valorado o un propietario que sabe gestionar un conflicto legal con la documentación correcta son ejemplos de cómo una gestión consciente puede marcar la diferencia.

Además, la profesionalidad y el cumplimiento de la normativa son indispensables para garantizar la estabilidad y sostenibilidad de un negocio a largo plazo. El respeto de las condiciones contractuales, la seguridad en el trabajo, la higiene alimentaria y el cumplimiento de las regulaciones turísticas no son solo obligaciones legales, sino también garantías de fiabilidad y calidad para clientes y trabajadores. Cualquier persona que opere en este sector debe comprender que el desconocimiento de la ley no es una excusa válida y que una gestión informada ayuda a evitar multas, sanciones y pérdidas económicas.

Por último, la naturaleza dinámica del sector exige una actualización constante. Las tendencias cambian, la normativa evoluciona y las expectativas de los clientes son cada vez más exigentes. Un empresario o trabajador que se adapta aprende de la experiencia y busca soluciones innovadoras siempre estará un paso por delante de la competencia. Este manual no pretende ser una guía definitiva, sino un apoyo práctico que ayude a navegar las complejidades del sector, convirtiendo los desafíos diarios en oportunidades de crecimiento y mejora.

En conclusión, la hostelería y la restauración no son solo un trabajo, sino una vocación. Quien decide operar en este sector debe hacerlo con pasión, profesionalidad y un compromiso constante con la mejora. La capacidad de gestionar problemas inesperados con rapidez y competencia no solo evitará conflictos y dificultades económicas, sino que también contribuirá a crear un entorno de trabajo saludable y productivo, un servicio excelente para el cliente y, en definitiva, un negocio próspero y reconocido en el mercado.

Índice